ACCESO GRATIS ***a la Lectura en la Nube***

Para visualizar el libro electrónico en la nube de lectura envíe junto a su nombre y apellidos una fotografía del código de barras situado en la contraportada del libro y otra del ticket de compra a la dirección:

ebooktirant@tirant.com

En un máximo de 72 horas laborales le enviaremos el código de acceso con sus instrucciones.

RESPONSABILIDAD POR NEGLIGENCIA MÉDICA

Con algunas notas de adaptación al derecho colombiano (legislación positiva, jurisprudencia y doctrina)

Procedimiento de selección de originales, ver página web:
www.tirant.net/index.php/editorial/procedimiento-de-seleccion-de-originales

RESPONSABILIDAD POR NEGLIGENCIA MÉDICA

Con algunas notas de adaptación al derecho colombiano (legislación positiva, jurisprudencia y doctrina)

Martín J. Gómez Ángel Rangel

Autor

tirant lo blanch

Bogotá D.C., 2025

Gómez Ángel Rangel, Martín J., autor.
Responsabilidad por negligencia médica. Con algunas notas de adaptación al derecho colombiano (legislación positiva, jurisprudencia y doctrina) / Martín J. Gómez Ángel Rangel . -- Primera edición. -- Bogotá: Tirant lo Blanch, 2025.

205 páginas.
(Alternativa)
Incluye bibliografía general, nacional y extranjera: páginas 185-205.
ISBN: 978-84-1095-030-6

1. Responsabilidad médica -- Aspectos Jurídicos -- Colombia. 2. Negligencia. I. Título. II. Serie.
LC: KHH4447.M34 CDD: 344.8610411 ed. 23

Catalogación en publicación de la Biblioteca Carlos Gaviria Díaz

EDITA: TIRANT LO BLANCH
Calle 11 # 2-16 (Bogotá D.C.)
Telf.: 4660171
Email: tlb@tirant.com
Librería virtual: www.tirant.com/co/

ISBN: 978-84-1095-030-6

Índice

5. Teoría general de la responsabilidad médica en cirugía estética. Elementos sustanciales y probatorios

6. Recapitulación y conclusiones críticas

7. Adenda 1: Relación de jurisprudencia colombiana relacionada con intervenciones y procedimientos estéticos y de embellecimiento, organizada por corporación judicial

8. Adenda 2: Relación de jurisprudencia colombiana relacionada con intervenciones y procedimientos estéticos y de embellecimiento, organizada por tipo de intervención

9. Bibliografía general – nacional y extranjera

Para Juliana, con quien he sembrado un árbol

1. Introducción

En las últimas décadas, la práctica médica ha presenciado el crecimiento acelerado de pacientes que, por una u otra razón, y/o con las más variadas motivaciones, acuden a los profesionales en medicina con el objeto no de buscar la cura a sus padecimientos sino, muy por el contrario, la simple y llana mejora de su aspecto físico.

Abundan en la vida cotidiana, y en los noticiarios del mundo entero, ejemplos vívidos de esa situación: la actriz que requiere un cambio en su nariz a fin de obtener un papel importante en alguna película; el hombre que desea -con fervor- aumentar su estatura para enamorar a la mujer de sus sueños; el ama de casa que, en aras de lucir más atractiva, pretende un aumento en el tamaño de sus pechos.

Pero también colman las páginas de los diarios los casos, frecuentemente trágicos, en los cuales las cosas no salen como se planearon: los pechos se caen; la nariz queda deformada; se pierde la movilidad en las extremidades; o simplemente, las promesas del galeno, los resultados supuestamente asegurados y esperados por el paciente, no se consiguen. Y así como suceden, casos como los enunciados frecuentemente alcanzan los tribunales.

Para resolverlos de manera adecuada, se echa de menos un *corpus* jurídico lo suficientemente robusto como para permitir brindar, en estos eventos, soluciones uniformes y coherentes, que son las que en últimas se esperan de la jurisdicción y las que reclama el usuario de la administración de justicia.

La construcción de un conjunto de reglas es tarea no sólo de los tribunales sino también de la doctrina; máxime en especialidades como la de Responsabilidad Civil, donde es más bien escaso, en España y en los demás ordenamientos, un desarrollo legislativo consistente y detallado.

De allí que, en las líneas que siguen, pretendo arrojar luces sobre ello. Sorprende, hay que decirlo, que pese a ser un tema de tanta actualidad, es escasa la literatura jurídica especializada, en el ámbito español y en los demás, que lo aborde de una manera seria, ordenada y razonada, pululando en cambio opiniones más o menos razonadas que poco ilustran y por el contrario sí oscurecen el panorama; asombra el difícilmente entendible lenguaje y los razonamientos de los jueces para darle solución a los casos sometidos a su conocimiento.

En procura de sistematizar el conocimiento sobre la materia, se expondrá, en primer lugar, lo concerniente al estatuto general de la responsabilidad civil médica, sus elementos sustanciales y probatorios; luego, el papel, también desde una perspectiva general, que juega el consentimiento informado en ese preciso ámbito. Finalmente, serán desarrolladas las materias tocantes con la responsabilidad civil del cirujano estético, haciendo uso, en lo pertinente, de lo expuesto en los capítulos precedentes, pero sobre todo realzando las similitudes mas también las diferencias que le separan del régimen general.

El presente trabajo, debo decirlo de entrada, tiene como eje los derechos europeos y el estadounidense. Y, decididamente, el ordenamiento español. A pesar de ello, he procurado, a fin de maximizar la utilidad que este trabajo pueda representar para quienes lo estudien, incluirle diversas notas de adaptación al derecho colombiano. En ellas, se podrá consultar cuál ha sido la postura de nuestra jurisprudencia -mayor y menor, de los tribunales superiores-, nuestra doctrina y nuestro legislador frente a varios de los temas que se abordan en este libro. También, y con el mismo propósito, he procurado incluirle, a modo de adendas, dos relaciones de jurisprudencia: la una organizada por corporación judicial; y la otra, por la clase de intervención o procedimiento médico cosmético o estético que dio lugar a la interposición de la respectiva demanda. Creo que ellas pueden ser de utilidad para quienes se desenvuelvan, ya como litigantes, ora como jueces, bien como académicos, en el apasionante mundo de la responsabilidad civil médica.

2. Teoría general de la responsabilidad por negligencia médica. Elementos sustanciales

2.1. Responsabilidad contractual o extracontractual

§1. La obligación de reparar los daños causados a una determinada víctima, bien es sabido[1], puede presentarse como consecuencia de actos de la más variada índole, todos ellos susceptibles de reconducirse a dos categorías diferentes:

i. Cuando el daño es producido *"dentro de la estricta órbita de lo pactado"*, vale decir, cuando es consecuencia de la infracción de un vínculo contractual previo y preexistente entre las partes, y siempre con ocasión del marco de ejecución fijado por aquél[2]. En estos eventos, la responsabilidad asume el calificativo de «*contractual*». En ésta, el clásico principio del *naeminem laedere* se traduce en el deber de no dañar a ese concreto acreedor[3], y se halla consagrada en el artículo 1101 del Código Civil español, a cuya letra "[q]*uedan sujetos a la indemnización de daños y perjuicios causados a los que en el cumplimiento de sus obligaciones incurrieren en dolo, negligencia o morosidad, y los que de cualquier modo contravinieren el tenor de aquéllas*".

ii. En otras ocasiones, se aplica el régimen de responsabilidad extracontractual o aquiliana, cual ocurre cuando el quebranto del interés o derecho protegido se produce al margen de cualquier ligamen precedente entre aquellos que se relacionan con ocasión del daño.

---

1 *Et al:* YZQUIERDO TOLSADA, Mariano. *Responsabilidad Civil Extracontractual.* 2016. Pág. 99; DE ÁNGEL YAGUEZ, Ricardo. *Tratado de Responsabilidad Civil.* 1993. Pág. 13.

2 MARTÍN-CASALS, Miquel/SOLÉ FELIU, Josep. *Comentarios al artículo 1902 del Código Civil.* En: DOMINGUEZ LLUELMO, Andrés (dir.). *Comentarios al Código Civil.* 2010. Págs. 2046-2047.

3 YZQUIERDO TOLSADA, Mariano. *Responsabilidad Civil Extracontractual.* 2016. Pág. 100.

En este segundo evento, como con acierto lo ha indicado algún autor[4], las partes *"se conocen"* a través -y con ocasión- del hecho dañoso: el accidente de tránsito, la cosecha perdida por efecto de la contaminación producida por los residuos tóxicos vertidos por una fábrica vecina, o el de quien por descuido deja abierto un grifo de su vivienda, produciendo una inundación en el piso inferior etc.; aquí, la violación no es de un vínculo obligatorio previo y preexistente, sino del genérico de conducta de no dañar a los demás (*alterum non laedere*). El precepto básico regulatorio de este tipo de responsabilidad se halla contenido en el artículo 1902 del Código Civil de España: "[e]*l que por acción u omisión causa daño a otro, interviniendo culpa o negligencia, está obligado a reparar el daño causado*".

§2. La relevancia de la distinción halla fundamento, específicamente, en la determinación de la normatividad llamada a regular el asunto, el régimen jurídico aplicable, y, especialmente, en los plazos de prescripción, de cinco años para la contractual (art. 1964 CC español) o de apenas uno para la extracontractual (art. 1968.2, *ibídem*), que suele destacarse como la más ostensible, indiscutida y práctica diferencia entre ambos regímenes[5].

§3. En **materia médica**, sobre todo en la jurisprudencia del Tribunal Supremo español, los perfiles de la distinción entre lo que es responsabilidad contractual y la extracontractual se muestran ambiguos, complejos y no pocas veces confusos[6].

---

4 YZQUIERDO TOLSADA, Mariano. *Responsabilidad Civil Extracontractual*. 2016. Pág. 100.

5 YZQUIERDO TOLSADA, Mariano. *Responsabilidad Civil Extracontractual*. 2016. Pág. 104; REGLERO CAMPOS, Luis Fernando. *Conceptos Generales y Elementos de Delimitación*. En: REGLERO CAMPOS, Luis Fernando/BUSTO LAGO, José Manuel (coords.). *Tratado de Responsabilidad Civil.Tomo I*. 2014. Págs 189 y ss; MARTÍN-CASALS, Miquel /SOLÉ I FELIU, Josep. *Medical Liability in Spain*. En: KOCH, Bernhard A. (ed.). *Medical Liability in Europe*. 2011. Pág. 488 MARTÍN-CASALS, Miquel/RIBOT, Jordi/SOLÉ FELIU, Josep. *Compensation for Personal Injury in Spain*. En: KOCH, Bernhard A./KOZIOL, Helmut (eds.). *Compensation for Personal Injury in a Comparative Perspective*. 2003. Pág. 246.

6 Para un extenso y minucioso estudio de esta problemática, con amplias referencias a la jurisprudencia del Tribunal Supremo español, véase: ASÚA GONZÁLEZ, Clara I. *Responsabilidad Civil Médica*. En: REGLERO CAMPOS, Luis Fernando/BUSTO LAGO, José Manuel (coords.). *Tratado de Responsabilidad Civil. Tomo II*. 2014. Págs. 343-358; FERNÁNDEZ MANZANO, Luis Alfonso/NAVARRO MENDIZABAL, Iñigo/GARCÍA VILLARRUBIA BERNABÉ, Ma-

En términos generales, puede decirse que en este ámbito la responsabilidad ostentará el carácter de «*contractual*» cuando medie un acuerdo previo entre paciente y médico, normalmente no formalizado por escrito, en virtud del cual aquél acude al galeno, que se obliga a realizar una actuación poniendo todos los medios y conocimientos con la diligencia establecida por la «*lex artis*», pero, en principio, sin garantizar un resultado concreto[7].

De contera, será extracontractual en aquellos eventos en los cuales la relación entre médico-paciente no se base en un acuerdo previo de voluntades[8].

La ideas que subyacen en torno a la calificación como contractual o extracontractual de la responsabilidad derivada de la mala praxis médica, cual lo admite Hondius, gira en torno a que, en la primera, hay un incumplimiento de los compromisos (y por ende de la relación contractual) asumidos por el médico de cara a su paciente; en la segunda, por el contrario, la sola lesión a la integridad física y/o psíquica del damnificado le faculta para solicitar la protección de la ley[9].

En ciertas (y no pocas) ocasiones, la jurisprudencia ibérica, con el fin último de proteger a la víctima[10], y en situaciones en las cua-

---

nuel/MARTÍNEZ MUÑOZ, Miguel/DE COUTO GÁLVEZ, Rosa. *La Responsabilidad en la Prestación de Servicios.* En: SOLER PRESAS, Ana María/DEL OLMO, Pedro (dirs.). *Practicum Daños 2015.* 2015. Págs. 484-491.

7 FERNÁNDEZ MANZANO, Luis Alfonso/NAVARRO MENDIZABAL, Iñigo/GARCÍA VILLARRUBIA BERNABÉ, Manuel/MARTÍNEZ MUÑOZ, Miguel/DE COUTO GÁLVEZ, Rosa. *La Responsabilidad en la Prestación de Servicios.* En: SOLER PRESAS, Ana María/DEL OLMO, Pedro (dirs.). *Practicum Daños 2015.* 2015. Pág. 485.

8 FERNÁNDEZ MANZANO, Luis Alfonso/NAVARRO MENDIZABAL, Iñigo/GARCÍA VILLARRUBIA BERNABÉ, Manuel/MARTÍNEZ MUÑOZ, Miguel/DE COUTO GÁLVEZ, Rosa. *La Responsabilidad en la Prestación de Servicios.* En: SOLER PRESAS, Ana María/DEL OLMO, Pedro (dirs.). *Practicum Daños 2015.* 2015. Pág. 485.

9 HONDIUS, Ewoud. *Professional Liability.* En: BUSSANI, Mauro/SEBOK, Anthony J. *Comparative Tort Law. Global Perspectives.* 2015. Pág. 232.

10 FERNÁNDEZ MANZANO, Luis Alfonso/NAVARRO MENDIZABAL, Iñigo/GARCÍA VILLARRUBIA BERNABÉ, Manuel/MARTÍNEZ MUÑOZ, Miguel/DE COUTO GÁLVEZ, Rosa. *La Responsabilidad en la Prestación de Servicios.* En: SOLER PRESAS, Ana María/DEL OLMO, Pedro (dirs.). *Practicum Daños 2015.* 2015. Pág. 490.

les el evento dañoso puede revestir, al mismo tiempo, naturaleza *«contractual»* o *«extracontractual»* (fenómeno llamado por algunos *«zona mixta»*[11]), atendiendo al conocido aforismo del *«da mihi factum, dabo tibi ius»* –manifestación del principio *iura novit curia-*, ha aplicado la doctrina del concurso de normas o de yuxtaposición de responsabilidades, también denominada *«unidad de la culpa civil»*[12], para determinar que

> "(...) cuando un hecho dañoso es violación de una obligación contractual y, al mismo tiempo, del deber general de no dañar a otro ("alterum non laedere"), hay una yuxtaposición de responsabilidades, contractual y extracontractual, y da lugar a acciones que puede ejercitarse alternativa o subsidiariamente, u optando por una o por otra, o incluso proporcionando los hechos al Juzgador para que éste aplique las normas en concurso –de ambas responsabilidades- que más se acomoden a aquéllos, todo ello a favor de la víctima, y para lograr un resarcimiento del daño lo más completo posible, sin otro límite que la indemnidad del patrimonio económico"[13].

Asimismo, se ha hecho hincapié en que, con independencia del fundamento normativo alegado por las partes, lo verdaderamente relevante lo constituye la *causa petendi* de la demanda, de modo tal que si el *petitum* está orientado a obtener a resarcimiento del daño causado, el tribunal *a quo* no puede obviar ni rechazar pronunciarse

---

11 Cfr. MARTÍN-CASALS, Miquel/SOLÉ FELIU, Josep. *Comentarios al artículo 1902 del Código Civil*. En: DOMINGUEZ LLUELMO, Andrés (dir.). *Comentarios al Código Civil*. 2010. Pág. 2053.

12 Sobre los alcances y aplicación del principio de la "*unidad de la culpa civil*", en la responsabilidad civil médica, véase: GIL MEMBRADO, Cristina. *La Responsabilidad Civil por Implante Mamario. Mala Praxis, Consentimiento Informado y Prótesis Defectuosa*. 2014. Pág. 18; BELLO JANEIRO, Domingo. *La Responsabilidad Médica en el Derecho Español*. 2015. Págs. 26-27; MARTÍN-CASALS, Miquel/SOLÉ I FELIU, Josep. *Medical Liability in Spain*. En: KOCH, Bernhard A. (ed.). *Medical Liability in Europe*. 2011. Pág. 489; GALÁN CORTÉS, Julio César. Responsabilidad Civil Médica. 2016. Págs. 82-99.

13 SSTS del 26 de diciembre de 1997; de 29 de julio de 2003; y de 10 de junio de 2004. Citadas en: FERNÁNDEZ MANZANO, Luis Alfonso/NAVARRO MENDIZABAL, Iñigo/GARCÍA VILLARRUBIA BERNABÉ, Manuel/MARTÍNEZ MUÑOZ, Miguel/DE COUTO GÁLVEZ, Rosa. *La Responsabilidad en la Prestación de Servicios*. En: SOLER PRESAS, Ana María/DEL OLMO, Pedro (dirs.). *Practicum Daños 2015*. 2015. Pág. 490.

sobre la cuestión argumentando que la elección por parte del demandante de la norma aplicable fue equivocada[14]. Así,

> "(...) desde los principios de la unidad de la culpa civil y la yuxtaposición de responsabilidades contractual y extracontractual (...) lo único vinculante para el juzgador, desde el punto de vista de la congruencia, son los hechos de la demanda, gozando en cambio de libertad para encuadrar la conducta del demandado en la culpa contractual o en la extracontractual por corresponder a sus facultades de aplicación de la norma pertinente conforme al principio iura novit curia"[15].

Al margen de lo anterior, resulta pertinente señalar que en la STS del 12 de diciembre de 2017, el Tribunal Supremo de España resolvió un interesante caso que atañe al principio de unidad de culpa civil y cuándo el juzgador de instancia incurre en incongruencia en estos ámbitos. En el juicio allí ventilado, recaído en un supuesto de presunta responsabilidad civil médica por suicidio de una paciente ingresada en un centro psiquiátrico, la parte actora invocó, en el libelo genitor, la responsabilidad *"extracontractual"* de las demandadas; luego, en la *"audiencia previa"*reglada en el canon 426 de la Ley de Enjuiciamiento Civil, adujo que la responsabilidad asumía el carácter de *"contractual"*. Los juzgadores de instancia dedujeron la prescripción de la acción, tras constatar que la acción ejercitada asumía el carácter de *"extracontractual"*.

El Alto Tribunal español, para resolver, consideró que los hechos alegados (*causa petendi*) como soporte de las súplicas nunca fueron variados, más allá de si en la audiencia previa se hubiere aseverado cosa distinta a lo plasmado en la demanda; por ende, la infracción denunciada no tenía vocación de prosperidad porque la sentencia de segundo grado, fustigada, resolvió sobre el sustrato fáctico invocado por la demandante, deduciendo que la acción ejercida revestía el ca-

---

14 MARTÍN-CASALS, Miquel/SOLÉ FELIU, Josep. *Comentarios al artículo 1902 del Código Civil*. En: DOMINGUEZ LLUELMO, Andrés (dir.). *Comentarios al Código Civil*. 2010. Pág. 2053.

15 SSTS del 23 de diciembre de 2004; y 4 de marzo de 2009. Citadas en: MARTÍN-CASALS, Miquel/SOLÉ FELIU, Josep. *Comentarios al artículo 1902 del Código Civil*. En: DOMINGUEZ LLUELMO, Andrés (dir.). *Comentarios al Código Civil*. 2010. Pág. 2053.

rácter de *"contractual"* y no de *"extracontractual"*, sin que cupiera, por esa determinación, imputársele yerro alguno a su razonamiento. En el anterior orden de ideas, concluyó:

> "La sentencia, en definitiva, da respuesta a lo que se plantea en relación a la llamada unidad de culpa civil, que la aplica y la toma como presupuesto de su fallo, para entender que la acción ejercitada en la demanda no es otra que la extracontractual y no la contractual y sus conclusiones sobre la naturaleza jurídica de la acción en función de los hechos alegados no tiene otro cauce revisorio que el del recurso de casación".

Aunando en motivos, agregó, en lo que aquí interesa, lo siguiente:

> "En cualquier caso, es cierto que en materia de culpa civil no cabe eludir el razonamiento de fondo por razón de la errónea o incompleta elección de la norma aducida sobre la culpa, pues se entiende que tal materia pertenece al campo del iura novit curia y lo importante e inmutable son los hechos.
>
> Ahora bien, esta yuxtaposición de responsabilidades contractual y extracontractual y la teoría de la unidad de la culpa civil no pueden llevarse hasta el extremo de calificar de contractual o de extracontractual una determinada relación jurídica existente entre las partes con el simple argumento de que en la audiencia previa se calificó de contractual lo que en la demanda dijo era extracontractual, sin alegar ni practicar prueba alguna dirigida a acreditar esta suerte de relación y sin un juicio de hecho y de derecho sobre la misma, más allá de lo que resulta de uno de los documentos aportados por la demandada sobre el concierto existente entre Caja Salud y el sanatorio del Dr. León, en un supuesto en el que se produciría un concurso de acciones: por responsabilidad contractual en el cumplimiento del contrato concluido con Caja Salud y extracontractual respecto a la clínica con quien la recurrente no contrató y que fue, a su juicio, la causante del daño".

§4. Con todo, no puede obviarse que la responsabilidad del médico por mala praxis hace parte de aquellas que la doctrina suele incluir dentro del rubro, más amplio, de las *«responsabilidades profesionales»*; a las cuales, como relieva Hondius, tradicionalmente se les da un tratamiento especial y separado; asimismo, en el ámbito específico de la responsabilidad profesional en medicina, cual lo admite el mismo autor, la tendencia es la de otorgarles tratamiento contractual y no extracontractual, cual ocurre, verbigracia, en el

Derecho alemán con la Ley de Derechos del Paciente (*Patientenrechtegesetz*) de 2013, o en los ordenamientos checo y holandés[16].

Nota de adaptación: Igual ocurre en Colombia. Aunque no es un razonamiento muy común, la responsabilidad civil médica a veces se ha analizado dentro de la órbita, más amplia, de las responsabilidades profesionales. Así: Juan Sebastián Medina Ríos y Fernando Javier Herrera Ramírez17.

2.2. Naturaleza del vínculo jurídico que une al médico con sus pacientes

§5. En el ámbito sanitario, el vínculo que une al paciente con su médico suele revestir el carácter de contrato de prestación de servicios, en el que el doctor se compromete a poner todo su empeño para curarlo[18].

En otros casos, también frecuentes en la práctica, el paciente no celebra un contrato con el galeno sino con la institución sanitaria; acuerdo que, sin tener una regulación específica, puede obtener distintas denominaciones, entre las que destacan el de hospitalización, de clínica, de prestación de servicios hospitalarios; y que, en todo caso, es expresión del principio de la autonomía de la voluntad, siendo posible pactar, en punto a su contenido, los más diversos aspectos, aún al margen de la prestación de servicios médicos propiamente dichos, como acomodación, alimentación, alojamiento especial, etc.[19].

16 HONDIUS, Ewoud. *Professional Liability*. En: BUSSANI, Mauro/SEBOK, Anthony J. *Comparative Tort Law. Global Perspectives*. 2015. Págs. 226 y ss.

17 MEDINA RÍOS, Juan Sebastián. *Estudio 10: La Responsabilidad Civil de los Profesionales: Análisis Conceptual y su Tratamiento en Colombia*. En: GAVIRIA CARDONA, Alejandro. *Estudios de Responsabilidad Civil. Tomo II*. 2021. Págs. 151 y ss.; HERRERA RAMÍREZ, Fernando Javier. *Manual de Responsabilidad Médica*. 2023. Págs. 106-107.

18 MARTÍN-CASALS, Miquel/SOLÉ I FELIU, Josep. *Medical Liability in Spain*. En: KOCH, Bernhard A. (ed.). *Medical Liability in Europe*. 2011. Págs. 467-468.

19 MARTÍN-CASALS, Miquel/SOLÉ I FELIU, Josep. *Medical Liability in Spain*. En: KOCH, Bernhard A. (ed.). *Medical Liability in Europe*. 2011. Págs. 467-468.

Nota de adaptación: El asunto de la naturaleza del vínculo que une al galeno con sus pacientes es tópico que ha ocupado la atención de buena parte de nuestra doctrina especializada (cfr. Luis Guillermo Serrano Escobar, Carlos Ignacio Jaramillo, Cristina Morales, Eduardo Franco Delgadillo, Fernando Guzmán Mora y Patricia Arrázola, Fernando Javier Herrera Ramírez20).

§6. Siendo el contrato, cualquier especie que éste sea, fuente de obligaciones (art. 1089 del CC español), resulta obvio y natural considerar que, del ligamen que une al paciente con su médico, surge un vínculo jurídico que les une, en virtud del cual cada una de las partes queda sujeta a realizar una prestación (un comportamiento) a favor de la otra (acreedor) para la satisfacción de un interés de éste, digno de protección; y a éste, el acreedor, le compete un correspondiente poder (llamado derecho de crédito) para pretender, jurídicamente, tal prestación[21].

El deudor, de este modo, queda sujeto de tal forma que si no cumple como debe (es decir, si no realiza la prestación o la realiza inexacta o defectuosamente) responde con sus bienes, con su patrimonio, de dicho incumplimiento[22].

§7. Nada obsta, por supuesto, que entre el paciente y el médico, o entre el paciente y la clínica, o entre el paciente, la clínica y el

---

20 SERRANO ESCOBAR, Luis Guillermo. *Tratado de Responsabilidad Médica.* 2020. Págs. 164-172; SERRANO ESCOBAR, Luis Guillermo. *Nuevos Conceptos de Responsabilidad Médica.* 2000. Págs. 82 y ss.; JARAMILLO, Carlos Ignacio. *Responsabilidad Civil Médica. La Relación Médico-Paciente.* 2011. Págs. 167 y ss.; MORALES, Cristina/FRANCO DELGADILLO, Eduardo/GUZMÁN MORA, Fernando/ARRÁZOLA, Patricia. *El Contrato de Servicios Médicos.* En: GUZMÁN MORA, Fernando/MORALES, María Cristina/FRANCO DELGADILLO, Eduardo/GONZÁLEZ HERRERA, Néstor/MENDOZA VEGA, Juan/HERRERA JARAMILLO, Francisco/ARRÁZOLA, Patricia/LÓPEZ CRUZ, César/CARRIAZO, Patricia/RUEDA GÓMEZ, Mario/DUQUE, María De La Paz. *De la Responsabilidad Civil Médica.* 1995. Págs. 129-151; GUZMÁN MORA, Fernando/FRANCO DELGADILLO, Eduardo. *Derecho Médico Colombiano. Elementos Básicos. Responsabilidad Civil Médica. Tomo I. Vol. I.* 2004. Pág. 521-524; HERRERA RAMÍREZ, Fernando Javier. *Manual de Responsabilidad Médica.* 2023. Pág. 109.

21 La noción de *"obligación"*, aquí utilizada, es la explicada por el profesor Manuel Albadalejo García en: ALBADALEJO GARCÍA, Manuel. *Derecho Civil. Tomo II. Vol. I.* 1989. Pág. 13.

22 ALBADALEJO GARCÍA, Manuel. *Derecho Civil. Tomo II. Vol. I.* 1989. Pág. 13.

médico se celebre un sólo contrato o, aún, varios, cuyo contenido puede ser uniforme o de los más variados perfiles. En estos casos, vale señalar, cuando son varios los acuerdos pactados, el vínculo que surge, más allá del delineado por la obligación individualmente considerada, lo es el de una auténtica «*relación obligatoria*».

2.3. La prestación médica. La ejecución del acto médico

§8. Prestación, uno de los elementos (acaso el más importante) de la obligación, consiste en el contenido u objeto de ésta, y se cifra en la conducta en cuya observancia estriba el deber del obligado, que además el acreedor está facultado para reclamar. Su fin es el de satisfacer un interés del acreedor, y puede radicar en una de tres conductas o comportamientos: *"dar, hacer o no hacer alguna cosa"*(art. 1088 CC español)[23].

En sentido jurídico, «*dar*» implica -necesariamente- la actividad dirigida a la entrega de una cosa, y envuelve un traspaso posesorio y la realización de los actos necesarios para que el acreedor tome posesión de la cosa[24]; la prestación de «*hacer*», de contera, impone al deudor el desarrollo de una actividad que permita al acreedor la satisfacción de su interés[25]. Finalmente, el «*no hacer*» se circunscribe a aquellos eventos en los cuales el comportamiento empeñado por el deudor es puramente negativo, enmarcado bien sea en una omisión ora en una abstención[26].

§9. A mi juicio, desde el ámbito del Derecho Obligacional la prestación en cabeza del galeno, nacida del vínculo contractual (cuando lo hay) que le une con su paciente, las más de las veces implica un «*hacer*», materializado en la ejecución del acto médico, que

23 El concepto de *"prestación"* aquí expuesto corresponde al esbozado por Manuel Albadalejo García, en: ALBADALEJO GARCÍA, Manuel. *Derecho Civil. Tomo II. Vol. I.* 1989. Pág. 18.

24 DIEZ PICAZO, Luis/GULLÓN, Antonio. *Sistema de Derecho Civil. Tomo I. Vol. II.* 2016. Págs. 126-127.

25 DIEZ PICAZO, Luis/GULLÓN, Antonio. *Sistema de Derecho Civil. Tomo I. Vol. II.* 2016. Pág. 127.

26 DIEZ PICAZO, Luis/GULLÓN, Antonio. *Sistema de Derecho Civil. Tomo I. Vol. II.* 2016. Pág. 127.

en sentido lato se define como *"la actuación sobre un cuerpo humano por parte de un médico en el ejercicio de su profesión"*[27]; acto distinguido por la profesionalidad (solo puede ser llevado a cabo por un sujeto especialista en medicina o salud), de ejecución típica (debe estar conforme con la *lex artis*), con finalidad lícita (pretende la curación o rehabilitación del paciente, protegiendo su salud), y que constituye una actuación lícita (toda acción que realice el galeno debe estar conforme con las normas existentes, adecuarse a la *lex artis* y obtener el correspondiente consentimiento informado del paciente o sus allegados, cuando se encuentren facultados para ello)[28].

2.4. Obligaciones de medio o de resultado

§10. La citada distinción, de raigambre eminentemente doctrinal, halla origen en los trabajos de los estudiosos franceses, italianos y alemanes de principios del siglo pasado; quienes, analizando las disposiciones del Derecho Civil de sus respectivas naciones, encontraron, pronto, la necesidad de diferenciar las relaciones obligatorias de según la mayor o menor correspondencia del objeto al resultado final esperado por el acreedor[29].

El francés René Demógue[30], quien tiene el mérito de evidenciar (no crear) tanto la existencia como la trascendencia de estos tipos de obligaciones, y con él la jurisprudencia gala[31] y la práctica unani-

---

27 FERNÁNDEZ MANZANO, Luis Alfonso/NAVARRO MENDIZABAL, Iñigo/GARCÍA VILLARRUBIA BERNABÉ, Manuel/MARTÍNEZ MUÑOZ, Miguel/DE COUTO GÁLVEZ, Rosa. *La Responsabilidad en la Prestación de Servicios.* En: SOLER PRESAS, Ana María/DEL OLMO, Pedro (dirs.). *Practicum Daños 2015*. 2015. Pág. 484.

28 Sobre las características del «*acto médico*», anotadas, véase: JIMÉNEZ VAQUERO, Nuria. *Responsabilidad Civil Médica*. 2014-2015. Págs. 32-33.

29 Para los orígenes doctrinales e históricos de las obligaciones de medio (o de actividad) y de las de resultado, véase: CABANILLAS SÁNCHEZ, Antonio. *Las Obligaciones de Actividad y de Resultado.* 1993. Págs. 13-17.

30 DEMÓGUE, René. *Traité des Obligations en Général. Tomo V.* 1923. Págs. 538-545.

31 En Francia, el primer fallo en el cual se aplicó la distinción entre obligaciones de medios (*obligations de moyens*) y obligaciones de resultado (*obligations de résultat*) lo constituye uno dictado por una *Cour* de París fechado el 16 de noviembre de 1927. Para un análisis de esa sentencia, véase: THOMAS, Claude. *La Distinction des Obligations de Moyens et des Obligations de*

midad de los expositores[32] que le siguieron, suelen aplicar la citada figura, dotándola de precisos efectos jurídicos. Mismos fenómenos se observan tanto en la doctrina general del derecho de las obligaciones de España[33] y de Italia[34]; países en los cuales, pese a no hallar consagración expresa en sus correspondientes códigos, sí ha sido frecuentemente -y en los más variados ámbitos- aplicada por los tribunales y estudiada por los teóricos.

> Nota de adaptación: Al igual que sucedió con el Código napoleónico, en Colombia el Código Civil no consagró -y aún hoy no consagra- la distinción entre obligaciones de medio y de resultado. No obstante, su incorporación a nuestro medio se hizo bien pronto y con gran entusiasmo por obra de la jurisprudencia civil [CSJ SC de 5 de nov. de 1935 (Juan F. Mujica); 30 de nov. de 1935 (M.P. Eduardo Zuleta Ángel); de 31 de

---

Résultat. En: *Rev. Critique Legis. &Juris. n.s. 637*. 1937. Págs. 637-656. Otro fallo significativo, también en el país galo, fue el dictado el 20 de mayo de 1936 por la *Cour de Cassation* (mejor conocida como la sentencia *Mercier*), comentado por André Tunc en: TUNC, André. *Jalóns. Dit et Écrits d'André Tunc*. 1991. Pág. 135. Curiosamente, ambos pronunciamientos recayeron sobre casos en los cuales se ventilaba la responsabilidad de un médico por el daño ocasionado a su paciente.

32 Cfr. MAZEAUD, Henri/MAZEAUD, Jean/MAZEAUD, León/CHABAS, Francois. *Lecons de Droit Civil. Tomo II. Vol. I. Obligations. Théorie* Générale. 1998. Págs. 13-15; LARROUMET, Christian. *Droit Civil. Tomo III. Les Obligations. Le Contrat*. 2003. Págs. 43-46; TUNC, André. *Jalóns. Dit et Écrits d'André Tunc*. 1991. Pág. 135-144; THOMAS, Claude. *La Distinction des Obligations de Moyens et des Obligations de Résultat*. En: *Rev. Critique Legis. &Juris.* n.s. 637. 1937. Págs. 637-656; MÉLIN, Francois. *Droit des Obligations*. 2006. Págs. 138-139; JOSSERAND, Louis. *Derecho Civil. Tomo II. Vol. I. Teoría General de las Obligaciones*. Trad. de Santiago Cunchillos y Manterola. 1950. Págs. 83-84.

33 Cfr. por todos: LACRUZ BERDEJO, José Luis/SANCHO REBULLIDA, Francisco de Asís/LUNA SERRANO, Agustín/DELGADO ECHEVERRÍA, Jesús/RIVERO HERNÁNDEZ, Francisco/RAMS ALBESA, Joaquín. *Elementos de Derecho Civil. Tomo II. Vol. I. Parte General. Teoría General del Contrato*. 2000. Pág. 53; CRESPO MORA, María Carmen. *Las Obligaciones de Medios y de Resultado de los Prestadores de Servicios en el DCFR*. 2013. En: *Revista Indret. No. 2*. 2013. CÁBANILLAS SÁNCHEZ, Antonio. *Las Obligaciones de Actividad y de Resultado*. 1993. Págs. 13-17; PUIG I FERRIOL, Lluís/GETE-ALONSO Y CALERA, María del Carmen/GIL RODRÍGUEZ, Jacinto/HUALDE SÁNCHEZ, José Javier. *Manual de Derecho Civil. Tomo II. Derecho de Obligaciones. Responsabilidad Civil. Teoría General del Contrato*. 1998. Pág. 76; BLANCO, Lourdes. *Obligaciones de Medios y Obligaciones de Resultado*. En: *Cuadernos de Derecho Transnacional*. Octubre de 2014. Vol. 6º, No. 2. Págs. 50-74; DIEZ PICAZO, Luis/GULLÓN, Antonio. *Sistema de Derecho Civil. Tomo I. Vol. II*. 2016. Págs. 127-128.

34 Cfr. BIGLIAZZI, Lina/BUSNELLI, Francesco/BRECCIA, Umberto/NATOLI, Ugo. *Diritto Civile. Tomo III. Obligazioni e Contratti*. 1989. Págs. 22-23; NOBILI, Chiara. *Le Obligazzioni*. 2001. Págs. 14-15.; BALLORIANI, Massimiliano/DE ROSA, Roberto/MEZZANOTTE, Salvatore. *Manuale Breve di Diritto Civile*. 2012. Págs. 337-338.

mayo de 1938 (M.P. Juan F. Mujica); 5 de marzo de 1940 (M.P. Liborio Escallón); 12 de dic. de 1940 (M.P. Juan Donado); 27 de nov. de 1952 (M.P. Manuel José Vargas); 11 de junio de 1974 (M.P. Germán Giraldo Zuluaga); 21 de febrero de 1977 (M.P. Ricardo Uribe Holguín); 3 de nov. de 1977 (M.P. Ricardo Uribe Holguín); 9 de oct. de 1980 (M.P. Alberto Ospina Botero); 12 de septiembre de 1985 (M.P. Horacio Montoya Gil); 26 de nov. de 1986 (M.P. Héctor Gómez Uribe); 24 de junio de 1988 (M.P. Pedro Lafont Pianetta); 12 de junio de 1990 (M.P. Carlos Esteban Jaramillo); 10 de febrero de 1992 (M.P. Alberto Ospina Botero); 10 de febrero de 1992 (M.P. Pedro Lafont Pianetta); 19 de abril de 1993 (M.P. Pedro Lafont Pianetta); 1 de nov. de 1993 (M.P. Carlos Esteban Jaramillo); 5 de mayo de 1999 (M.P. Jorge Antonio Castillo Rúgeles); 24 de oct. de 2000 (M.P. José F. Ramírez Gómez); 13 de sept. de 2002 (M.P. Nicolás Bechara); 30 de sept. de 2002 (M.P. Carlos I. Jaramillo); 26 de junio de 2003 (M.P. José F. Ramírez Gómez); 1 de junio de 2005 (M.P. Manuel Isidro Ardila); 13 de julio de 2005 (M.P. Jaime Arrubla); 18 de oct. de 2005 (M.P. Pedro O. Munar); 24 de oct. de 2005 (M.P. Pedro O. Munar); 19 de dic. de 2005 (M.P. Pedro O. Munar); 18 de mayo de 2006 (M.P. Carlos I. Jaramillo); 4 de agosto de 2008 (M.P. Edgardo Villamil); 30 de abril de 2009 (M.P. Pedro O. Munar); 24 de junio de 2009 (M.P. William Namén); 1 de julio de 2009 (M.P. William Namén); 19 de octubre de 2009 (M.P. William Namén); 22 de julio de 2010 (M.P. Pedro O. Munar); 16 de dic. de 2010 (M.P. Arturo Solarte Rodríguez); 17 de julio de 2012 (M.P. Ruth M. Díaz); 30 de agosto de 2013 (M.P. Ruth M. Díaz); 13 de sept. de 2013 (M.P. Arturo Solarte Rodríguez); 5 de nov. de 2013 (M.P. Arturo Solarte Rodríguez); 19 de dic. de 2013 (M.P. Ariel Salazar Ramírez); 14 de sept. de 2014 (M.P. Fernando Giraldo); 15 de septiembre de 2014 (M.P. Margarita Cabello Blanco); 14 de nov. de 2014 (M.P. Fernando Giraldo); 6 de oct. de 2015 (M.P. Luis Armando Tolosa Villabona); 20 de junio de 2016 (M.P. Fernando Giraldo); 24 de mayo de 2017 (M.P. Luis Armando Tolosa Villabona); 12 de enero de 2018 (M.P. Luis Armando Tolosa Villabona); 28 de mayo de 2019 (M.P. Luis Alonso Rico); 20 de junio de 2019 (M.P. Margarita Cabello Blanco); 12 de julio de 2019 (M.P. Álvaro F. García); 26 de julio de 2019 (M.P. Margarita Cabello Blanco); 7 de sept. de 2020 (M.P. Luis Armando Tolosa Villabona); 14 de sept. de 2020 (M.P. Aroldo Wilson Quiroz); 21 de septiembre 2020 (M.P. Octavio Augusto Tejeiro Duque); 13 de oct. de 2020 (M.P. Luis Armando Tolosa Villabona); 23 de nov. de 2020 (M.P. Octavio Augusto Tejeiro); 7 de dic. de 2020 (M.P. Aroldo Wilson Quiroz); 18 de diciembre de 2020 (M.P. Luis Armando Tolosa Villabona); 12 de enero de 2021 (M.P. Álvaro F. García); 2 de febrero de 2021 (M.P. Luis Armando Tolosa Villabona); 4 de agosto de 2021 (M.P. Álvaro F. García); 5 de octubre de 2021 (M.P. Luis Alonso Rico); 26 de oct. de 2021 (M.P. Aroldo Wilson Quiroz); 7 de diciembre de 2021

(M.P. Octavio Augusto Tejeiro Duque); y 27 de sept. de 2022 (M.P. Luis Alonso Rico)].

En cuanto a los autores, la mayoría de ellos (Álvaro Pérez Vives, (María del Socorro Rueda Fonseca, Guillermo Ospina Fernández, Hernán Darío Velásquez Gómez, Jorge Cardozo Isaza, Pablo Garcés Vásquez, Santos Nicolás Díaz Morales, Álvaro Ortiz Monsalve, Mario Baena Upegui, Ricardo Uribe Holguín, Rosa Herminda Castro de Arenas, Javier Tamayo Jaramillo, Nancy Gutiérrez-Claudia Bermúdez Carvajal, Édgar Cortés, Carlos Barrera Tapias y Fernando Hinestrosa Forero[35]) admiten su existencia, así sea tácitamente. Otros (Camilo Vargas Jácome, Jorge Cubides Camacho y Arturo Valencia Zea[36]) la critican y le desconocen cualquier viso de autonomía. Y unos más (Pedro Pablo Torres Beltrán[37]) la admiten, aunque con recelo. Éste último, Pedro Pablo Torres Beltrán, quien fuere magistrado del Tribunal Superior de Santa Rosa de Viterbo y luego del de Yopal, constituye -dicho sea de paso-, junto con Álvaro Pérez Vives, el autor que mejor ha trabajado, aún hoy, la aludida distin-

35 PÉREZ VIVES, Álvaro. *Teoría General de las Obligaciones. Segunda Parte.* 1951. Págs. 655 y ss.; VELÁSQUEZ GÓMEZ, Hernán Darío. *Estudio sobre Obligaciones.* 2010. Pág. 563; CARDOZO ISAZA, Jorge. *Apuntes sobre Obligaciones Civiles y Mercantiles.* 1986. Pág. 10; GARCÉS VÁSQUEZ, Pablo. *Teoría de las Obligaciones.* 2018. Pág. 41; ORTIZ MONSALVE, Álvaro. *Breve Manual de Obligaciones.* 1995. Pág. 6; BARRERA TAPIAS, Carlos. *Las Obligaciones en el Derecho Moderno. Libro 1.* 1995. Págs. 63-64; BAENA UPEGUI, Mario. *Curso de las Obligaciones. Derecho Civil y Comercial.* 1992. Pág. 330; URIBE HOLGUÍN, Ricardo. *Teoría General de las Obligaciones.* 1973. Págs. 18-22; URIBE HOLGUÍN, Ricardo. *De las Obligaciones y del Contrato en General.* 1980. Págs. 15-18; URIBE HOLGUÍN, Ricardo. *Cincuenta Ensayos Breves sobre Obligaciones y Contratos.* 1970. Págs. 96 -100; CASTRO DE ARENAS, Rosa Hermninda. *Nociones Básicas de las Obligaciones.* 1993. Págs. 194-195; DÍAZ MORALES, Santos Nicolás. *Curso Didáctico de Obligaciones Patrimoniales.* 1985. Págs. 26-27; TORRES BELTRÁN, Pedro Pablo. *Obligaciones. Tomo III. Vol. I.* 1999. Págs. 98 y ss.; OSPINA FERNÁNDEZ, Guillermo. *Régimen General de las Obligaciones.* 2008. Págs. 26-27; OSPINA FERNÁNDEZ, Guillermo. *Derecho Civil (Obligaciones). Folleto 1.* 1970. Págs. 38-39; RUEDA FONSECA, María Socorro. *Alguna Clasificaciones de las Obligaciones y Régimen Particular.* En: CASTRO DE CIFUENTES, Marcela (coord.). *Derecho de las Obligaciones. Tomo I.* 2009. Págs. 43-52; TAMAYO JARAMILLO, Javier. *Culpa Contractual.* 1990. Págs. 24-53 y 142 y ss.; TAMAYO JARAMILLO, Javier. *Tratado de Responsabilidad Civil. Tomo I.* 2010. Págs. 412 y ss.; CORTÉS, Édgar. *La Culpa Contractual en el Sistema Jurídico Latinoamericano.* Págs. 177 y ss.; GUTIÉRREZ, Nancy/BERMÚDEZ CARVAJAL, Claudia. *La Responsabilidad Contractual en Cirugía Estética.* 2009. Págs. 37-39; HINESTROSA FORERO, Fernando. *Tratado de las Obligaciones.* 2007. Págs. 237 y ss.

36 CUBIDES CAMACHO, Jorge. *Obligaciones.* 2012. Pág. 156; la referencia a la obra de Arturo Valencia Zea puede verse en: SUESCÚN MELO, Jorge. *Derecho Privado. Estudios de Derecho Civil y Comercial Contemporáneo. Tomo I.* 2003. Pág. 363; VARGAS JÁCOME, Camilo. *Derecho de Daños Actual. Ires y Venires.* 2021. Págs. 282-285.

37 TORRES BELTRÁN, Pedro Pablo. *Obligaciones. Tomo III. Vol. I.* 1999. Págs. 98-111.

ción entre obligación de medio y de resultado en el campo del Derecho de las Obligaciones.

§11. La diferenciación entre las obligaciones de medio y de resultado, que en el marco de las prestaciones de hacer es donde halla precisa significación[38], se cifra, siguiendo a Diez Picazo y a Gullón Ballesteros, según en que lo comprometido por el deudor sea una pura actividad o consista además en la obtención de un determinado resultado[39].

Nota de adaptación: En Colombia, se ha considerado que la discriminación entre obligaciones de medio y de resultado tiene su ámbito de aplicación en la esfera de las obligaciones -o prestaciones- de hacer. Así lo destaca algún sector de la doctrina (Carlos Ignacio Jaramillo, Eduardo Franco Delgadillo, María Cristina Morales, Fernando Guzmán Mora, Juan Mendoza Vega, Néstor González Herrera y Patricia Arrázola40).

Por esa razón, en la primera (en la de medio o actividad), el deudor cumple desplegando diligentemente una determinada actividad, aunque no se consiga el resultado esperado; en la última (en la de resultado), de contera, sólo hay cumplimiento si el resultado se obtiene[41]. Por eso, como con razón se ha dicho[42], en las obliga-

38 Cfr. CARRASCO PERERA, Ángel (dir.)/CORDERO LOBATO, Encarna/MARÍN LÓPEZ, Manuel Jesús. *Lecciones de Derecho Civil. Derecho de Obligaciones y Contratos en General.* 2015. Pág. 209; LACRUZ BERDEJO, José Luis/SANCHO REBULLIDA, Francisco de Asís/LUNA SERRANO, Agustín/DELGADO ECHEVERRÍA, Jesús/RIVERO HERNÁNDEZ, Francisco/RAMS ALBESA, Joaquín. *Elementos de Derecho Civil. Tomo II. Vol. I. Parte General. Teoría General del Contrato.* 2000. Pág. 53. Entre muchos otros.

39 DIEZ PICAZO, Luis/GULLÓN, Antonio. *Sistema de Derecho Civil. Tomo I. Vol. II.* 2016. Pág. 127.

40 JARAMILLO, Carlos Ignacio. *Responsabilidad Civil Médica. La Relación Médico-Paciente. Análisis Doctrinal y Jurisprudencial.* 2010. Págs. 299-300; JARAMILLO, Carlos Ignacio. *La Culpa y la Carga de la Prueba en el Campo de la Responsabilidad Médica.* 2010. Pág. 108; FRANCO DELGADILLO, Eduardo/MORALES, María Cristina/GUZMÁN MORA, Fernando/MENDOZA VEGA, Juan/GONZÁLEZ HERRERA, Néstor/ARRÁZOLA, Patricia. *Responsabilidad Civil del Médico.* En: GUZMÁN MORA, Fernando/MORALES, María Cristina/FRANCO DELGADILLO, Eduardo/GONZÁLEZ HERRERA, Néstor/MENDOZA VEGA, Juan/HERRERA JARAMILLO, Francisco/ARRÁZOLA, Patricia/LÓPEZ CRUZ, César/CARRIAZO, Patricia/RUEDA GÓMEZ, Mario/DUQUE, María De La Paz. *De la Responsabilidad Civil Médica.* 1995. Págs. 76-77.

41 DIEZ PICAZO, Luis/GULLÓN, Antonio. *Sistema de Derecho Civil. Tomo I. Vol. II.* 2016. *Pág. 127.*

42 GALÁN CORTÉS, Julio César. *Responsabilidad Civil Médica.* 2016. Pág. 141.

ciones de resultado no hay necesidad de probar la culpa del deudor: se responde por el mero hecho del incumplimiento.

Para el Tribunal Supremo español, la distinción entre uno y otro tipo de obligación se concreta de la siguiente manera:

> "El resultado siempre está presente en la obligación; en la de actividad, ésta es el objeto de la obligación; en la de resultado, su objeto es el resultado mismo. Ello implica dos consecuencias: la distribución del riesgo y el concepto del incumplimiento, total o parcial, siendo este último el llamado también cumplimiento defectuoso. El deudor de obligación de actividad ejecuta la prestación consistente en tal actitud y cumple con su ejecución adecuada y correcta: el deudor de obligación de resultado, ejecuta la prestación bajo su propio riesgo, ya que tan sólo hay cumplimiento si se produce el resultado. A su vez, lo anterior se relaciona con el cumplimiento; en la obligación de actividad, la realización de la conducta diligente basta para que se considere cumplida, aunque no llegue a darse el resultado: lo que determina el cumplimiento no es la existencia del resultado, sino la ejecución adecuada y correcta, es decir, diligente, de la actividad encaminada a aquel resultado. El cumplimiento de la obligación de resultado, por el contrario, requiere la satisfacción del interés del acreedor consistente en la obtención del resultado. En consecuencia, en la obligación de resultado, la no obtención de éste, que implica incumplimiento de obligación, hace presumir la culpa; en la obligación de actividad, es precisa la prueba de la falta de diligencia, para apreciar incumplimiento, tal como ha reiterado esta Sala (...)"[43].

§12. La responsabilidad civil médica no ha sido ajena a la incorporación, en su discurso, de la distinción entre las obligaciones de medio y de resultado: son numerosísimas las referencias que en la literatura especializada, desde la década de los noventa hasta hoy día, se hacen respecto de la misma[44], a tal punto que pueda afir-

---

[43] STS del 13 de abril de 1999; citada en: O'CALLAGHAN MUÑOZ, Xavier (coord.)/SEIJAS QUINTANA, José Antonio/SIERRA GIL DE LA CUESTA, Ignacio/SALAS CARCELLER, Antonio. *Supuestos de Responsabilidad Civil (Médico Sanitaria, Transporte de Viajeros y Mercancías y Leyes Especiales).* 2010. Pág. 69.

[44] Entre las obras más significativas de Derecho Médico que en España hacen referencia a la comentada distinción, véanse: DE ÁNGEL YAGUEZ, Ricardo. *El "Resultado" en la obligación del médico. ¿Ideas Sensatas que pueden volverse locas?.* En: LLAMAS POMBO, Eugenio (coord.). *Estudios de Derecho de Obligaciones. Homenaje al Profesor Mariano Alonso López. Tomo I.* 2006. Págs. 419-468; SANTOS BRIZ, Jaime. *La Responsabilidad Civil. Tomo II.* 1993. Pág. 893; BELLO

marse que no hay, en Derecho español, tratado en la materia que no haga, así sea para criticarla, o de forma implícita o explícita, referencia a ella.

La jurisprudencia del Tribunal Supremo español, de modo indiscutido a partir de la STS del 26 de mayo de 1986[45], también en este ámbito ha sido prolija en hacer referencia a estos tipos de obligaciones, distinguiéndolas nítidamente tanto en sus efectos como en sus consecuencias jurídicas y, particularmente, probatorias[46].

JANEIRO, Domingo. *La Responsabilidad Médica en el Derecho Español.* 2015. Págs. 30 y ss.; CABANILLAS SÁNCHEZ, Santiago. *Obligaciones de Actividad y de Resultado.* 1993. Págs. 71-76, 97-109; FERNÁNDEZ MANZANO, Luis Alfonso/NAVARRO MENDIZABAL, Iñigo/GARCÍA VILLARRUBIA BERNABÉ, Manuel/MARTÍNEZ MUÑOZ, Miguel/DE COUTO GÁLVEZ, Rosa. *La Responsabilidad en la Prestación de Servicios.* En: SOLER PRESAS, Ana María/DEL OLMO, Pedro (dirs.). *Practicum Daños.* 2015. Págs. 492-493; YBANCOS SAN JUAN, Elena. *Responsabilidad Civil del Médico por Mala Praxis.* 2014. Págs. 9-13; DE ÁNGEL YAGUEZ, Ricardo. *Responsabilidad Civil por Actos Médicos. Problemas de Prueba.* 1999. Págs. 17-19, 28-42; LÓPEZ CARMONA, Virginia. *Responsabilidad Civil por Falta de Consentimiento Informado en la Medicina Satisfactiva.* En: Extraordinario XXII Congreso 2013. Vol. 23. 2013. Págs. 183-184; O'CALLAGHAN MUÑOZ, Xavier (coord.)/SEIJAS QUINTANA, José Antonio/SIERRA GIL DE LA CUESTA, Ignacio/SALAS CARCELLER, Antonio. *Supuestos de Responsabilidad Civil (Médico Sanitaria, Transporte de Viajeros y Mercancías y Leyes Especiales).* 2010. Págs. 61 y ss.; ASÚA GONZÁLEZ, Clara I. *Responsabilidad Civil Médica.* En: REGLERO CAMPOS, Luis Fernando/BUSTO LAGO, José Manuel (coords.). *Tratado de Responsabilidad Civil. Tomo II.* 2014. Págs. 361-364; MONTERROSO CASADO, Esther. *Diligencia Médica y Responsabilidad Civil.* Págs. 3-4; ANDREU TENA, Eduardo/AZPARREN LUCAS, Agustín/DONAT LAPORTA, Emilio. *Estudio Jurisprudencial en Medicina Satisfactiva.* En: *Revista Española de Medicina Legal.* 2013. Págs. 162-164; ALBI NUEVO, Julio. *La Prueba en los Procedimientos de Responsabilidad Sanitaria.* En *Revista CESCO de Derecho del Consumo. No. 8.* 2013. Pág. 261; ARBESÚ, Vanessa. *La Naturaleza Jurídica de la Obligación en Odontología Curativa y Estética.* En: *Revista de Derecho UNED. Núm. 16.* 2015. Págs. 83-92; OSSORIO, Juan Miguel. *Lecciones de Derecho de Daños.* 2011. Pág. 133; GALÁN CORTÉS, Julio César. *Responsabilidad Civil Médica.* 2016. Págs. 135-148; MARTÍN-CASALS, Miquel/SOLÉ I FELIU, Josep. *Medical Liability in Spain.* En: KOCH, Bernhard A. (ed.). *Medical Liability in Europe.* 2011. Págs. 467-468.

45 Es ésta la sentencia hito en la materia, donde aparece claramente la formulación, en el ámbito médico, de la diferenciación entre las obligaciones de resultado y las de medio. Cfr. CABANILLAS SÁNCHEZ, Santiago. *Obligaciones de Actividad y de Resultado.* 1993. Págs. 100-102; y O'CALLAGHAN MUÑOZ, Xavier (coord.)/SEIJAS QUINTANA, José Antonio/SIERRA GIL DE LA CUESTA, Ignacio/SALAS CARCELLER, Antonio. *Supuestos de Responsabilidad Civil (Médico Sanitaria, Transporte de Viajeros y Mercancías y Leyes Especiales).* 2010. Pág. 61; otros sitúan la primera alusión jurisprudencial en la materia en la STS del 21 de marzo de 1950: Cfr. GALÁN CORTÉS, Julio César. *Responsabilidad Civil Médica.* 2016. Pág. 138.

46 Cfr. SSTS del 26 de mayo de 1986; 12 de junio de 1988; 7 y 12 de febrero, 6 de julio y 6 de noviembre de 1990; 11 de marzo y 8 de mayo de 1991; 20 de febrero y 13 de octubre de 1992; 2 de febrero, 7 de julio y 15 de noviembre de 1993; 12 y 29 de julio y 24 de septiembre

Parecida tendencia se observa en el Derecho europeo, en especial en Portugal[47], Bélgica[48], Francia[49], Holanda[50], Italia[51] y, con la respectiva variación semántica y/o terminológica, también en los ordenamientos estadounidense[52] y alemán[53].

---

de 1994; 16 de febrero de 1995; 23 de septiembre y 15 de octubre de 1996; 25 de enero, 11 de febrero, 22 de abril, 27 de junio, 21 de julio y 13 y 16 de diciembre de 1997; 13 de abril y 10 de noviembre de 1999; 10 de abril y 11 de diciembre de 2001; 26 de marzo, 29 de octubre y 23 de septiembre de 2004; y 26 de junio de 2006.

47 Cfr. DIAS PEREIRA, André Gonçalo. *Portugal*. En: KOZIOL, Helmut/STEININGER, Barbara C. (eds.). *European Tort Law 2008*. 2008. Págs. 532-534; DIAS PEREIRA, André. *Portugal*. En: KOZIOL, Helmut/STEININGER, Barbara C (eds.). *European Tort Law 2010*. 2010. Págs. 489-491; DIAS PEREIRA, André/ALMENO DE SÁ, Filipa. *Portugal*. En: OLIPHANT, Ken/STEININGER, Barbara (eds.). *European Tort Law 2012*. 2012. Págs. 547-549; DIAS PEREIRA, André/DUARTE MANSO, Luis. *Portugal*. En: KARNER, Ernst/STEININGER, Barbara (eds.). *European Tort Law 2014*. 2014. Págs. 486-488.

48 Cfr. NYS, Herman. *Medical Liability in Belgium*. En: KOCH, Bernhard A. (ed.). *Medical Liability in Europe*. 2011. Págs. 94-95.

49 Cfr. CARVAL, Suzanne/SEFTON GREEN, Ruth. *Medical Liability in France*. En: KOCH, Bernhard A. (ed.). *Medical Liability in Europe*. 2011. Pág. 212; G'SELL-MACREZ, Florence. *Medical Malpractice and Compensation in France. Part I: The French Rules of Medical Liability since the Patients Rights Law of March 4, 2002*. En: OLIPHANT, Ken/W. WRIGHT, Richard (eds.). *Medical Malpractice and Compensation in Global Perspective*. 2013. Pág. 136; BOYER CHAMMARD, Georges/MONZEIN, Paul. *La Responsabilité Médicale*. 1974. Págs. 81 y ss; SARGOS, Pierre. *Obligation de Moyens et Obligation de Résultat du Médecin. Bilan de la Jurisprudence Récente de la Cour de Cassation*. En: Revieu Med & Droit. 1997. Núm. 24. Págs. 2-5; MORÉTEAU, Olivier. *Revisiting the Grey Zone Between Contract and Tort*. En: KOZIOL, Helmut/STEININGER, Barbara (eds.). *European Tort Law 2004*. 2004. Págs. 65-66.

50 GIESEN, Ivo/ENGELHARD, Esther. *Medical Liability in The Netherlands*. En: KOCH, Bernhard A. (ed.). *Medical Liability in Europe*. 2011. Págs. 371-372.

51 DI MARZO, Claudia. *Medical Malpractice and Compensation in Italy*. En: OLIPHANT, Ken/W. WRIGHT, Richard. *Medical Malpractice and Compensation in Global Perspective*. 2013. Págs. 222-226; ARNONE, Gino. *Il Superamento della Distinzione Tra Obbligazioni di Mezzi e di Risultato*. En: TODESCHINI, Nicola (bajo su cuidado)/CENDON, Paolo (dir.) *La Responsabilitá Medica*. 2016. Págs. 181-195; FRANZONI, Massimo. *La Responsabilitá nelle Obbligazioni di Mezzi e nelle Obbligazioni di Resultato*. En: *Revista Foro Italiano*. 1997. Núm. 10.; ROZO SORDINI, Paolo Emanuele. *Las Obligaciones de Medios y de Resultado y la Responsabilidad de los Médicos y de los Abogados en el Derecho Italiano*. En: *Revista de Derecho Privado. No. 4. Julio 1998/diciembre 1999*. Págs. 139-149.

52 Cfr. CUCIN, Robert L. *Medical Malpractice. Handling Plastic Surgery Cases*. 1990. Págs. 13-16, BOUMIL, Marcia/HATTIS, Paul A. *Medical Liability in a Nutshell*. 2011. Págs. 28-36; KEETON, W. Page (Ed.)/DOBBS, Dan/KEETON, Robert E./OWEN, David G. *Prosser and Keeton on the Law of Torts*. 1984. Pág. 186; HAECK, Phil/GORNEY, Mark. *Risk, Liability and Malpratice. What Every Plastic Surgeon needs to Know*. 2011. Págs. 10, 106-107.

53 Cfr. PETRY, Franz Michael. *Medical Liability in Germany*. En: KOCH, Bernhard A. (ed.) *Medical Liability in Europe*. 2011. Pág. 249.

Nota de adaptación: También en Colombia se ha incorporado, en el ámbito del derecho médico, la distinción entre obligación de medio y de resultado. En general, se ha sostenido que la obligación que asume el médico es de la primera clase. Esto se refuerza con lo que señala el artículo 104 de la Ley 1438 de 2011, que modificó el 26 de la Ley 1164 de 2007. Norma ésta que definió el acto propio de los profesionales de la salud como el "conjunto de acciones orientadas a la atención integral de salud, aplicadas por el profesional autorizado legalmente para ejercerlas. El acto profesional se caracteriza por la autonomía profesional y la relación entre el profesional de la salud y el usuario. **Esta relación de asistencia en salud genera una obligación de medio**, basada en la competencia profesional (...)" (Énfasis para destacar).

A este respecto, en la jurisprudencia de los tribunales superiores puede consultarse: TSDJ Armenia (Sala Civil-Familia-Laboral), sent. de 1 marzo de 2022, rad. 2018-00119 (M.P. César Augusto Guerrero).

En cuanto a la jurisprudencia de la Sala de Casación Civil, Agraria y Rural de la Corte Suprema de Justicia: CSJ SC de 5 de marzo de 1940 (M.P. Liborio Escallón), 3 de noviembre de 1977; 26 de nov. de 1986 (M.P. Héctor Gómez Uribe); 30 de enero de 2001, exp. 5507 (M.P. José F. Ramírez Gómez); 13 de sept. de 2002; 1 de dic. de 2011 (M.P. Ruth M. Díaz); 5 de nov. de 2013; SC12449-2014 (M.P. Margarita Cabello); y 24 de mayo de 2017.

§13. En todo caso, es preciso señalar que, en la práctica forense, la diferenciación entre estos tipos de obligaciones se ha hecho, especialmente, en función de la intervención médica a que se refiere y, de manera particular, a si el acto médico enjuiciado adquiere la connotación de «*necesario*» o «*voluntario*».

§14. En general, es jurisprudencia reiterada, y opinión doctrinaria consolidada[54], que el médico, en línea de principio, asume obligaciones de medio y sólo excepcionalmente de resultados: se compromete a emplear toda su diligencia y cuidado para obtener la curación de su paciente, sin que pueda reprochársele por el mero

54 Cfr. SANTOS BRIZ, Jaime. *La Responsabilidad Civil. Tomo II*. 1993. Pág. 893; FERNÁNDEZ MANZANO, Luis Alfonso/NAVARRO MENDIZABAL, Iñigo/GARCÍA VILLARRUBIA BERNABÉ, Manuel/MARTÍNEZ MUÑOZ, Miguel/DE COUTO GÁLVEZ, Rosa. *La Responsabilidad en la Prestación de Servicios*. En: SOLER PRESAS, Ana María/DEL OLMO, Pedro (dirs.). *Practicum Daños 2015*. 2015. Pág. 492; JIMÉNEZ VAQUERO, Nuria. *Responsabilidad Civil Médica*. 2014-2015. Págs. 10-11.

hecho de no haber alcanzado ésta. La doctrina europea, en general, ha llegado a la misma conclusión[55].

El Tribunal Supremo, en fallos que se cuentan por multitud, tiene por averiguado:

> "(...) la obligación del médico es una obligación de actividad (o de medios) en el sentido de que debe prestar al paciente el cuidado correspondiente a su enfermedad y excepcionalmente es una obligación de resultado, cuando se ha comprometido a la obtención de un resultado; distinción que tiene consecuencias en orden al cumplimiento o incumplimiento"[56].
>
> Nota de adaptación: Nuestra doctrina también sostiene que la obligación que asume el médico, por lo común, es de medios o diligencia, no de resultado (cfr. Uribe Holguín, Carlos Ignacio Jaramillo, Antonio José Chacón Pinzón[57]); y son varios los autores que relievan la importancia de la distinción en el ámbito del derecho sanitario (Barona Betancourt, Carlos Ignacio Jaramillo, Eduardo Franco Delgadillo, María Cristina Morales, Fernando Guzmán Mora, Juan Mendoza Vega, Néstor González Herrera y Patricia Arrázola[58]).

---

55 Cfr. PETRY, Franz Michael. *Medical Liability in Germany*. En: KOCH, Bernhard A. (ed.) *Medical Liability in Europe*. 2011. Pág. 249; GIESEN, Ivo/ENGELHARD, Esther. *Medical Liability in The Netherlands*. En: KOCH, Bernhard A. (ed.). *Medical Liability in Europe*. 2011. Págs. 371-372; G'SELL-MACREZ, Florence. *Medical Malpractice and Compensation in France. Part I: The French Rules of Medical Liability since the Patients Rights Law of March 4, 2002*. En: OLIPHANT, Ken/W. WRIGHT, Richard (eds.). *Medical Malpractice and Compensation in Global Perspective*. 2013. Pág. 136; DIAS PEREIRA, André. *Portugal*. En: KOZIOL, Helmut/STEININGER, Barbara C. (eds.). *European Tort Law 2010*. 2010. Pág. 490; KEETON, W. Page (Ed.)/DOBBS, Dan/KEETON, Robert E./OWEN, David G. *Prosser and Keeton on the Law of Torts*. 1984. Pág. 186; MORÉTEAU, Olivier. *Revisiting the Grey Zone Between Contract and Tort*. En: KOZIOL, Helmut/STEININGER, Barbara (eds.). *European Tort Law 2004*. 2004. Págs. 65-66.

56 STS del 11 de diciembre de 2001.

57 URIBE HOLGUÍN, Ricardo. *Cincuenta Ensayos Breves sobre Obligaciones y Contratos*. 1970. Pág. 99; CHACÓN PINZÓN, Antonio José. *Fundamento de Responsabilidad Médica. Una Perspectiva Iberoamericana del Derecho Médico*. 2003. Págs. 125 y ss.; JARAMILLO, Carlos Ignacio. *Responsabilidad Civil Médica. La Relación Médico-Paciente. Análisis Doctrinal y Jurisprudencial*. 2010. Págs. 297 y ss.

58 BARONA BETANCOURT, Ricardo. *Responsabilidad Médica y Hospitalaria*. 2016. Págs. 320-324; JARAMILLO, Carlos Ignacio. *La Culpa y la Carga de la Prueba en el Campo de la Responsabilidad Médica*. 2010. Págs. 101 y ss.; FRANCO DELGADILLO, Eduardo/MORALES, María Cristina/GUZMÁN MORA, Fernando/MENDOZA VEGA, Juan/GONZÁLEZ HERRERA, Néstor/ARRÁZOLA, Patricia. *Responsabilidad Civil del Médico*. En: GUZMÁN MORA, Fernando/MORALES, María Cristina/FRANCO DELGADILLO, Eduardo/GONZÁLEZ HERRERA, Néstor/MENDOZA VEGA, Juan/HERRERA JARAMILLO, Francisco/ARRÁZOLA, Patricia/

§15. El **contenido de la obligación de actividad**, en estos casos, se concreta, también según el Alto Tribunal[59] español, en:

i. La utilización de cuantos medios conozca la ciencia médica de acuerdo con las circunstancias crónicas y tópicas en relación con el enfermo concreto;
ii. La información en cuanto sea posible, al paciente o, en su caso, familiares del mismo del diagnóstico, pronóstico, tratamiento y riesgos, especialmente en el supuesto de intervenciones quirúrgicas. Este deber de información en las enfermedades crónicas, con posibles recidivas o degeneraciones o evolutivos, se extiende a los medios que comporta el control de la enfermedad; y
iii. La continuación del tratamiento hasta el alta y los riesgos de su abandono.

2.5. Medicina satisfactiva y medicina correctiva

§16. La jurisprudencia del Tribunal Supremo español[60], y con ella la práctica unanimidad de la doctrina especializada[61], tiende a

---

LÓPEZ CRUZ, César/CARRIAZO, Patricia/RUEDA GÓMEZ, Mario/DUQUE, María De La Paz. *De la Responsabilidad Civil Médica.* Ediciones Rosaristas. Bogotá. 1995. Págs. 75-77.

59 STS del 11 de febrero de 1997.

60 Desde el punto de vista conceptual, la diferenciación entre ambos tipos de medicina (satisfactiva o curativa) se halla consagrada, esencialmente, en las siguientes sentencias: SSTS de 21 de marzo de 1950; 21 de marzo y 25 de abril de 1994; 11 de febrero de 1997; 29 de octubre de 2004; 5 de diciembre de 2006; y 29 de junio de 2007.

61 Véanse: O'CALLAGHAN MUÑOZ, Xavier (coord.)/SEIJAS QUINTANA, José Antonio/ SIERRA GIL DE LA CUESTA, Ignacio/SALAS CARCELLER, Antonio. *Supuestos de Responsabilidad Civil (Médico Sanitaria, Transporte de Viajeros y Mercancías y Leyes Especiales).* 2010. Págs. 58-61; GALÁN CORTÉS, Julio César. *Responsabilidad Civil Médica.* 2016. Págs. 148-169; FERNÁNDEZ MANZANO, Luis Alfonso/NAVARRO MENDIZABAL, Iñigo/GARCÍA VILLARRUBIA BERNABÉ, Manuel/MARTÍNEZ MUÑOZ, Miguel/DE COUTO GÁLVEZ, Rosa. *La Responsabilidad en la Prestación de Servicios.* En: SOLER PRESAS, Ana María/DEL OLMO, Pedro (dirs.). *Practicum Daños.* 2015. Págs. 492 y ss; ANDREU TENA, Eduardo/ AZPARREN LUCAS, Agustín/DONAT LAPORTA, Emilio. *Estudio Jurisprudencial en Medicina Satisfactiva.* En: Revista Española de Medicina Legal. 2013. Págs. 162-167; GÓMEZ RUFÍAN, Luis. *Cirugía Estética y Responsabilidad Civil: Análisis Sistemático de una Compleja Jurisprudencia.* En: RJUAM. No. 32. 2015-II. Págs. 185-215; ARBESÚ, Vanessa. *La Naturaleza Jurídica de*

distinguir, en el ámbito del Derecho Médico, entre la medicina satisfactiva o voluntaria y la asistencial, curativa o necesaria.

En general, los comentaristas, para diferenciar uno y otro tipo de medicina, han acuñado un criterio finalista, esto es, atendiendo al objetivo que persiga la intervención sobre el cuerpo del paciente.

En línea con esto, suele decirse que en la medicina voluntaria o satisfactiva el interesado acude al facultativo no para la cura de una dolencia patológica, sino para el mejoramiento de su aspecto físico o estético o para la transformación de una actividad biológica. Su finalidad es distinta a la curación[62].

A *contrario sensu*, la medicina asistencial, curativa o necesaria es la que tiene lugar cuando, habiéndose originado o desencadenado un proceso patológico, se interviene para restablecer la salud del paciente o conseguir su mejoría[63].

Sin perjuicio de aquellos eventos en los cuales la diferencia entre ambas modalidades no aparece muy clara, sobre todo a partir de la

---

la Obligación en Odontología Curativa y Estética. En: *Revista de Derecho UNED. Núm. 16.* 2015. Págs. 95-96; GIL MEMBRADO, Cristina. *La Responsabilidad Civil por Implante Mamario. Mala Praxis, Consentimiento Informado y Prótesis Defectuosa.* 2014. Págs. 1 y ss; LÓPEZ CARMONA, Virginia. *Responsabilidad Civil por Falta de Consentimiento Informado en la Medicina Satisfactiva.* En: Extraordinario XXII Congreso 2013. Vol. 23. 2013. Págs. 178-188; YBANCOS SAN JUAN, Elena. *Responsabilidad Civil del Médico por Mala Praxis.* 2014. Pág. 7; OSSORIO, Juan Miguel. *Lecciones de Derecho de Daños.* 2011. Pág. 133.

62 GÓMEZ RUFÍAN, Luis. *Cirugía Estética y Responsabilidad Civil: Análisis Sistemático de una Compleja Jurisprudencia.* En: RJUAM. No. 32. 2015-II. Págs. 187-188; ANDREUTENA, Eduardo/ AZPARREN LUCAS, Agustín/DONAT LAPORTA, Emilio. *Estudio Jurisprudencial en Medicina Satisfactiva.* En: *Revista Española de Medicina Legal. 2013.* Pág. 163; O'CALLAGHAN MUÑOZ, Xavier (coord.)/SEIJAS QUINTANA, José Antonio/SIERRA GIL DE LA CUESTA, Ignacio/ SALAS CARCELLER, Antonio. *Supuestos de Responsabilidad Civil (Médico Sanitaria, Transporte de Viajeros y Mercancías y Leyes Especiales).* 2010. Págs. 58.

63 GÓMEZ RUFÍAN, Luis. *Cirugía Estética y Responsabilidad Civil: Análisis Sistemático de una Compleja Jurisprudencia.* En: RJUAM. No. 32. 2015-II. Págs. 187-188; ANDREUTENA, Eduardo/ AZPARREN LUCAS, Agustín/DONAT LAPORTA, Emilio. *Estudio Jurisprudencial en Medicina Satisfactiva.* En: *Revista Española de Medicina Legal.* 2013. Pág. 163; O'CALLAGHAN MUÑOZ, Xavier (coord.)/SEIJAS QUINTANA, José Antonio/SIERRA GIL DE LA CUESTA, Ignacio/SALAS CARCELLER, Antonio. *Supuestos de Responsabilidad Civil (Médico Sanitaria, Transporte de Viajeros y Mercancías y Leyes Especiales).* 2010. Pág. 58; LÓPEZ CARMONA, Virginia. *Responsabilidad Civil por Falta de Consentimiento Informado en la Medicina Satisfactiva.* En: *Extraordinario XXII Congreso 2013. Vol. 23.* 2013. Págs. 183-184.

consagración del derecho a la salud[64] como bienestar en sus aspectos psíquicos y sociales, y no sólo físicos[65] (esto, se agrega, según las indicaciones de la Organización Mundial de la Salud), la distinción es relevante a efectos de determinar diversos aspectos cuya incidencia en la responsabilidad civil es capital, tales como el manejo de la prueba o el contenido de la información proporcionada al paciente, así como la naturaleza de la obligación nacida del vínculo contractual[66].

En efecto, se sostiene que en la primera, voluntaria o satisfactiva, la intervención suele asimilarse a un contrato de obra[67], y su objetivo es lograr un resultado determinado, de manera que si éste no se alcanza el profesional sanitario será responsable, pese a haber actuado de acuerdo a los mandatos de la *lex artis*[68].

Por otra parte, en la asistencial, curativa o necesaria, se está ante una obligación de medios, derivada una relación contractual jurídicamente asimilable al arrendamiento de servicios (art. 1544 CC español)[69], porque el médico no está obligado a la consecución de un

---

64 La asunción del derecho a la salud en el sentido recién comentado se halla consagrada, entre otras, en la SSTS del 29 de junio de 2007 y 12 de marzo de 2009.

65 ANDREU TENA, Eduardo/AZPARREN LUCAS, Agustín/DONAT LAPORTA, Emilio. *Estudio Jurisprudencial en Medicina Satisfactiva*. En: *Revista Española de Medicina Legal*. 2013. Págs. 163.

66 LÓPEZ CARMONA, Virginia. *Responsabilidad Civil por Falta de Consentimiento Informado en la Medicina Satisfactiva*. En: Extraordinario XXII Congreso 2013. Vol. 23. 2013. Pág. 183.

67 Sobre la asimilación de las intervenciones realizadas en el marco de la medicina voluntaria al contrato de obra, véase: O'CALLAGHAN MUÑOZ, Xavier (coord.)/SEIJAS QUINTANA, José Antonio/SIERRA GIL DE LA CUESTA, Ignacio/SALAS CARCELLER, Antonio. *Supuestos de Responsabilidad Civil (Médico Sanitaria, Transporte de Viajeros y Mercancías y Leyes Especiales)*. 2010. Pág. 58; FERNÁNDEZ MANZANO, Luis Alfonso/NAVARRO MENDIZABAL, Iñigo/GARCÍA VILLARRUBIA BERNABÉ, Manuel/MARTÍNEZ MUÑOZ, Miguel/DE COUTO GÁLVEZ, Rosa. *La Responsabilidad en la Prestación de Servicios*. En: SOLER PRESAS, Ana María/DEL OLMO, Pedro (dirs.). *Practicum Daños*. 2015. Págs. 492-493.

68 LÓPEZ CARMONA, Virginia. *Responsabilidad Civil por Falta de Consentimiento Informado en la Medicina Satisfactiva*. En: Extraordinario XXII Congreso 2013. Vol. 23. 2013. Págs. 183-184.

69 Sobre la asimilación de las intervenciones realizadas en el marco de la medicina voluntaria al contrato de arrendamiento de servicios, véase: O'CALLAGHAN MUÑOZ, Xavier (coord.)/SEIJAS QUINTANA, José Antonio/SIERRA GIL DE LA CUESTA, Ignacio/SALAS CARCELLER, Antonio. *Supuestos de Responsabilidad Civil (Médico Sanitaria, Transporte de Viajeros y Mercancías y Leyes Especiales)*. 2010. Pág. 58.

resultado concreto sino a desarrollar una conducta diligente, a desplegar una actividad conforme a la «*lex artis ad hoc*».; el facultativo, en ese orden, no tiene la obligación de curar al paciente, sino de intentar curarlo, razón por la cual, si ha aplicado todos sus conocimientos, aún sin conseguir su recuperación, no incurre en responsabilidad[70].

Finalmente, además del incumplimiento y la naturaleza jurídica del vínculo contractual, la otra diferencia relevante se halla en la graduación de la información que se debe brindar al paciente. Como afirma Vanessa Arbesú, quien en esto sigue a Seijas Quintana, en los casos de medicina satisfactiva, en los que el paciente tiene una capacidad de opción total, la necesidad informativa, sobre todo en lo referente a los riesgos que asume y las posibilidades –reales- de obtener un resultado, es superior, por lo que la víctima precisa de una protección más efectiva, que ha supuesto una intensificación, entre otros, del deber de informar[71].

2.6. La atenuación de los binomios obligaciones de medio-resultado y medicina satisfactiva-correctiva

§17. Como se vio, las distinciones entre obligaciones de medio y de resultado y de medicina satisfactiva o correctiva posee, en Derecho español, amplio respaldo jurisprudencial y doctrinario y, de

---

70 LÓPEZ CARMONA, Virginia. *Responsabilidad Civil por Falta de Consentimiento Informado en la Medicina Satisfactiva*. En: *Extraordinario XXII Congreso 2013. Vol. 23*. 2013. Págs. 183-184; SANTOS BRIZ, Jaime. *La Responsabilidad Civil. Tomo II*. 1993. Pág. 893.

71 ARBESÚ, Vanessa. *La Naturaleza Jurídica de la Obligación en Odontología Curativa y Estética*. En: *Revista de Derecho UNED*. Núm. 16. 2015. Págs. 95-96; en similar sentido: LÓPEZ CARMONA, Virginia. *Responsabilidad Civil por Falta de Consentimiento Informado en la Medicina Satisfactiva*. En: Extraordinario XXII Congreso 2013. Vol. 23. 2013. Págs. 185 y ss.; ANDREU TENA, Eduardo/AZPARREN LUCAS, Agustín/DONAT LAPORTA, Emilio. *Estudio Jurisprudencial en Medicina Satisfactiva*. En: *Revista Española de Medicina Legal*. 2013. Págs. 166-167; FERNÁNDEZ MANZANO, Luis Alfonso/NAVARRO MENDIZABAL, Iñigo/GARCÍA VILLARRUBIA BERNABÉ, Manuel/MARTÍNEZ MUÑOZ, Miguel/DE COUTO GÁLVEZ, Rosa. *La Responsabilidad en la Prestación de Servicios*. En: SOLER PRESAS, Ana María/DEL OLMO, Pedro (dirs.). *Practicum Daños 2015*. 2015. Págs. 494; GIL MEMBRADO, Cristina. *La Responsabilidad Civil por Implante Mamario. Mala Praxis, Consentimiento Informado y Prótesis Defectuosa*. 2014. Págs. 13-16. Entre otros.

alguna manera, puede ser considerada como la forma más satisfactoria que los estudiosos y los tribunales han encontrado para explicar las obligaciones que dimanan del vínculo que surge entre el paciente y su médico.

§18. Ahora bien, pese a que ese puede considerarse, *grosso modo*, como el panorama general, importa resaltar que otro sector académico y jurisprudencial, en fechas recientes, viene indicando que, en el específico ámbito del Derecho Sanitario, la escisión entre los anteriores conceptos no es absoluta y debe ser matizada.

La causa más probable de este cambio de enfoque, conforme indica Gil Membrado, parece radicar en la nueva concepción del derecho a la salud que, como se expuso en líneas precedentes, es hoy entendida como un bienestar psíquico, físico y social. Por lo mismo, la línea divisoria entre ambas pretendidas medicinas se muestra más bien delgada y difusa, a diferencia de la concepción más vetusta que identificaba a la salud exclusivamente en el bienestar físico[72].

Fruto de este nuevo direccionamiento, en general, puede decirse que la obligación del médico, tanto en el marco de la medicina satisfactiva como en la correctiva, se concreta en poner a disposición del paciente los medios adecuados para obtener el resultado buscado; es decir, surge, para él, una obligación de medios; y sólo de forma excepcional, cuando éste se comprometa expresa y explícitamente a un resultado, éste le será exigible. Como lo ha indicado el Tribunal de Casación:

> "Respecto de los actos de medicina voluntaria o satisfactiva "no comportan por sí la garantía del resultado perseguido", por lo que solo se tomará en consideración la existencia de un aseguramiento del resultado por el médico a la paciente cuando resulte de la narración fáctica"[73].

---

72 GIL MEMBRADO, Cristina. *La Responsabilidad Civil por Implante Mamario. Mala Praxis, Consentimiento Informado y Prótesis Defectuosa.* 2014. Págs. 10-11.

73 STS del 22 de noviembre de 2007. Citada en: GIL MEMBRADO, Cristina. *La Responsabilidad Civil por Implante Mamario. Mala Praxis, Consentimiento Informado y Prótesis Defectuosa.* 2014. Págs, 11-12. En sentido similar: STS de 23 de mayo de 2007, visible en: O'CALLAGHAN MUÑOZ, Xavier (coord.)/SEIJAS QUINTANA, José Antonio/SIERRA GIL DE LA CUESTA,

Esa conclusión proviene de considerar que el médico actúa sobre personas y sobre el cuerpo humano. Por esa razón, el resultado buscado no depende siempre, o cuando menos no total ni únicamente, de la actuación del médico, sino también de otra serie de factores, endógenos y exógenos a su actuación y, por lo mismo, ajenos a su control[74].

Por eso, como señaló el Tribunal Supremo español,

> "Los médicos actúan sobre personas, con o sin alteraciones de la salud, y la intervención médica está sujeta, como todas, al componente aleatorio propio de la misma, por lo que los riesgos o complicaciones que se pueden derivar de las distintas técnicas de cirugía utilizadas son similares en todos los casos y el fracaso de la intervención puede no estar tanto en una mala praxis cuando en las simples alteraciones biológicas"[75].

O, en similar sentido:

> "Por más perfecta que sea la asistencia médica que se haya prestado a un paciente, hay multitud de causas que pueden determinar que una intervención quirúrgica fracase, entre otras razones, porque se está actuando sobre un cuerpo vivo, cuya complejidad, y también fragilidad, es patente.
>
> (...)
>
> El sentido común proclama, y la experiencia confirma, que pertenece a la naturaleza de las cosas la imposibilidad de garantizar el feliz resultado de una intervención quirúrgica (y, en general, de ningún acto médico). Y cuando decimos esto no estamos refiriéndonos al caso de que el servicio haya funcionado mal, lo que, obviamente, entra dentro de lo previsible. Es que también puede ocurrir –y ocurre- que habiéndose respetado escrupulosamente las reglas de la lex artis, habiéndose actuado con arreglo a los protocolos establecidos, habiendo funcionado perfectamente el instrumental y demás medios materiales, y siendo diligente, y

---

Ignacio/SALAS CARCELLER, Antonio. *Supuestos de Responsabilidad Civil (Médico Sanitaria, Transporte de Viajeros y Mercancías y Leyes Especiales).* 2010. Págs. 59 y ss.

74 GIL MEMBRADO, Cristina. *La Responsabilidad Civil por Implante Mamario. Mala Praxis, Consentimiento Informado y Prótesis Defectuosa.* 2014. Pág. 11.

75 STS del 20 de noviembre de 2009. Citada en: GIL MEMBRADO, Cristina. *La Responsabilidad Civil por Implante Mamario. Mala Praxis, Consentimiento Informado y Prótesis Defectuosa.* 2014. Pág. 11.

> eficiente la actuación del equipo médico actuante, puede fracasar –total o parcialmente- el acto sanitario realizado.
>
> (...)
>
> En definitiva: operar sobre el viviente humano, no es trabajar sobre la materia inerte (madera, metal, etc., e incluso, sobre el cuerpo humano muerto, o sea, sobre un cadáver, en el caso de la autopsia).
>
> (...)
>
> Por más paradójico que parezca, es un hecho innegable que quien se somete a una intervención quirúrgica pone en riesgo su vida, porque en todo acto sanitario, y en particular en los que de ese tipo hay siempre un componente de azar (...)"[76].

Finalmente, en los casos de medicina satisfactiva, como también se tiene por averiguado, la obligación que surge es de medios "*acentuada*", ya que si bien

> "(...) no se garantiza íntegramente el resultado, a consecuencia del componente aleatorio inherente a la actuación médica, hay que partir de una cierta garantía de resultado ya que de lo contrario el cliente o el paciente no se sometería a tamañas intervenciones. Esta postura otorga una especial relevancia al papel que desempeña la información rigurosa y exhaustiva sobre los riesgos y alternativas y sobre la posibilidad de no alcanzar el resultado pretendido"[77].

En la muy comprensiva y bien fundamentada STS de 30 de junio de 2009[78], el Tribunal de Casación de España puntualizó:

> "La distinción entre obligación de medios y de resultados ("discutida obligación de medios y resultados", dice la STS 29 de junio de 2007), no es posible en el ejercicio de la actividad médica, salvo que el resultado se garantice, incluso en los supuestos más próximos a la llamada medicina voluntaria que a la necesaria o asistencial, cuya diferencia tampoco apare-

---

76 STS del 10 de mayo de 2005, Sala 3ª. Citada en: GALÁN CORTÉS, Julio César. *Responsabilidad Civil Médica*. 2016. Pág. 137.

77 GIL MEMBRADO, Cristina. *La Responsabilidad Civil por Implante Mamario. Mala Praxis, Consentimiento Informado y Prótesis Defectuosa*. 2014. Pág. 11.

78 Citada en: O'CALLAGHAN MUÑOZ, Xavier (coord.)/SEIJAS QUINTANA, José Antonio/ SIERRA GIL DE LA CUESTA, Ignacio/SALAS CARCELLER, Antonio. *Supuestos de Responsabilidad Civil (Médico Sanitaria, Transporte de Viajeros y Mercancías y Leyes Especiales)*. 2010. Págs. 62-63.

ce muy clara en los hechos, sobre todo a partir de la asunción del derecho a la salud como bienestar en sus aspectos psíquicos y social, y no sólo físico. La responsabilidad del profesional médico es de medios, y como tal no puede garantizar un resultado concreto. Obligación suya es poner a disposición del paciente los medios adecuados comprometiéndose no sólo a cumplimentar las técnicas previstas para la patología en cuestión, con arreglo a la ciencia médica adecuada a una buena praxis, sino a aplicar estas técnicas con el cuidado y precisión exigible de acuerdo con las circunstancias y los riesgos inherentes a cada intervención, y en particular a proporcionar al paciente la información necesaria que le permita consentir o rechazar determinada intervención. Los médicos actúan sobre personas, con o sin alteraciones de salud, y la intervención médica está sujeta, como todas, al componente aleatorio propio de la misma, por lo que los riesgos o complicaciones que se puedan derivar de las distintas técnicas de cirugía son similares en todos los casos y el fracaso de la intervención puede no estar tanto en una mala praxis cuanto en las simples alteraciones biológicas. Lo contrario supondría prescindir de la idea subjetiva de culpa, propia de nuestro sistema, para poner a su cargo una responsabilidad de naturaleza objetiva derivada del simple resultado alcanzado en la realización del acto médico, al margen de cualquier otra valoración sobre culpabilidad y relación de causalidad y de la prueba de una actuación médica ajustada a la lex artis, cuando está reconocido científicamente que la seguridad de un resultado no es posible, pues no todos los individuos reaccionan de igual manera ante los tratamientos de que dispone la medicina actual (STS 12 de marzo de 2008). Las doctrinas sobre medicina curativa-medicina satisfactiva, y sobre obligación de medios-obligación de resultado, dice la sentencia de 23 de octubre de 2008, no se resuelven en respuestas absolutas, dado que según los casos y las circunstancias concurrentes caben ciertos matices y moderar las consecuencias. Las singularidades, por tanto, de cada supuesto influyen de manera decisiva en la regla aplicable al caso y de la responsabilidad consiguiente. En este sentido, la sentencia de 22 de noviembre de 2007, analizando un supuesto de medicina voluntaria o satisfactiva, declara que "no comportan por sí la garantía del resultado perseguido, por lo que sólo se tomará en consideración la existencia de un resultado por el médico a la paciente cuando resulte de la narración fáctica de la resolución recurrida (así se deduce de la evolución jurisprudencial, de la que son expresión las SSTS de 25 de abril de 1997, 7 de abril de 2004, 21 de octubre de 2005, 4 de octubre de 2006 y 23 de mayo de 2007)".

§19. La jurisprudencia del Tribunal Supremo recién citada, como se aprecia, parece encontrar, como criterio definitivo a la hora de matizar las rígidas distinciones entre medicina voluntaria-asistencial y obligaciones de medio-resultado, el componente de la aleatoriedad. Y ello, en estricto sentido, acompasa perfectamente con la Teoría General del Derecho de las Obligaciones, pues, como bien sostiene Cabanillas Sánchez, para distinguir entre lo que es obligación de medios (de actividad) y lo que es obligación de resultado

> "(...) el criterio más invocado por la doctrina reside en la presencia o ausencia del azar, es decir, si la obtención del resultado esperado por el acreedor, que satisface su interés primario, es incierta o no lo es.
>
> Cuando la consecución del resultado es aleatoria, la obligación asumida es de actividad, porque el deudor, normalmente, no se compromete a obtener un resultado que sabe que es incierto. La naturaleza aleatoria o no del resultado permite descubrir la voluntad no expresada de los contratantes. Así, por ejemplo, en el contrato de asistencia médica la curación del enfermo es aleatoria, por lo que hay que admitir, a no ser que las partes haya expresado una voluntad en otro sentido, que el médico sólo está obligado a actuar con diligencia para tratar de curarle. El tratamiento correcto es presupuesto necesario de la curación (sin ella no se conseguirá), pero no suficiente, dependiendo la curación de otros factores que el médico no puede controlar. Por esto el médico se obliga a aquello que está en su mano y no escapa de su control. En cambio, cuando la obtención del resultado no es incierta o aleatoria, puede considerarse que el deudor ha prometido su consecución"[79].

Y, también, resulta patente que, conforme a la jurisprudencia del Alto Tribunal español (en particular la STS de 22 de noviembre de 2007, atrás extractada), cuya tesis consiste en que el médico asumirá una obligación de resultado cuando surja expresamente del pacto celebrado con su paciente, también halla plena confirmación, desde el punto de vista teórico, en lo que la doctrina más especializada, sobre el punto, ha prohijado. En efecto, uno de los criterios, acaso el más diáfano o cuando menos el básico o indiscutido, para determinar si se está en presencia de uno u otro tipo de obligación, es la propia voluntad de las partes. Como pregona el autor recién citado:

---

[79] CABANILLAS SÁNCHEZ, Antonio. *Las Obligaciones de Actividad y de Resultado*. 1993. Págs. 42-43.

"Al encontrarnos en el ámbito contractual, el criterio decisivo para precisar cuando una obligación es de actividad o de resultado debe ser el de la voluntad de las partes.

Si debemos atender, ante todo, a la voluntad para determinar cuándo la obligación es de actividad o de resultado, no debe concederse prioridad a ninguna de estas dos categorías de obligaciones, por lo que no es acertado sostener que en el ámbito contractual el régimen general es el de la obligación de resultado. No puede afirmarse en nuestro Derecho una presunción a favor de uno u otro tipo de obligaciones"[80].

2.7. Determinación de la mala praxis en medicina. Los elementos generales de la responsabilidad civil en medicina

§20. Tanto en materia contractual, como en sede extracontractual, los elementos de la responsabilidad civil médica los constituyen la culpa, la causalidad y el daño[81]; a ello cabe añadir, aunque parezca obvio (y quizás por eso las referencias en la doctrina especializada son escasas), la necesidad de verificar la existencia de una conducta humana que, en suma, será sobre la que recaiga el juicio de responsabilidad.

Nota de adaptación: Nuestra jurisprudencia, mayor y menor, ha estimado que la responsabilidad civil médica se estructura a partir de los elementos de la culpa -o el dolo, según los casos-, el daño y la relación de causalidad.

Los tribunales superiores del país así lo han razonado: TSDJ Armenia (Sala Civil-Familia-Laboral), sent. de 1 de marzo de 2022, exp. 2018-00119 (M.P. César Augusto Guerrero).

En la jurisprudencia de la Sala de Casación Civil, Agraria y Rural de la Corte Suprema de Justicia, véase: CSJ SC de 12 de julio de 1994 (exp. 3656).

---

80 CABANILLAS SÁNCHEZ, Antonio. *Las Obligaciones de Actividad y de Resultado.* 1993. Págs. 38-39.

81 Cfr. SANTOZ BRIZ, Jaime. *La Responsabilidad Civil. Tomo II.* 1993. Págs. 900-903; MARTÍN-CASALS, Miquel/SOLÉ I FELIU, Josep. *Medical Liability in Spain.* En: KOCH, Bernhard A. (ed.). *Medical Liability in Europe.* 2011. Págs. 466-470, 488-490; JIMÉNEZ VAQUERO, Nuria. *Responsabilidad Civil Médica.* 2014-2015. Págs. 32 y ss.

También la doctrina: Mónica Lucía Fernández[82], Eduardo Franco Delgadillo, María Cristina Morales, Fernando Guzmán Mora, Juan Mendoza Vega, Néstor González Herrera y Patricia Arrázola [83], Ricardo Barona Betancourt[84], Javier Tamayo Jaramillo -y otros[85]-

2.7.1. Conducta

§21. Para que exista responsabilidad, resulta imprescindible, en primerísimo lugar, que una acción u omisión (más elípticamente, una conducta) guarde con un daño una relación de causalidad.

§22. Todo daño –explica Mariano Yzquierdo Tolsada- es efecto o consecuencia de una acción u omisión; cronológicamente es siempre posterior (siquiera un instante) al suceso en que tal acción u omisión vino a consistir[86].

Se tiene por averiguado que la responsabilidad civil –en líneas generales y de modo indiscutible en los regímenes subjetivos- halla como presupuesto la «*conducta*» del sujeto a quien, eventualmente, se le atribuirá la responsabilidad por la comisión del hecho dañoso. Por lo mismo, el punto de partida de todo el fenómeno de la res-

---

82 FERNÁNDEZ, Mónica Lucía. *La Responsabilidad Civil Médica. Problemas Actuales.* 2014. Pág. 142.

83 FRANCO DELGADILLO, Eduardo/MORALES, María Cristina/GUZMÁN MORA, Fernando/MENDOZA VEGA, Juan/GONZÁLEZ HERRERA, Néstor/ARRÁZOLA, Patricia. *Responsabilidad Civil del Médico.* En: GUZMÁN MORA, Fernando/MORALES, María Cristina/FRANCO DELGADILLO, Eduardo/GONZÁLEZ HERRERA, Néstor/MENDOZA VEGA, Juan/HERRERA JARAMILLO, Francisco/ARRÁZOLA, Patricia/LÓPEZ CRUZ, César/CARRIAZO, Patricia/RUEDA GÓMEZ, Mario/DUQUE, María De La Paz. *De la Responsabilidad Civil Médica.* 1995. Págs. 77-87.

84 BARONA BETANCOURT, Ricardo. *Responsabilidad Médica y Hospitalaria.* 2016. Págs. 329-331.

85 TAMAYO JARAMILLO, Javier/MARTÍNEZ RAVE, Gilberto/CASTAÑO, María Patricia/GHERSI, Carlos Alberto/VÁSQUEZ FERREYRA, Roberto/JARAMILLO RESTREPO, Carlos/MOLINA ARRUBLA, Carlos Mario/FERNÁNDEZ SESSAREGO, Carlos/VÉLEZ CORREA, Luis Alfonso/SUÁREZ HERNÁNDEZ, Daniel. *Responsabilidad Civil Médica en los Servicios de Salud.* 1993. Págs. 132 y ss.

86 YZQUIERDO TOLSADA, Mariano. *Responsabilidad Civil Extracontractual.* 2016. Pág. 180.

ponsabilidad civil es un comportamiento, un acto humano al que de alguna manera se pueda considerar como causa del daño[87].

El hecho generador de la responsabilidad, lo tienen dicho numerosos y reconocidos autores, debe derivar de un acto humano, pues "(...) *únicamente en contra del perjuicio que ocasiona un hombre a los intereses de otro u otros hombres el ordenamiento jurídico contempla la exigencia de actuar*"[88].

§23. El artículo 1902 del Código Civil español, no hay duda, habla de «*acción*» u «*omisión*» pues, en efecto, tanto daño puede ocasionar un comportamiento activo como una abstención, e igual reproche puede merecer el uno y el otro[89].

> Nota de adaptación: Igual sucede en Colombia. Se puede llegar a ser responsable tanto por acción como por omisión. El artículo 2341 del Código Civil no diferencia. Un distinguido magistrado de la Sala de Casación Civil, Agraria y Rural de la Corte Suprema de Justicia, Luis Armando Tolosa Villabona, le dedicó numerosas líneas a explicar la importancia causal de las omisiones90. A su trabajo me remito.

2.7.2. La culpa

§24. Trátese de una de las condiciones o presupuestos de la responsabilidad civil, aunque no el exclusivo[91]. En la mayor parte de los

---

87 DIEZ PICAZO, Luis/GULLÓN, Antonio. *Sistema de Derecho Civil. Tomo II.Vol. II.* 2015. Pág. 323.

88 DE CUPIS, Adriano. *El Daño.* 1975. Pág. 129; en similar sentido: DIEZ PICAZO, Luis/GULLÓN, Antonio. *Sistema de Derecho Civil. Tomo II.Vol. II.* 2015. Pág. 323; GHERSI, Carlos. *Teoría General de la Reparación de Daños.* 2013. Págs. 40-41 y 58-59.

89 Es precisamente esa la interpretación que se le ha dado a los artículos 1902 y 1903 C.C.Véanse, por todos: DE ÁNGEL YAGUEZ, Ricardo. *Tratado de Responsabilidad Civil.* 1993. Pág. 957; SANTOS BRIZ, Jaime. *Derecho de Daños.* 1963. Pág. 24; MARTÍN-CASALS, Miquel/SOLÉ FELIU, Josep. *Comentarios al artículo 1902 del Código Civil.* En: DOMINGUEZ LLUELMO, Andrés (dir.). *Comentarios al Código Civil.* 2010. Págs. 2046-2047.

90 Ver: aclaración de voto al fallo CSJ SC562-2020.

91 *Et al*: MARTÍN-CASALS, Miquel/SOLÉ FELIU, Josep. *Fault under Spanish Law.* En: WIDMER, Pierre (ed.). *Unification of Tort Law: Fault.* 2005. Págs. 227-228; MARTÍN-CASALS, Miquel/RIBOT, Jordi/SOLÉ FELIU, Josep. *Compensation for Personal Injury in Spain.* En: KOCH, Ber-

países del entorno europeo [Austria, Inglaterra, Francia, Alemania, Grecia, Italia (con ciertos e interesantes matices), Portugal, Suiza[92]] y en los Estados Unidos[93], también es este el principio básico que orienta la materia, estableciéndose que, en general, la responsabilidad civil se fundamenta en la culpa del agente. El Derecho Comparado ha destacado la importancia del elemento en referencia[94].

Nota de adaptación: En Colombia, cual lo establecen los artículos 1604 y 2341 del Código Civil, la culpa -o negligencia- constituye el eje central de la responsabilidad civil. Se trata el colombiano, pues, de un régimen -en general- subjetivo. El factor de atribución -por lo común- es el de la culpa. Algunos autores nacionales (Ernesto Cantini, Gilberto Martínez Rave, Obdulio Velásquez Posada, Alma Ariza Fortich, Diego Fernando Ramírez Sierra, Manuel Guillermo Sarmiento García, Javier Tamayo Jaramillo, Raimundo Emiliani Román, Álvaro Rivas Irigoyen y Manuel Guillermo Sarmiento García[95]), dicho sea de paso, a esa conclusión han llegado.

---

nhard A./KOZIOL, Helmut (eds.). *Compensation for Personal Injury in a Comparative Perspective.* 2003. Págs. 242-243.

92 Cfr. para **Austria:** KOZIOL, Helmut. *Fault under Austrian Law.* En: WIDMER, Pierre (ed.). *Unification of Tort Law: Fault.* 2005. Págs. 11-13; **Inglaterra:** ROGERS, Horton W.V. *Fault under English Law.* En: WIDMER, Pierre (ed.). *Unification of Tort Law: Fault.* 2005. Pág. 65; **Francia:** GALAND CARVAL, Suzzane. *Fault under French Law.* En: WIDMER, Pierre (ed.). *Unification of Tort Law: Fault.* 2005. Págs. 89-91; **Alemania:** MAGNUS, Ulrich/SEHER, Gerhard. *Fault under German Law.* En: WIDMER, Pierre (ed.). *Unification of Tort Law: Fault.* 2005. Págs. 101-102; **Grecia:** KERAMEUS, Konstantinos D./GOUSKOS, Angelika. *Fault under Greek Law.* En: WIDMER, Pierre (ed.). *Unification of Tort Law: Fault.* 2005. Págs. 123-124; **Italia:** BUSNELLI, Francesco Donato/COMANDÉ, Giovanni/GAGLIARDI, Maria. *Fault under Italian Law.* En WIDMER, Pierre (ed.). *Unification of Tort Law: Fault.* 2005. Págs. 151-154; BUSNELLI, Francesco Donato/COMANDÉ Giovanni. *Compensation for Personal Injury in Italy.* En: KOCH, Bernhard A./KOZIOL, Helmut (eds.). *Compensation for Personal Injury in a Comparative Perspective.* 2003. Pág. 183; **Portugal:** SINDE MONTEIRO, Jorge/VELOSO, Maria Manuel. *Fault under Portuguese Law.* En: WIDMER, Pierre (ed.). *Unification of Tort Law: Fault.* 2005. Págs. 179-180; **Suiza:** WIDMER, Pierre. *Fault under Swiss Law.* En: WIDMER, Pierre (ed.). *Unification of Tort Law: Fault.* 2005. Págs. 281-282.

93 Cfr. SCHWARTZ, Gary/GREEN, Michael D. *Fault under U.S. Law.* En: WIDMER, Pierre (ed.). *Unification of Tort Law: Fault.* 2005. Págs. 303-304.

94 Cfr. WIDMER, Pierre. *Comparative Report on Fault as a Basis of Liability and Criterion of Imputation.* En: WIDMER, Pierre (ed.). *Unification of Tort Law: Fault.* 2005. Pág. 332.

95 Cfr. CANTINI, Ernesto. *Responsabilidad Civil Extracontractual. Tesis para optar por el grado de Doctor en Ciencias Económicas y Jurídicas de la Pontificia Universidad Católica Javeriana.* 1951. Pág. 15; MARTÍNEZ RAVE, Gilberto. *De la Responsabilidad Civil Extracontractual en Colombia.* 1988. Págs. 151-152;VELÁSQUEZ POSADA, Obdulio. *Responsabilidad Civil Extracontractual.* 2009.

§25. El Derecho Médico no escapa a esta tendencia: jurisprudencia[96] y doctrina[97], al unísono, han insistido en que el factor de atribución de responsabilidad, en esta materia, es habitualmente subjetivo, es decir, viene determinado por la culpa profesional[98] (dolo o negligencia[99]) del facultativo o de la institución clínica; quedando, en el primer caso, regida por los artículos 1101 y 1902 del

---

Pág. 186; ARIZA FORTICH, Alma. *El Criterio de Imputación de la Responsabilidad Profesional. Colección Maestrías 2*. 2014. Pág. 29; RAMÍREZ SIERRA, Diego Fernando. *El Riesgo como Fundamento de la Responsabilidad*. 2015. Págs. 13-14; TAMAYO JARAMILLO, Javier. *Tratado de Responsabilidad Civil. Tomo I*. 2007. 191; EMILIANI ROMÁN, Raimundo. *Fundamentación de la Responsabilidad Delictual Civil*. 1993. Págs. 61 y ss.; SARMIENTO GARCÍA, Manuel Guillermo. *Estudios de Responsabilidad Civil*. 2009. Págs. 356-358; RIVAS IRIGOYEN, Álvaro. *Evolución Histórica de la Responsabilidad*. 1945. Págs. 68 y ss.

96 Cfr. SSTS del 13 de julio de 1987; 12 de febrero de 1988; 7 de febrero de 1990; del 27 de febrero y el 8 de octubre de 1992; 15 de febrero de 1995; 11 de febrero de 1997; 23 de marzo de 2001; 4 de febrero de 2002; 24 de noviembre de 2005; 19 de diciembre de 2008. Entre muchas otras.

97 Entre la abundante doctrina española que así lo tiene por determinado, véase: ANDREU TENA, Eduardo/AZPARREN LUCAS, Agustín/DONAT LAPORTA, Emilio. *Estudio Jurisprudencial en Medicina Satisfactiva*. 2013. Págs. 164-165; SANTOS BRIZ, Jaime. *La Responsabilidad Civil. Tomo II*. 1993. Págs. 896 y ss; GIL MEMBRADO, Cristina. *La Responsabilidad Civil por Implante Mamario. Mala Praxis, Consentimiento Informado y Prótesis Defectuosa*. 2014. Págs. 34-35; BELLO JANEIRO, Domingo. *La Responsabilidad Médica en el Derecho Español*. 2015. Págs. 24-25; BUSTO LAGO, José Manuel. *Responsabilidad Civil Médica y Hospitalaria*. En: REGLERO CAMPOS, Luis Fernando/BUSTO LAGO, José Manuel (coords.). *Lecciones de Responsabilidad Civil*. 2013. Págs. 300-305; YBANCOS SAN JUAN, Elena. *Responsabilidad Civil del Médico por Mala Práxis. Análisis Jurisprudencial*. 2014. Págs. 13 y ss.; GALÁN CORTÉS, Julio César. *Responsabilidad Civil Médica*. 2016. Págs. 175-178; LÓPEZ CARMONA, Virginia. *Responsabilidad Civil por Falta de Consentimiento Informado en la Medicina Satisfactiva*. 2013. Pág. 183; ASÚA GONZÁLEZ, Clara I. *Responsabilidad Civil Médica*. En: REGLERO CAMPOS, Luis Fernando/BUSTO LAGO, José Manuel (coords.). *Tratado de Responsabilidad Civil. Tomo II*. 2014. Págs. 359-361; MARTÍN-CASALS, Miquel/SOLÉ I FELIU, Josep. *Medical Liability in Spain*. En: KOCH, Bernhard A. (ed.). *Medical Liability in Europe*. 2011. Pág. 467; GARCÍA RUBIO, María Paz/TRIGO GARCÍA, Belén. *The Development of Medical Liability in Spain*. En: HONDIUS, Ewoud (ed.). *The Development of Medical Liability*. Vol. 3. 2010. Pág. 186.

98 La culpa, cuando reviste el carácter de *"profesional"*, es definida, *latu sensu*, como "(...) *aquella cometida por un individuo en el ejercicio de su profesión*". Cfr. MAZEAUD, Henri/MAZEAUD, León/TUNC, André. *Tratado Teórico y Práctico de la Responsabilidad Civil Delictual y Cuasidelictual. Tomo I. Vol. II*. Pág. 163.

99 El dolo forma parte del juicio de culpabilidad. Véase: MARTÍN-CASALS, Miquel/SOLÉ FELIU, Josep. *Comentarios al artículo 1902 del Código Civil*. En: DOMINGUEZ LLUELMO, Andrés (dir.). *Comentarios al Código Civil*. 2010. Págs. 2050-2051.

Código Civil español y, en el segundo, y en líneas generales[100], por el 1903 de la misma obra, que trata de la responsabilidad del principal por el hecho de sus auxiliares[101].

La culpa, en el decir de algunos[102], es la *«estrella»*. del sistema de responsabilidad médica; descartándose, en consecuencia, y en línea de principio, cualquier alusión a la responsabilidad objetiva, esto es, la que no requiere la comprobación de la negligencia en cabeza de a quien se le imputa la comisión del daño.

El mismo principio, en el ámbito sanitario, campea en la práctica totalidad de los ordenamientos jurídicos europeos (Austria, Bélgica, Francia, Alemania, Italia, Holanda, Polonia, Suecia y Suiza[103]) y

---

100 La responsabilidad del centro sanitario, en línea de excepción, también puede ser enjuiciable por la vía del artículo 1902 del Código Civil, es decir, por el hecho propio, vbgr. en los casos de problemas estructurales, organizativos, deterioro del edificio donde funcionan, servicios de urgencias colapsados, entre otros varios supuestos específicos. Cfr. POUS DE LA FLOR, María Paz. *Personas Mayores Incapaces de la Responsabilidad Civil del Profesional Sanitario.* En: DÍEZ PICAZO, Luis (coord.). *Estudios Jurídicos en Homenaje al Profesor José María Miquel. Tomo II.* 2014. Págs. 2594; ASÚA GONZÁLEZ, Clara I. *Responsabilidad Civil Médica.* En: REGLERO CAMPOS, Luis Fernando/BUSTO LAGO, José Manuel (coords.). *Tratado de Responsabilidad Civil. Tomo II.* 2014. Pág. 359. Así se ha fallado: SSTS de 26 de mayo, 24 de junio y 26 de septiembre de 1997; 26 de febrero y 9 de diciembre de 1998; 22 de mayo de 2007; y 20 de julio de 2009.

101 Sobre la responsabilidad civil de los centros sanitarios, fundamentada en el artículo 1903 del Código Civil, véase: BUSTO LAGO, José Manuel. *Responsabilidad Civil Médica y Hospitalaria.* En: REGLERO CAMPOS, Luis Fernando/BUSTO LAGO, José Manuel (coords.). *Lecciones de Responsabilidad Civil.* 2013. Págs. 308-311; POUS DE LA FLOR, María Paz. *Personas Mayores Incapaces de la Responsabilidad Civil del Profesional Sanitario.* En: DÍEZ PICAZO, Luis (coord.). *Estudios Jurídicos en Homenaje al Profesor José María Miquel. Tomo II.* 2014. Págs. 2592-2595.

102 ASÚA GONZÁLEZ, Clara Isabel. *La Responsabilidad Civil Médica. Pérdida de Oportunidad y Daño Desproporcionado.* En: *Asociación Española de Abogados Especializados en Responsabilidad Civil y Seguro. Ponencias VII Congreso Nacional.* 2007. Pág. 447.

103 Para **Austria**: KOCH, Bernhard A. *Medical Liability in Austria.* En: KOCH, Bernhard A. (ed.). *Medical Liability in Europe.* 2011. Págs. 10 y 24-25; KOCH, Bernhard A. *Medical Malpratice in Austria.* En: OLIPHANT, Ken/W. WRIGHT, Richard (eds.). *Medical Malpractice and Compensation in Global Perspective.* 2013. Págs. 17-18; **Bélgica:** NYS, Herman. *Medical Liability in Belgium.* En: KOCH, Bernhard A. (ed.). *Medical Liability in Europe.* 2011. Págs. 72 y 78-79; **Francia:** GALAND-CARVAL, Suzzane/SEFTON GREEN, Ruth. *Medical Liability in France.* En: KOCH, Bernhard A. (ed.). *Medical Liability in Europe.* 2011. Págs. 113-115; G'SELL-MACREZ, Florence. *Medical Malpractice in France. Part I: The French Rules of Medical Liability since the Patients Rights Law of March 4, 2002.* En: OLIPHANT, Ken/W. WRIGHT, Richard (eds.). *Medical Malpractice and Compensation in Global Perspective.* 2013. Págs. 136-138; **Alemania:** PETRY, Franz Michael. *Medical Liability in Germany.* En: KOCH,

ha sido resaltado por la literatura médica comparativista[104]; permea también los derechos de tradición jurídica anglosajona, como ocurre en Inglaterra[105] y en los Estados Unidos[106].

Nota de adaptación: Como acontece en los ordenamientos a que se ha hecho alusión, en Colombia se ha sostenido que en materia de responsabilidad civil médico-sanitaria resulta imprescindible -en general- la acreditación de la culpa o negligencia. Así, pueden verse los siguientes fallos, emitidos por los tribunales superiores del país: TSDJ Antioquia (Sala Civil-Familia): Sent. de 18 de abril de 2022, rad. 2017-00302, M.P. Claudia Bermúdez Carvajal; Sent. de 9 de dic. de 2021, rad. 2013-00188, M.P. Óscar Hernando Castro; TSDJ Armenia (Sala Civil-Familia-Laboral): Sent. de 4 de marzo de 2022, rad. 2014-00374, M.P. Sonia Aline Nates Gavilanes; TSDJ Barranquilla (Sala Civil-Familia): Sent. de 1 de junio de 2021, rad. 2018-00149, M.P. Vivian Victoria Saltarín; Sent. de 2 de agosto de 2022, rad. 2013-00109, M.P. Guillermo Raúl Bottía; Sent. de 3 de nov. de 2022, rad. 2013-00272, M.P.

Bernhard A. (ed.) *Medical Liability in Europe.* 2011. Págs. 247-249, 262-263; STAUCH, Marc. *Medical Malpractice in Germany.* En: OLIPHANT, Ken/W. WRIGHT, Richard (eds.). *Medical Malpractice and Compensation in Global Perspective.* 2013. Págs. 189-192; STAUCH, Marc. *The Law of Medical Negligence in England and Germany.* 2008. Págs. 28-30; **Italia:** BALDASSARI, Augusto/BALDASSARI, Stefania. *La Responsabilitá Civile del Professionista. Tomo II.* 2006. Págs. 1096-1102; SCARSO, Alessandro P. FOGLIA, Massimo. *Medical Liability in Italy.* En: KOCH, Bernhard A. (ed.). *Medical Liability in Europe.* 2011. Págs. 335-337; **Holanda:** GIESEN, Ivo/ ENGELHARD, Esther. *Medical Liability in The Netherlands.* En: KOCH, Bernhard A. (ed.). *Medical Liability in Europe.* 2011. Págs. 369-371, 386-387; **Polonia:** BAGINSKA, Ewa. *Medical Liability in Poland.* En: KOCH, Bernhard A. (ed.). *Medical Liability in Europe.* 2011. Págs. 421 y 428; BACYK-ROZWADOWSKA, Kinga. *Medical Malpractice in Poland.* En: OLIPHANT, Ken/W. WRIGHT, Richard (eds.). *Medical Malpractice and Compensation in Global Perspective.* 2013. Págs. 344-350; **Suecia:** MIELNICKI, Philip/SCHULTZ, Marten. *Medical Liability in Sweden.* En: KOCH, Bernhard A. (ed.) *Medical Liability in Europe.* 2011. Págs. 530-531; **Suiza:** WIDMER LUCHINGER, Corinne. *Medical Liability in Switzerland.* En: KOCH, Bernhard A (ed.). *Medical Liability in Europe.* 2011. Págs. 562-565, 575-576.

104 Cfr. KOCH, Bernhard A. *Medical Liability in Europe: Comparative Analysis.* En: KOCH, Bernhard A. (ed.). *Medical Liability in Europe.* 2011. Págs. 628-630; OLIPHANT, Ken. *Medical Malpractice and Compensation. Comparative Observations.* En: OLIPHANT, Ken/W. WRIGHT, Richard (eds.). *Medical Malpractice and Compensation in Global Perspective.* 2013. Págs. 519-520.

105 Cfr. ROGERS, Horton W.V. *Medical Liability in England.* En: Bernhard A. (ed.). *Medical Liability in Europe.* 2011. Págs. 172-174 y 187; JACKSON, Emily. *Medical Law. Text, Cases and Materials.* 2016. Págs. 120 y ss.; STAUCH, Marc. *The Law of Medical Negligence in England and Germany.* 2008. Págs. 27-28.

106 Cfr. HYMAN, David A./SILVER, Charles M. *Medical Malpractice in the United States of America.* En: OLIPHANT, Ken/W. WRIGHT, Richard (eds.). *Medical Malpractice and Compensation in Global Perspective.* 2013. Págs. 477-482; WALTSON-DUNHAM, Beth. *Medical Malpractice. Law & Litigation.* 2006. Págs. 3-9.

Guillermo Raúl Bottía; Sent. de 4 de agosto de 2021, rad. 2016-00320, M.P. Yaens Castellón; Sent. de 4 de agosto de 2021, rad. 2019-00191, M:P. Yaens Castellón; Sent. de 4 de nov. de 2021, rad. 2019-00110, M.P. Alfredo Castilla, con salvamento de voto del magistrado Juan Carlos Cerón; Sent. de 5 de agosto de 2020, rad. 2018-00055, M.P. Jorge Maya Cardona; Sent. de 5 de dic. de 2022, rad. 2020-00114, M.P. Yaens Castellón; Sent. de 6 de dic. de 2022, rad. 2020-00098; Sent. de 7 de dic. de 2021, rad. 2019-00001; Sent. de 8 de octubre de 2021, rad. 2012-00133; Sent. de agosto de 2016, rad. 2001-00195; Sent. de 9 de febrero de 2022, rad. 2017-00196; Sent. de 9 de mayo de 2022, rad. 2019-00242; Sent. de 12 de febrero de 2021, rad. 2011-00396, M.P. Abdón Sierra; Sent. de 16 de diciembre de 2022, rad. 2019-00129, M.P. Yaens Castellón; Sent. de 18 de marzo de 2021, rad. 2017-00238, M.P. Jorge Maya Cardona; Sent. de 19 de agosto de 2022, rad. 2019-00035, M.P. Bernardo López; Sent. de 19 de oct. de 2021, rad. 2015-00376; Sent. de 20 de sept. de 2022, rad. 2019-00070; Sent. de 23 de nov. de 2020, rad. 2019-00048, M.P. Yaens Castellón; Sent. de 24 de junio de 2022, rad. 2020-00068; Sent. de 24 de agosto de 2020, rad. 2016-00749, M.P. Alfredo de Jesús Castilla; Sent. de 24 de sept. de 2021, rad. 2017-00140, M.P. Catalina Rosero Díaz; Sent. de 26 de mayo de 2022, rad. 2017-00346, M.P. Ana Esther Sulbarán; Sent. de 27 de julio de 2020, rad. interno 42.630; Sent. de 27 de julio de 2022, rad. 2019-00197, M.P. Guillermo Raúl Bottía; Sent. de 27 de octubre de 2022, rad. 2021-00020, M.P. Guillermo Raúl Bottía; Sent. de 29 de sept. de 2021, rad. 2006-00174; Sent. de 29 de oct. de 2020, rad. 2019-00018, M.P. Yaens Castellón; Sent. de 30 de sept. de 2022, rad. 2017-00164, M.P. Alfredo De Jesús Castilla; Sent. de 31 de julio de 2020, rad. 2017-00318, M.P. Jorge Maya Cardona; TSDJ Bucaramanga (Sala Civil-Familia): Sent. de 25 de oct. de 2012, rad. 2017-00328, M.P. Claudia Yolanda Rodríguez; Sent. de 3 de marzo de 2014, rad. 2012-00278, M.P. Ramón Alberto Figueroa; Sent. de 3 de oct. de 2014, rad. 2006-00217, M.P. Ramón Alberto Figueroa; Sent. de 3 de dic. de 2013, rad. 2017-00151, M.P. Antonio Bohórquez; Sent. de 5 de dic. de 2012, rad. 2004-00127, M.P. María Carolina Flórez; Sent. de 10 de febrero de 2015, exp. 2013-00091, M.P. Claudia Yolanda Rodríguez; Sent. de 11 de dic. de 2013, rad. 2005-00091, M.P. José Mauricio Marín Mora; Sent. de 12 de nov. de 2015, rad. 2010-00190, M.P. Carlos Giovanny Ulloa; Sent. de 13 de febrero de 2015, rad. 2008-00242, M.P. Ramón Alberto Figueroa; Sent. de 13 de nov. de 2012, rad. 2006-00288, M.P. Claudia Yolanda Rodríguez; Sent. de 13 de nov. de 2015, rad. 2007-00284, M.P. Ramón Alberto Figueroa; Sent. de 15 de marzo de 2012, rad. 2005-00231, M.P. Mery Esmeralda Agón; Sent. de 16 de oct. de 2012, rad. 2003-00200, M.P. Claudia Yolanda Rodríguez; Sent. de 18 de marzo de 2014, rad.

2006-00220, M.P. Ramón Alberto Figueroa; Sent. de 19 de junio de 2014, rad. 2012-00142, M.P. Claudia Yolanda Rodríguez; Sent. de 21 de julio de 2014, rad. 2012-00312, M.P. Antonio Bohórquez; Sent. de 22 de febrero de 2012, rad. 2006-00147, M.P. Ramón Alberto Figueroa; Sent. de 22 de julio de 2013, rad. 2010-00105, M.P. José Mauricio Marín; Sent. de 22 de agosto de 2012, rad. 2005-00112, M.P. Mery Esmeralda Agón; Sent. de 22 de agosto de 2012, rad. 2008-00081, M.P. Ramón Alberto Figueroa; Sent. de 23 de sept. de 2013, rad. 2006-00108, M.P. José Mauricio Marín; Sent. de 25 de abril de 2013, rad. 2005-00101, M.P. Ramón Alberto Figueroa; Sent. de 28 de nov. de 2012, rad. 2006-00329, M.P. María Carolina Flórez; Sent. de 30 de abril de 2015, rad. 2011-00388, M.P. Ramón Alberto Figueroa; Sent. de 31 de oct. de 2016, rad. 2012-00295, M.P. Claudia Yolanda Rodríguez; Sent. de 1 de dic. de 2022, rad. 2017-00106, M.P. José Mauricio Marín Mora; Sent. de 6 de julio de 2021, rad. 2017-00167, M.P. Carlos Giovanny Ulloa; Sent. de 7 de febrero de 2022, rad. 2019-00060, M.P. Ramón Alberto Figueroa; Sent. de 11 de julio de 2022, rad. 2020-00170, M.P. Carlos Giovanny Ulloa; Sent. de 15 de junio de 2022, rad. 2013-00033, M.P. María Clara Ocampo Correa; Sent. de 15 de julio de 2020, rad. 2008-00357, M.P. Claudia Yolanda Rodríguez; Sent. de 15 de sept. de 2016, rad. 2010-00165, M.P. Carlos Giovanny Ulloa; Sent. de 17 de agosto de 2021, rad. 2016-00261, M.P. José Mauricio Marín; Sent. de 18 de diciembre de 2015, rad. 2006-00301, M.P. Neyla Trinidad Ortiz; Sent. de 21 de julio de 2014, rad. 2011-00046, M.P. José Mauricio Marín; Sent. de 22 de nov. de 2021, rad. 2018-00253, M.P. Ramón Alberto Figueroa; Sent. de 23 de julio de 2013, rad. 2009-00056, M.P. Antonio Bohórquez; Sent. de 24 de mayo de 2016, rad. 2005-00175, M.P. Antonio Bohórquez; Sent. de 26 de agosto de 2013, rad. 2022-00761, M.P. José Mauricio Marín; Sent. de 27 de sept. de 2021, rad. 2010-00018, M.P. María Clara Ocampo Correa; Sent. de 28 de julio de 2022, rad. 2012-00321, M.P. Carlos Giovanny Ulloa; Sent. de 28 de nov. de 2016, rad. 2010-00416, M.P. Ramón Alberto Figueroa; Sent. 29 de febrero de 2016, rad. 2013-00017, M.P. José Mauricio Marín; Sent. de 30 de agosto de 2022, rad. 2019-00311, M.P. Antonio Bohórquez; Sent. de 30 de nov. de 2022, rad. 2018-00310, M.P. Carlos Giovanny Ulloa; TSDJ Buga (Sala Civil-Familia): Sent. de 1 de dic. de 2015, rad. 2006-00008, M.P. Orlando Quintero García; Sent. de 5 de marzo de 2018, rad. 2014-00160, M.P. Felipe Francisco Borda; Sent. de 6 de febrero de 2015, rad. 2012-00145, M.P. Bárbara Liliana Talero; Sent. de 6 de sept. de 2016, rad. 2013-00081, M.P. María Patricia Balanta Medina; Sent. de 8 de mayo de 2017, rad. 2014-00069, M.P. Orlando Quintero; Sent. de 8 de sept. de 2020, rad. 2017-00073, M.P. Orlando Quintero García; Sent. de 8 de nov. de 2017, rad. 2012-00073, M.P. María Patricia Balanta; Sent. de 9 de febrero de 2017, rad. 2014-00125, M.P. Orlando Quintero García; Sent. de 10 de abril de 2019, rad. 2017-00110, M.P. Bárbara Liliana Talero; Sent. de 10 de nov. de 2021, rad. 2018-00004, M.P. Bárbara Liliana Talero; Sent. de 12 de abril de 2018, rad. 2011-00138, M.P. Felipe Francisco Borda; Sent. de 12 de mayo de 2017, rad. 2009-00136, M.P. Felipe Francisco Borda; Sent. de 13 de julio de 2020, rad. 2018-00034, M.P. María Patricia Balanta; Sent. de 16 de febrero de 2015, rad. 2009-00158, M.P. Bárbara Liliana Talero; Sent. de 17 de julio de 2017, rad. 2010-00004, M.P. Felipe Francisco Borda; Sent. de 18 de enero de 2018, M.P. Orlando Quintero García; Sent. de 18 de julio de 2018, rad. 2011-00057, M.P. Bárbara Liliana Talero; Sent. de 19 de mayo de 2016, rad. 2012-00105, M.P. Bárbara Liliana Talero; Sent. de 19 de junio de 2020, rad. 2015-00063, M.P. Felipe Francisco Borda; TSDJ Cali (Sala Civil): Sent. de 1 de febrero de 2021, rad. 2018-00048, M.P. Jorge Jaramillo; Sent. de 1 de agosto de 2019, rad. 2013-00085, M.P. Homero Mora Insausty; Sent. de 1 de febrero de 2021, rad. 2018-00048, M.P. Jorge Jaramillo; Sent. de 1 de agosto de 2019, rad. 2013-00043, M.P. Julián Alberto Villegas; Sent. de 1 de dic. de 2022, rad. 2017-00238, M.P. Flavio Eduardo Córdoba; Sent. de 1 de dic. de 2022, rad. 2011-00209, M.P. Carlos Alberto Romero; Sent. de 2 de julio de 2020, rad. 2013-00043, M.P. Julián Alberto Villegas; Sent. de 2 de oct. de 2020, M.P. José David Corredor; Sent. de 4 de julio de 2019, rad. 2010-00547, M.P. Ana Luz Escobar; Sent. de 5 de febrero de 2021, rad. 2016-00325, M.P. José David Corredor; Sent. de 5 de marzo de 2021, rad. 2015-00167, M.P. Jorge Jaramillo; Sent. de 5 de junio de 2019, rad. 2013-00033, M.P. Ana Luz Escobar; Sent. de 5 de sept. de 2013, rad. 2001-00449, M.P. Ana Luz Escobar; Sent. de 6 de julio de 2021, rad. 2018-00248, M.P. Julián Alberto Villegas; Sent. de 9 de julio de 2020, rad. 2016-00356, M.P. Jorge Jaramillo; Sent. de 9 de sept. de 2019, rad. 2013-00055, M.P. Jorge Jaramillo; Sent. de 9 de nov. de 2021, rad. 2013-00140, M.P. Homero Mora Insausty; Sent. de 9 de dic. de 2022, rad. 2018-00163, M.P. José David Corredor; Sent. de 10 de mayo de 2019, rad. 2015-00309, M.P. José David Corredor; Sent. de 10 de dic. de 2021, rad. 2010-00343, M.P. César Evaristo León; Sent. de 11 de agosto de 2020, rad. 2017-00121, M.P. Carlos Alberto Romero; Sent. de 11 de agosto de 2021, rad. 2011-00403, M.P. Hernando Rodríguez Mesa; Sent. de 12 de julio de 2021, rad. 2008-00469, M.P. José David Corredor; Sent. de 12 de agosto de 2022, rad. 2021-00265, M.P. Ana Luz Escobar; Sent. de 13 de dic. de 2021, rad. 2013-00188, M.P. Homero Mora Insausty; Sent. de 13 de dic. de 2022, rad. 2012-00405, M.P. Jorge Jaramillo; Sent. de 16 de agosto de 2022, rad. 2012-00325, M.P. Julián Alberto Villegas; Sent. de 16 de dic. de 2020, rad. 2017-00234, M.P. Julián Alberto Villegas; Sent. de 16 de dic. de 2020, rad. 2015-00480, M.P. José David Corredor; Sent. de 16 de dic.

de 0220, rad. 2012-00402, M.P. Flavio Eduardo Córdoba; Sent. de 17 de junio de 2021, rad. 2018-00139, M.P. Hernando Rodríguez Mesa; Sent. de 17 de julio de 2019, rad. 2010-00410, M.P. Homero Mora Insausty; Sent. de 17 de nov. de 2021, rad. 2017-00175, M.P. Julián Alberto Villegas; Sent. de 18 de agosto de 2020, rad. 2013-00055, M.P. Homero Mora Insausty; Sent. de 19 de abril de 2021, rad. 2018-00432, M.P. Carlos Alberto Romero; Sent. de 20 de oct. de 2022, rad. 2018-00066, M.P. Jorge Jaramillo; Sent. de 21 de oct. de 2013, rad. 2019-00436, M.P. José David Corredor; Sent. de 22 de enero de 2021, rad. 2017-00336, M.P. Ana Luz Escobar; Sent. de 22 de agosto de 2019, rad. 2015-00311, M.P. Julián Alberto Villegas; Sent. de 22 de agosto de 2022, rad. 2019-00060, M.P. Carlos Alberto Romero; Sent. de 23 de julio de 2020, rad. 2013-00068, M.P. Homero Mora Insausty; Sent. de 24 de mayo de 2022, rad. 2020-00110, M.P. Julián Alberto Villegas; Sent. de 27 de enero de 2021, rad. 2018-00133, M.P. Ana Luz Escobar; Sent. de 29 de sept. de 2020, rad. 2017-00221, M.P. Ana Luz Escobar; Sent. de 30 de julio de 2019, rad. 2016-00313, M.P. Julián Alberto Villegas; Sent. de 31 de marzo de 2022, rad. 2017-00315, M.P. Flavio Eduardo Córdoba; TSDJ Cartagena (Sala Civil-Familia): Sent. de 1 de dic. de 2021, rad. 2017-00203, M.P. Giovanny Carlos Díaz; Sent. de 3 de agosto de 2022, rad. 2018-00056, M.P. Oswaldo Henry Zárate; Sent. de 4 de dic. de 2018, rad. 2017-00157, M.P. John Freddy Saza; Sent. de 5 de agosto de 2020, rad. 2016-00541, M.P. John Freddy Saza; Sent. de 7 de oct. de 2020, rad. 2014-00049, M.P. Carlos Mauricio Barajas; Sent. de 9 de junio de 2022, rad. 2017-00222, M.P. Giovanny Carlos Díaz; Sent. de 9 de sept. de 2021, rad. 2008-00150, M.P. Giovanny Carlos Díaz; Sent. de 11 de junio de 2021, rad. 2016-00566, M.P. Marcos Román Guío; Sent. de 12 de mayo de 2022, rad. 2018-00076, M.P. Marcos Román Guío; Sent. de 12 de sept. de 2022, rad. 2016-00486, M.P. Oswaldo Henry Zárate; Sent. de 12 de oct. de 2022, rad. 2018-00110, M.P. Marcos Román Guío; Sent. de 13 de agosto de 2021, rad. 2016-00474, M.P. John Freddy Saza; Sent. de 13 de agosto de 2021, rad. 2019-00288, M.P. Giovanny Carlos Díaz; Sent. de 13 de sept. de 2022, rad. 2015-00497, M.P. Oswaldo Henry Zárate; Sent. de 15 de dic. de 2020, rad. 2017-00618, M.P. John Freddy Saza; Sent. de 16 de febrero de 2022, rad. 2018-00039; Sent. de 17 de junio de 2021, rad. 2016-00027, rad. 2016-00027, M.P. Marcos Román Guio; Sent. de 18 de nov. de 2020, rad. 2009-00192, M.P. Marcos Román Guio; Sent. de 22 de julio de 2020, rad. 2017-00019, M.P. John Freddy Saza; Sent. de 24 de marzo de 2021, rad. 2011-00345, M.P. Giovanni Carlos Díaz; Sent. de 24 de nov. de 2022, rad. 2019-00298, M.P. Marcos Román Guío; Sent. de 27 de oct. de 2021, rad. 2016-0024, M.P. Marcos Román Guío; 28 de sept. de 2022, rad. 2017-00230, M.P. Marcos Román Guío; Sent. de 29 de abril de

2021, rad. 2017-00306, M.P. Carlos Mauricio García; Sent. de 29 de abril de 2021, rad. 2013-00067, M.P. Marcos Román Guío; TSDJ Cúcuta (Sala Civil-Familia): Sent. de 25 de enero de 2021, rad. 2011-00144, M.P. Manuel Flechas; Sent. de 22 de marzo de 2022, rad. 2017-00243, M.P. Roberto Carlos Orozco; Sent. de 5 de abril de 2021, rad. 2018-00029, M.P. Ángela Giovanna Carreño; Sent. de 23 de marzo de 2022, rad. 2015-00400, M.P. Constanza Forero; Sent. de 30 de junio de 2020, rad. 2016-00205, M.P. Bernardo Arturo Rodríguez; Sent. de 26 de julio de 2021, rad. 2009-00171, M.P. Constanza Forero; Sent. de 19 de agosto de 2021, rad. 2014-00017, M.P. Constanza Forero; Sent. de 1 de oct. de 2021, rad. 2018-0004, M.P. Manuel Flechas; Sent. de 21 de oct. de 2020, rad. 2017-00003, M.P. Sigifredo Enrique Navarro; Sent. de 22 de oct. de 2020, rad. 2013-00299, M.P. Constanza Forero; TSDJ Cundinamarca (Sala Civil-Familia): Sent. de 14 de junio de 2017, rad. 2012-00410, M.P. Pablo Ignacio Villate; Sent. de 16 de junio de 2022, rad. 2018-00041, M.P. Jaime Londoño Salazar; Sent. de 22 de marzo de 2013, rad. 2009-00005, M.P. Jaime Londoño Salazar; TSDJ Florencia (Sala Única): Sent. de 11 de dic. de 2020, rad. 2013-00572, M.P. Diela Ortega; Sent. de 29 de enero de 2021, rad. 2014-00017, M.P. Diela Ortega; Sent. de 24 de mayo de 2021, rad. 2016-00581, M.P. Diela Ortega; Sent. de 31 de julio de 2020, rad. 2005-00064, M.P. Diela Ortega; Sent. de 30 de julio de 2020, rad. 2010-00120, M.P. Diela Ortega; Sent. de 30 de julio de 2020, rad. 2012-00469, M.P. Diela Ortega; Sent. de 31 de agosto de 2020, rad. 2010-00229, M.P. Diela Ortega; TSDJ Ibagué (Sala Civil-Familia): Sent. de 2 de febrero de 2012, rad. 2007-00305, M.P. Germán Torres; Sent. de 6 de abril de 2022, rad. 2012-00394, M.P. Juan Fernando Rangel; Sent. de 7 de febrero de 2017, rad. 2012-00309, M.P. Ricardo E. Bastidas; Sent. de 9 de agosto de 2021, rad. 2019-00002, M.P. Astrid Valencia Muñoz; Sent. de 12 de sept. de 2017, rad. 2014-00076, M.P. Diego Omar Pérez; Sent. de 17 de julio de 2020, rad. 2016-00195, M.P. Ricardo E. Bastidas; Sent. de 19 de abril de 2021, rad. 2011-00242, M.P. Astrid Valencia Muñoz; Sent. de 22 de sept. de 2020, rad. 2012-00394, con salvamento de voto de la magistrada Mabel Montealegre; Sent. de 24 de julio de 2020, rad. 2018-00060, M.P. Mabel Montealegre, con aclaración de voto del magistrado Diego Omar Pérez; Sent. de 30 de sept. de 2021, M.P. Juan Fernando Rangel; TSDJ Manizales (Sala Civil-Familia): Sent. de 3 de nov. de 2011, rad. tribunal 4-055-08, M.P. Fernando López Mora; Sent. de 4 de mayo de 2022, rad. 2019-00336, M.P. Sofy Soraya Mosquera; Sent. de 4 de agosto de 2020, rad. 2018-00264, M.P. Sandra Jaidive Fajardo; Sent. de 4 de sept. de 2020, rad. 2018-00032, M.P. Álvaro José Trejos; Sent. de 7 de sept. de 2020, rad. 2018-00270, M.P. José Hoover Cardona; Sent. de 7 de dic. de 2020, rad. 2018-00007, M.P. Sandra Jaidive Fajardo; Sent. de 10 de abril de

2014, rad. 2012-00201, M.P. Roberto Chaves Echeverry; Sent. de 13 de junio de 2018, rad. 2015-00377, M.P. Álvaro José Trejos Bueno; Sent. de 14 de agosto de 2014, rad. 2012-00239, M.P. Roberto Chaves; Sent. de 16 de sept. de 2016, rad. 2012-00016, M.P. Angela Giovanna Carreño; Sent. de 15 de nov. de 2022, rad. 2020-00148, M.P. Sandra Jaidive Fajardo; Sent. de 16 de mayo de 2012, rad. 2009-00230, M.P. Fernando López Mora; Sent. de 16 de julio de 2020, rad. 2018-00011, M.P. Ángela María Puerta; Sent. de 19 de febrero de 2013, rad. 2010-00268, M.P. Roberto Chaves; Sent. de 21 de abril de 2014, rad. 2012-00075, M.P. Roberto Chaves; Sent. de 22 de sept. de 2016, rad. 2012-00008, M.P. Sofy Soraya Mosquera; Sent. de 23 de nov. de 2021, rad. 2018-00509, M.P. Sandra Jaidive Fajardo; Sent. de 24 de agosto de 2017, M.P. Sofy Soraya Mosquera; Sent. de 24 de agosto de 2021, rad. 2019-00017, M.P. Sandra Jaidive Fajardo; Sent. de 25 de oct. de 2021, rad. 2018-00182, M.P. José Hoover Cardona; Sent. de 25 de nov. de 2021, rad. 2018-00262, M.P. Sandra Jaidive Fajardo; Sent. de 26 de marzo de 2014, rad. 2012-00064, M.P. Roberto Chaves; Sent. de 27 de mayo de 2016, rad. 2012-00003, M.P. Álvaro José Trejos Bueno; Sent. de 29 de enero de 2014, rad. 2012-00022, M.P. Roberto Chaves; Sent. de 30 de nov. de 2021, rad. 2019-00280, M.P. José Hoover Cardona; Sent. de 31 de agosto de 2020, rad. 2017-00603, M.P. Ángela María Puerta; TSDJ Medellín (Sala Civil): Sent. de 1 de marzo de 2022, rad. 2017-00691, M.P. Piedad Cecilia Vélez; Sent. de 4 de nov, de 2021, rad. 2009-00152; Sent. de 5 de febrero de 2021, rad. 2013-00187, M.P. Martín Agudelo Ramírez; Sent. de 5 de oct. de 2021, rad. 2011-0567,con salvamento de voto del magistrado Juan Carlos Sosa; Sent. de 5 de oct. de 2022, rad. 2019-00233, M.P. Piedad Cecilia Vélez; Sent. de 5 de nov. de 2020, rad. 2018-00068, M.P. José Omar Bohórquez; Sent. de 9 de mayo de 2022, rad. 2020-00114, M.P. José Gildardo Ramírez, con salvamento de voto de la magistrada Martha Cecilia Ospina Patiño; Sent. de 10 de febrero de 2022, rad. 2020-00021, M.P. José Gildardo Ramírez; Sent. de 10 de junio de 2021, rad. 2019-00160, M.P. Martín Agudelo; Sent. de 10 de agosto de 2022, rad. 2021-00043, M.P. José Gildardo Ramírez; Sent. de 10 de nov. de 2021, rad. 2019-00083, M.P. Martín Agudelo; Sent. de 10 de dic. de 2020, rad. 2011-00740, M.P. Luis Enrique Marín; Sent. de 11 de agosto de 2020, rad. 2012-00719, M.P. José Omar Bohórquez; Sent. de 11 de dic. de 2020, rad. 2011-00477, M.P. Martín Agudelo; Sent. de 13 de junio de 2022, rad. 2018-00506, M.P. José Omar Bohórquez; Sent. de 15 de julio de 2020, rad. 2010-00465, M.P. Piedad Cecilia Vélez; Sent. de 15 de oct. de 0220, rad. 2015-00954, M.P. Julián Valencia Castaño; Sent. de 15 de dic. de 2020, rad. 2011-00200, M.P. José Gildardo Ramírez; Sent. de 16 de julio de 2020, rad. 2012-00336, M.P. Ricardo León Carvajal; Sent. de 17 de julio de 2019, M.P.

Gloria Patricia Montoya; Sent. de 18 de agosto de 2021, rad. 2019-00003; Sent. de 19 de abril de 2022, rad. 2019-00336, M.P. José Omar Bohórquez; Sent. de 20 de mayo de 2021, rad. 2012-00839, M.P. Luis Enrique Marín; Sent. de 21 de abril de 2021, rad. 2015-01087, M.P. Piedad Cecilia Vélez; Sent. de 21 de abril de 2022, rad. 2017-00702, M.P. José Gildardo Ramírez; Sent. de 21 de julio de 2021, rad. 2018-00246; Sent. de 22 de junio de 2022, rad. 2019-00485, M.P. Martha Cecilia Ospina; Sent. de 22 de oct. de 2021, rad. 2019-00252; Sent. de 23 de junio de 2022, rad. 2011-00342, M.P. Sergio Raúl Cardoso; Sent. de 24 de mayo de 2021, rad. 2016-00671, M.P. Martín Agudelo; Sent. de 25 de abril de 2022, rad. 2018-00525, M.P. Martín Agudelo; Sent. de 26 de junio de 2020, rad. 2016-00412, M.P. Martha Cecilia Ospino; Sent. de 26 de nov. de 2020, rad. 2010-00158, M.P. Julián Valencia Castaño; Sent. de 9 de mayo de 2022, rad. 2020-00114, M.P. José Gildardo Ramírez, con salvamento de voto de la magistrada Martha Cecilia Ospina Patiño; ; Sent. de 10 de febrero de 2022, rad. 2020-00021, M.P. José Gildardo Ramírez; Sent. de 10 de agosto de 2022, rad. 2021-00043, M.P. José Gildardo Ramírez; Sent. de 26 de nov. de 2020, rad. 2010-00158, M.P. Julián Valencia Castaño; Sent. de 27 de julio de 2020, rad. 2016-00852, M.P. Martha Cecilia Ospina, con salvamento de voto del magistrado Muriel Massa Acosta; Sent. de 28 de nov. de 2022, rad. 2012-00358; Sent. de 30 de marzo de 2022, rad. 2018-00235; Sent. de 30 de julio de 2020, rad. 2018-00146, M.P. Ricardo León Carvajal; Sent. de 30 de nov. de 2020, rad. 2006-00107, M.P. Gloria Patricia Montoya; Sent. de 30 de nov. de 2020, rad. 2012-0455, M.P. Gloria Patricia Montoya; Sent. de 31 de agosto de 2018, rad. 2012-00757, M.P. José Gildardo Ramírez; Sent. de 31 de agosto de 2021, rad. 2017-00310; TSDJ Montería (Sala Civil-Familia-Laboral): Sent. de 1 de marzo de 2022, rad. 2007-00140, M.P. Karem Stella Vergara; Sent. de 11 de marzo de 2022, rad. 2020-00084, M.P. Carmelo del Cristo Ruíz; Sent. de 17 de enero de 2018, rad. 2015-00203, M.P. Carmelo del Cristo Ruíz; TSDJ Neiva (Sala Civil-Familia-Laboral): Sent. de 9 de julio de 2021, rad. 2017-00349, M.P. Luz Dary Ortega; Sent. de 12 de julio 2021, rad. 2014-00239, M.P. Ana Ligia Camacho; Sent. de 16 de dic. 2021, rad. 2018-00051, M.P. Marco Aurelio Basto; Sent. de 17 de mayo de 2022, rad. 2017-00079, M.P. Luz Dary Ortega; Sent. de 19 de abril de 2022, rad. 2011-00001, M.P. Luz Dary Ortega; Sent. de 22 de octubre de 2020, rad. 2012-00222, M.P. Luz Dary Ortega; Sent. de 26 de agosto de 2022, rad. 2018-00279, M.P. Luz Dary Ortega; Sent. de 26 de agosto de 2022, rad. 2013-00098; Sent. de 29 de abril de 2021, rad. 2016-00325, M.P. Luz Dary Ortega; Sent. de 29 de junio de 2021, M.P. Luz Dary Ortega; Sent. de 30 de junio de 2021, rad. 2018-00299, M.P. Enasheilla Polanía Gómez; Sent. de 30 de nov. de 2022, M.P. Ana Ligia Camacho; TDSJ

Pasto (Sala Civil-Familia): Sent. de 2 de febrero de 2022, rad. 2012-00251, M.P. Gabriel Guillermo Ortiz; Sent. de 9 de nov. de 2021, rad. 2018-00115, M.P. Aida Mónica Rosero; Sent. de 11 de agosto de 2021, rad. 2018-00070, M.P. Marcela Adriana Castillo; Sent. de 11 de nov. de 2021, rad. 2018-00203, M.P. Aida Mónica Rosero; Sent. de 12 de abril de 2021, rad. 2012-00183, M.P. Marcela Adriana Castillo; Sent. de 16 de oct. de 2020, rad. 2018-00091, M.P. Aida Mónica Rosero; Sent. de 18 de abril de 2017, rad. 2012-00110, M.P. Gabriel Guillermo Ortiz; Sent. de 25 de julio de 2022, rad. 2013-00160, M.P. Aida Mónica Rosero; Sent. de 13 de sept. de 2017, rad. 2012-00148, M.P. Aida Mónica Rosero; TSDJ Pereira (Sala Civil-Familia): Sent. de 26 de junio de 2018, rad. 2015-00083 (M.P. Jaime Alberto Saraza); sent. de 1 de junio de 2021, rad. 2012-00269, M.P. Duberney Grisales; Sent. de 1 de nov. de 2017, rad. 2012-00274 (M.P. Duberney Grisales); Sent. de 1 de nov. de 2016, rad. 2012-00290, M.P. Duberney Grisales; Sent. de 1 de dic. de 2017, rad. 2012-00370, M.P. Duberney Grisales; Sent. de 2 de nov. de 2022, rad. 2017-00389 (M.P. Duberney Grisales); Sent. de 2 de nov. de 2022, rad. 2020-00119, M.P. Jaime Alberto Saraza; Sent. de 2 de dic. de 2022, rad. 2014-00148, M.P. Carlos Mauricio García Barajas; Sent. de 3 de julio de 2015, rad. 2012-00277, M.P. Edder Jimmy Sánchez; Sent. de 3 de mayo de 2017, rad. 2012-00269, M.P. Duberney Grisales; Sent. de 3 de nov. de 2022, rad. 2012-00330, M.P. Edder Jimmy Sánchez; Sent. de 25 de mayo de 2011, rad. 2003-00076, M.P. Claudia María Arcila; Sent. de 23 de marzo de 2022, rad. 2019-00200, M.P. Duberney Grisales; Sent. de 22 de junio de 2021, rad. 2015-00391, M.P. Jaime Alberto Saraza; Sent. de 21 de mayo de 2015, rad. 2009-00293, M.P. Claudia María Arcila Ríos; TSDJ Popayán (Sala Civil-Familia): Sent. de 7 de julio de 2020, rad. 2016-00037, M.P. Doris Yolanda Rodríguez Chacón; Sent. de 12 de julio de 2022, rad. 2018-00038, M.P. Jaime Leonardo Chaparro; Sent. de 13 de oct. de 2021, rad. 2013-00115, M.P. Jaime Leonardo Chaparro; Sent. de 19 de febrero de 2021, rad. 2016-00020, M.P. Jaime Leonardo Chaparro; TSDJ Riohacha (Sala Civil-Familia-Laboral): Sent. de 2 de mayo de 2022, rad. 2017-00121, M.P. Carlos Villamizar; sent. de 25 de enero de 2021, rad. 2016-00018, M.P. Paulina Leonor Cabello Campo; TSDJ Santa Marta (Sala Civil-Familia): Sent. de 13 de oct. de 2020, rad. 2016-00109, M.P. Tulia Cristina Rojas; Sent. de 15 de julio de 2022, rad. 2017-00046, M.P. Cristian Salomón Xiques; Sent. de 17 de junio de 2021, rad. 2019-00008, M.P. Tulia Cristina Rojas; Sent. de 20 de mayo de 2021, rad. 2017-00261, M.P. Alberto Rodríguez Akle; sent. de 21 de mayo de 2021, rad. 2017-00002, M.P. Alberto Rodríguez Akle; Sent. de 25 de agosto de 2014, M.P. Alberto Rodríguez Akle; TSDJ Santa Rosa de Viterbo (Sala Única): Sent. de 5 de junio de 2018 (M.P. Luz Patricia Aristizabal); Sent. de 8 de sept. de 2020, rad. 2010-000125,

M.P. Eurípides Montoya Sepúlveda; sent. de 15 de junio de 2022, rad. 2014-00140, M.P. Gloria Inés Linares; Sent. de 16 de marzo de 2017, exp. 2010-00123, M.P. Gloria Inés Linares; sent. de 16 de abril de 2021, rad. 2013-00172, M.P. Eurípides Montoya Sepúlveda; Sent. de 29 de sept. de 2015, rad. 2011-00031, M.P. Gloria Inés Linares; TSDJ Sincelejo (Sala Civil-Familia-Laboral): sent. de 9 de nov. de 2022 (M.P. Marirraquel Rodelo Navarro); TSDJ Tunja (Sala Civil-Familia): sent. de 8 de junio de 2021, rad. 2012-00008, M.P. Bernardo Arturo Rodríguez; sent. de 9 de febrero de 2021, rad. 2016-00091, M.P. Bernardo Arturo Rodríguez; TSDJ Valledupar (Sala Civil-Familia-Laboral): Sent. de 20 de mayo de 2022, rad. 2008-00091, M.P. Óscar Marino Hoyos; Sent. de 16 de agosto de 2022, rad. 2010-00104, M.P. Jesús Armando Zamora Suárez; sent. de 30 de sept. de 2021, rad. 2011-00250, M.P. Óscar Marino Hoyos; sent. de 29 de sept. de 2022, rad. 2011-00323, M.P. Jesús Armando Zamora; sent. de 10 de dic. de 2020, rad. 2011-00519, M.P. Óscar Marino Hoyos; sent. de 19 de nov. de 2020, rad. 2015-00139, M.P. Óscar Marino Hoyos; sent. de 22 de oct. de 2021, rad. 2015-00084, M.P. Álvaro López Valera; sent. de 28 de agosto de 2021, rad. 2011-00144, M.P. Álvaro López Valera; TSDJ Villavicencio (Sala Civil-Familia-Laboral): Sent. de 5 de oct. de 2022, rad. 2012-000316, M.P. Hoover Ramos; sent. de 7 de julio de 2022, rad. 2016-00227, M.P. Alberto Romero Romero; sent. de 7 de sept. de 2021, rad. 2016-00326, M.P. Hoover Ramos; sent. de 14 de oct. de 2015, rad. 2012-00362, M.P. Guillermo Zuluaga; sent. de 18 de marzo de 2022, rad. 2012-00339, M.P. Hoover Ramos; Sent. de 22 de sept. de 2015, rad. 2012-00338, M.P. Guillermo Zuluaga; sent. de 23 de enero de 2018, rad. 2016-00323, M.P. Gabriel Mauricio Rey; sent. de 25 de oct. de 2022, rad. 2017-00033, M.P. Hoover Ramos.

Idéntico criterio -el cifrado en la idea de que la responsabilidad médica, en línea de principio, se sustenta en la culpa del facultativo- corresponde al adoptado por la Sala de Casación Civil, Agraria y Rural de la Corte Suprema de Justicia: CSJ SC de 5 de marzo de 1940 (M.P. Liborio Escallón); 30 de enero de 2001, rad. 5507 (M.P. José F. Ramírez Gómez); 17 de nov. de 2011, rad. 1999-00533 (M.P. William Namén); 12 de enero de 2018 (M.P. Luis Armando Tolosa Villabona); 12 de julio de 2019 (M.P. Álvaro F. García); 14 de sept. de 2020 (M.P. Luis Armando Tolosa Villabona); 14 de sept. de 2020 (M.P. Aroldo Wilson Quiroz); 21 de septiembre 2020 (M.P. Octavio Augusto Tejeiro Duque); 12 de enero de 2021 (M.P. Álvaro F. García); 15 de febrero de 2021 (M.P. Álvaro F. García); 25 de agosto de 2021 (M.P. Luis Alonso Rico); 5 de oct. de 2021 (M.P. Luis Alonso Rico).

Nuestra doctrina especializada ha llegado a similares conclusiones (Luis Guillermo Serrano Escobar y Mónica Lucía Fernández[107]): por lo común, la responsabilidad médica exige la comprobación de la negligencia del galeno.

También algunos tribunales han precisado que, en la materia, el dolo se asemeja, para efectos de la reparación, a la culpa: TSDJ Barranquilla (Sala Civil-Familia): Sent. de 4 de agosto de 2021, rad. 2016-00320, M.P. Yaens Castellón; TSDJ Barranquilla, Sala Civil-Familia, Sent. de 4 de agosto de 2021, rad. 2019-00191, M.P. Yaens Castellón; Sent. de 5 de dic. de 2022, rad. 2020-00114, M.P. Yaens Castellón; Sent. de 6 de dic. de 2022, rad. 2020-00098; Sent. de 7 de dic. de 2021, rad. 2019-00001; Sent. de 9 de mayo de 2022, rad. 2019-00242; Sent. de 12 de febrero de 2021, rad. 2011-00396, M.P. Abdón Sierra; Sent. de 16 de diciembre de 2022, rad. 2019-00129, M.P. Yaens Castellón; Sent. de 19 de oct. de 2021, rad. 2015-00376; Sent. de 23 de nov. de 2020, rad. 2019-00048, M.P. Yaens Castellón; Sent. de 26 de mayo de 2022, rad. 2017-00346, M.P. Ana Esther Sulbarán; Sent. de 27 de julio de 2022, rad. 2019-00197, M.P. Guillermo Raúl Bottía; Sent. de 27 de octubre de 2022, rad. 2021-00020, M.P. Guillermo Raúl Bottía; Sent. de 29 de sept. de 2021, rad. 2006-00174; Sent. de 29 de oct. de 2020, rad. 2019-00018, M.P. Yaens Castellón; TSDJ Bucaramanga (Sala Civil-Familia): Sent. de 12 de nov. de 2015, rad. 2010-00190, M.P. Carlos Giovanny Ulloa; Sent. de 6 de julio de 2021, rad. 2017-00167, M.P. Carlos Giovanny Ulloa; Sent. de 11 de julio de 2022, rad. 2020-00170, M.P. Carlos Giovanny Ulloa; Sent. de 28 de julio de 2022, rad. 2012-00321, M.P. Carlos Giovanny Ulloa; Sent. de 30 de nov. de 2022, rad. 2018-00310, M.P. Carlos Giovanny Ulloa; Sent. de 8 de mayo de 2017, rad. 2014-00069, M.P. Orlando Quintero; Sent. de 26 de agosto de 2020, rad. 2016-0002, M.P. Juan Ramón Pérez; Sent. de 20 de sept. de 2017, rad. 2014-00113, M.P. Bárbara Liliana Talero; Sent. de 21 de febrero de 2018, rad. 2012-00131, M.P. Bárbara Liliana Talero; Sent. de 21 de junio de 2018, rad. 2014-00115, M.P. Bárbara Liliana Talero; Sent. de 24 de enero de 2018, rad. 2016-00047, M.P. Bárbara Liliana Talero; Sent. de 25 de oct. de 2016, rad. 2012-00128, M.P. Orlando Quintero García; TSDJ Cali (Sala Civil): Sent. de 5 de marzo de 2021, rad. 2015-00167, M.P. Jorge Jaramillo; Sent. de 5 de junio de 2019, rad. 2013-00033, M.P. Ana Luz Escobar; Sent. de 9 de nov. de 2022, rad. 2016-00324, M.P. Ana Luz Escobar; Sent. de 9 de nov. de 2022, rad. 2016-00324, M.P. Ana Luz Escobar; Sent. de 12 de

107 SERRANO ESCOBAR, Luis Guillermo. *Tratado de Responsabilidad Médica*. 2020. Pág. 176; FERNÁNDEZ, Mónica Lucía. *La Responsabilidad Civil Médica. Problemas Actuales.* 2014. Págs. 142 y ss.

agosto de 2022, rad. 2021-00265, M.P. Ana Luz Escobar; Sent. de 12 de dic. de 2022, rad. 2018-00191, M.P. José David Corredor; Sent. de 16 de junio de 2021, rad. 2018-00063, M.P. Ana Luz Escobar; Sent. de 20 de oct. de 2022, rad. 2018-00066, M.P. Jorge Jaramillo; Sent. de 22 de enero de 2021, rad. 2017-00336, M.P. Ana Luz Escobar; Sent. de 22 de agosto de 2022, rad. 2019-00060, M.P. Carlos Alberto Romero; Sent. de 29 de sept. de 2020, rad. 2017-00221, M.P. Ana Luz Escobar; TSDJ Cartagena (Sala Civil-Familia): Sent. de 3 de agosto de 2022, rad. 2018-00056, M.P. Oswaldo Henry Zárate; Sent. de 4 de dic. de 2018, rad. 2017-00157, M.P. John Freddy Saza; Sent. de 12 de sept. de 2022, rad. 2016-00486, M.P. Oswaldo Henry Zárate; ; Sent. de 13 de agosto de 2021, rad. 2016-00474, M.P. John Freddy Saza; TSDJ Ibagué (Sala Civil-Familia): Sent. de 12 de sept. de 2017, rad. 2014-00076, M.P. Diego Omar Pérez; Sent. de 13 de abril de 2021, rad. 2012-00394; TSDJ Manizales (Sala Civil-Familia): Sent. de 3 de nov. de 2011, rad. tribunal 4-055-08, M.P. Fernando López Mora; Sent. de 4 de mayo de 2022, rad. 2019-00336, M.P. Sofy Soraya Mosquera; Sent. de 22 de sept. de 2016, rad. 2012-00008, M.P. Sofy Soraya Mosquera; TSDJ Montería (Sala Civil-Familia-Laboral): Sent. de 17 de enero de 2018, rad. 2015-00203, M.P. Carmelo del Cristo Ruíz; TSDJ Pereira (Sala Civil-Familia): Sent. de 1 de nov. de 2017, rad. 2012-00274 (M.P. Duberney Grisales); Sent. de 1 de nov. de 2016, rad. 2012-00290, M.P. Duberney Grisales; Sent. de 1 de dic. de 2017, rad. 2012-00370, M.P. Duberney Grisales; Sent. de 2 de nov. de 2022, rad. 2020-00119, M.P. Jaime Alberto Saraza; Sent. de 3 de julio de 2015, rad. 2012-00277, M.P. Edder Jimmy Sánchez; Sent. de 3 de mayo de 2017, rad. 2012-00269, M.P. Duberney Grisales; TSDJ Santa Marta (Sala Civil-Familia): Sent. de 15 de julio de 2022, rad. 2017-00046, M.P. Cristian Salomón Xiques; Sent. de 17 de junio de 2021, rad. 2019-00008, M.P. Tulia Cristina Rojas; Sent. de 20 de mayo de 2021, rad. 2017-00261, M.P. Alberto Rodríguez Akle.

Parejamente, otros tribunales superiores han rechazado enérgicamente la idea de que la actividad médica sea una actividad peligrosa o especialmente riesgosa, y, por tanto, que a ella no le es aplicable el artículo 2356 del Código Civil, mucho menos presumir la culpa o hablar de responsabilidad objetiva (Cfr. TSDJ Bucaramanga (Sala Civil-Familia): Sent. de 25 de oct. de 2012, rad. 2017-00328, M.P. Claudia Yolanda Rodríguez; Sent. de 8 de feb. de 2013, exp. 2005-00107, M.P. Claudia Yolanda Rodríguez; Sent. de 10 de febrero de 2015, exp. 2013-00091, M.P. Claudia Yolanda Rodríguez); Sent. de 13 de nov. de 2012, rad. 2006-00288, M.P. Claudia Yolanda Rodríguez; Sent. de 16 de oct. de 2012, rad. 2003-00200, M.P. Claudia Yolanda Rodríguez; Sent. de 19 de junio de 2014, rad. 2012-00142, M.P. Claudia Yolanda Rodríguez; Sent. de 25 de abril de 2013, rad. 2005-00101, M.P. Ramón Alberto

Figueroa; Sent. de 31 de oct. de 2016, rad. 2012-00295, M.P. Claudia Yolanda Rodríguez; Sent. de 15 de julio de 2020, rad. 2008-00357, M.P. Claudia Yolanda Rodríguez; Sent. de 24 de mayo de 2016, rad. 2005-00175, M.P. Antonio Bohórquez; Sent. de 30 de agosto de 2022, rad. 2019-00311, M.P. Antonio Bohórquez; TSDJ Buga (Sala Civil-Familia): Sent. de 1 de dic. de 2015, rad. 2006-00008, M.P. Orlando Quintero García; Sent. de 8 de mayo de 2017, rad. 2014-00069, M.P. Orlando Quintero García; Sent. de 8 de sept. de 2020, rad. 2017-00073, M.P. Orlando Quintero García; Sent. de 9 de febrero de 2017, rad. 2014-00125, M.P. Orlando Quintero García; Sent. de 19 de junio de 2020, rad. 2015-00063, M.P. Felipe Francisco Borda; Sent. de 25 de oct. de 2016, rad. 2012-00128, M.P. Orlando Quintero García; 27 de oct. de 2017, rad. 2015-00243, M.P. Bárbara Liliana Talero; Sent. de 27 de agosto de 2018, rad. 2007-00124, M.P. Felipe Francisco Borda; Sent. de 27 de nov. de 2018, rad. 2015-00175, M.P. Orlando Quintero García; Sent. de 30 de abril de 2019, rad. 2015-00096, M.P. Bárbara Liliana Talero; TSDJ Cali (Sala Civil): Sent. de 1 de agosto de 2019, rad. 2013-00085, M.P. Homero Mora Insausty; Sent. de 18 de agosto de 2020, rad. 2013-00055, M.P. Homero Mora Insausty; Sent. de 23 de julio de 2020, rad. 2013-00068, M.P. Homero Mora Insausty; TSDJ Cartagena (Sala Civil-Familia): Sent. de 3 de agosto de 2022, rad. 2018-00056, M.P. Oswaldo Henry Zárate; Sent. de 12 de sept. de 2022, rad. 2016-00486, M.P. Oswaldo Henry Zárate; ; Sent. de 13 de agosto de 2021, rad. 2016-00474, M.P. John Freddy Saza; Sent. de 13 de sept. de 2022, rad. 2015-00497, M.P. Oswaldo Henry Zárate; Sent. de 22 de julio de 2020, rad. 2017-00019, M.P. John Freddy Saza; TSDJ Ibagué (Sala Civil-Familia): Sent. de 7 de febrero de 2017, rad. 2012-00309, M.P. Ricardo E. Bastidas. TSDJ Montería (Sala Civil-Familia-Laboral): Sent. de 1 de marzo de 2022, rad. 2007-00140, M.P. Karem Stella Vergara; TSDJ Riohacha (Sala Civil-Familia-Laboral): sent. de 25 de enero de 2021, rad. 2016-00018, M.P. Paulina Leonor Cabello Campo. El Tribunal de Casación ha seguido idéntico derrotero: CSJ SC de 30 de enero de 2001, rad. 5507, M.P. José F. Ramírez Gómez; 7 de sept. de 2020 (M.P. Luis Armando Tolosa Villabona). Nuestra doctrina (Carlos Ignacio Jaramillo, Javier Tamayo Jaramillo, Fernando Javier Herrera Ramírez, Sergio Yepes Restrepo, Felipe Vallejo y Fernando Guzmán Mora[108]) también se muestra reacia a considerar que el acto

---

108 JARAMILLO, Carlos Ignacio. *Responsabilidad Civil Médica. La Relación Médico-Paciente. Análisis Doctrinal y Jurisprudencial.* 2010. Págs. 61-69; JARAMILLO, Carlos Ignacio. *Responsabilidad Civil Médica. La Relación Médico-Paciente. Análisis Doctrinal y Jurisprudencial.* 2011. Págs. 111 y ss.; JARAMILLO, Carlos Ignacio. *La Culpa y la Carga de la Prueba en el Campo de la Responsabilidad Médica.* 2010. Págs. 72 y ss.; VALLEJO G., Felipe. *La Responsabilidad Civil Médica (Ensayo Crítico de la Jurisprudencia).* En: *Rev. Academ. Jurisp.* Nos. 300-301. Bogotá. 1993. Pág. 62; GUZMÁN

médico pueda ser catalogado como una actividad o empresa riesgosa o peligrosa.

§26. La doctrina española[109], interpretando extensivamente el artículo 1104 del Código Civil, tiene decantado que el concepto de *«diligencia»*, antitético de la culpa o negligencia, debe, en efecto, regirse por la preceptiva establecida en dicho canon, vale decir, que la culpa o negligencia del facultativo consiste en la omisión de aquella diligencia que exija la naturaleza de la obligación y que corresponda a las circunstancias de las personas, el tiempo y el lugar; a lo que se añade que cuando en la obligación no sea expresada la diligencia que habrá de prestarse para su cumplimiento, se exigirá la correspondiente a un *"buen padre de familia"*.

Como con buen tino sostienen Llamas Pombo y Galán Cortés, la noción de culpa se identifica con la idea de negligencia y requiere, necesariamente, la presencia de un elemento de comparación, de un modelo de comportamiento o nivel de diligencia preestablecido que, en suma, *"será el que marque dónde comienza la previsibilidad y dónde termina el caso fortuito o la fuerza mayor"*[110].

Por eso, el estándar de conducta o cuidado *(standard of conduct* o *standard of care,* según la terminología anglosajona), en la materia, es marcadamente objetivo, pues se cifra en contrastar el comportamiento del médico con la *lex artis,* esto es, con

> "(...) una serie de reglas técnicas siguiendo los estándares aceptados y aprobados en el ejercicio de la profesión, teniendo en cuenta las circunstancias y condiciones en que hubieron de efectuarse y la situación del paciente en cada caso; en definitiva, es hacer bien las cosas o

---

MORA, Fernando. *Criterios para Definir la Responsabilidad Civil del Acto Médico en Colombia.* En: *Revista CONAMED.* Núm. 21. 2001. Pág. 15; TAMAYO JARAMILLO, Javier. *Prueba de la Culpa y del Nexo Causal en la Responsabilidad Médica. Teoría General de las Cargas Probatorias Dinámicas.* 2022. Págs. 2-3 y 26-28; HERRERA RAMÍREZ, Fernando Javier. *Manual de Responsabilidad Médica.* 2023; YEPES RESTREPO, Sergio. *La Responsabilidad Civil Médica.* 2020. Págs. 102-103.

109 MONTERROSO CASADO, Esther. *Diligencia Médica y Responsabilidad Civil.* Págs. 4-6; en igual sentido: SANTOS BRIZ, Jaime. *Responsabilidad Civil. Tomo II.* 1993. Pág. 900.

110 Cfr. GALÁN CORTÉS, Julio César. *Responsabilidad Civil Médica.* 2016. Págs. 175-178. Nota al pie número 1º.

realizar una actuación profesional correcta"[111]; así como con la lex artis ad hoc, que es la forma particular "de tratar un caso clínico concreto; sería la aplicación de las reglas y normas de actuación en medicina a un paciente concreto y determinado (la personalización de cada acto médico)"[112].

§27. La doctrina española mayoritaria considera que el nivel de diligencia exigible al médico no es el más alto posible, sino que, por el contrario, es el grado medio, el correspondiente al profesional medio, el que se toma como referencia para analizar y calificar su actuación[113]. Así sucede, en general, también en el derecho común europeo (especialmente en Austria, Alemania, Bélgica, Inglaterra, Portugal[114]) y en el Derecho estadounidense[115].

§28. Ahora bien, si la anterior puede ser tenida como regla general, también se ha impuesto, sobre todo en la doctrina, que el nivel de diligencia exigido (y exigible) varía en atención a si el facultativo posee –o no- algún grado de especialidad.

---

111 Citado en: FERNÁNDEZ ENTRALGO, J. *Responsabilidad Civil de los Profesionales Sanitarios: La Lex Artis.* En: Revista Jurídica Castilla y León. Vol. 3°. 2004.

112 BUSTO LAGO, José Manuel. *Responsabilidad Civil Médica y Hospitalaria.* En: REGLERO CAMPOS, Luis Fernando/BUSTO LAGO, José Manuel (coords.). *Lecciones de Responsabilidad Civil.* 2013. Pág. 301.

113 Cfr. MONTERROSO CASADO, Esther. *Diligencia Médica y Responsabilidad Civil.* Pág. 5; MARTÍN-CASALS, Miquel/SOLÉ FELIU, Josep. *Fault under Spanish Law.* En: WIDMER, Pierre (ed.). *Unification of Tort Law: Fault.* 2005. Págs. 248-249.

114 Cfr. para **Austria:** KOCH, Bernhard. *Medical Liability in Austria.* En: KOCH, Bernhard A. (ed.). *Medical Liability in Europe.* 2011. Pág. 72; **Alemania:** STAUCH, Marc. *The Law of Medical Negligence in England and Germany.* 2008. Págs. 35 y ss.; **Bélgica:** NYS, Herman. *Medical Liability in Belgium.* En: KOCH, Bernhard A. (ed.). *Medical Liability in Europe.* 2011. Pág. 10; **Inglaterra:** ROGERS, Horton W.V. *Fault under English Law.* En: WIDMER, Pierre (ed.). *Unification of Tort Law: Fault.* Pág. 73; STAUCH, Marc. *The Law of Medical Negligence in England and Germany.* 2008. Págs. 30 y ss.; **Portugal:** SINDE MONTEIRO, Jorge/VELOSO, Maria Manuel. *Fault under Portuguese Law.* En: WIDMER, Pierre (ed.). *Unification of Tort Law: Fault.* 2005. Pág. 187.

115 Cfr. CAMPBELL BLACK, Henry. *Black's Law Dictionary.* 1979. Pág. 1260; BOUMIL, Marcia/HATTIS, Paul A. *Medical Liability in a Nutshell.* 2011. Págs. 39-57.

Es común, en España[116] y en otros ordenamientos[117], considerar que, en estos casos, se le reclamará al galeno el haber actuado de la mejor forma en consonancia con su ámbito de especialización y formación.

§29. En suma, y en línea de principio, sólo la actuación del médico que caiga por debajo o vaya en contra del correspondiente estándar de conducta, materializado principalmente en el cumplimiento de la *lex artis*, será susceptible de calificarse como *mala praxis* (*malpractice*[118]).

2.7.3. La causalidad

§30. Entre el comportamiento del agente y el daño acaecido ha de existir una relación de causalidad, que constituye, junto al daño, la culpa y la conducta, uno de los presupuestos o condiciones de la

---

116 Véase: MONTERROSO CASADO, Esther. *Diligencia Médica y Responsabilidad Civil.* Pág. 5; GALÁN CORTÉS, Julio César. *Responsabilidad Civil Médica.* 2016. Págs. 179-180; GIL MEMBRADO, Cristina. *La Responsabilidad Civil por Implante Mamario. Mala Praxis, Consentimiento Informado y Prótesis Defectuosa.* 2014. Pág. 35; BUSTO LAGO, José Manuel. *Responsabilidad Civil Médica y Hospitalaria.* En: REGLERO CAMPOS, Luis Fernando/BUSTO LAGO, José Manuel (coords.). *Lecciones de Responsabilidad Civil.* 2013. Pág. 301.

117 Cfr. STAUCH, Marc. *The Law of Medical Negligence in England an Germany*. 2008. Pág. 36; KOCH, Bernhard A. *Medical Liability in Europe: a Comparative Analysis.* En: KOCH, Bernhard A. (ed.). *Medical Liability in Europe.* 2011. Págs. 628-629; STAUCH, Marc S. *Medical Malpractice in Germany.* En: OLIPHANT, Ken. WRIGHT, Richard A. (eds.). *Medical Malpractice and Compensation in a Global Perspective.* 2013. Págs. 189 y ss.; BACZYK-ROZWADOWSKA, Kinga. *Medical Malpractice in Poland.* En: OLIPHANT, Ken. WRIGHT, Richard A. (eds.). *Medical Malpractice and Compensation in a Global Perspective.* 2013. Págs. 344 y ss.; SERPETTI DI QUERCIARA, Antonio. *Il Chirurgo Estetico.* En: TODESCHINI, Nicola (bajo su cuidado)/CENDON, Paolo (dir.) *La Responsabilitá Medica.* 2016. Págs. 666-668; HAECK, Phil/GORNEY, Mark. *Risk, Liability and Malpratice.What Every Plastic Surgeon needs to Know.* 2011. Pág. 10.

118 Sobre el concepto de "*mala praxis*" (*malpractice*), véase: CAMPBELL BLACK, Henry. *Black's Law Dictionary.* 1979. Pág. 864; HAECK, Phil/GORNEY, Mark. *Risk, Liability and Malpratice. What Every Plastic Surgeon needs to Know.* 2011. Pág. 106; PETRY, Franz Michael. *Medical Liability in Germany.* En: KOCH, Bernhard A. (ed.). *Medical Liability in Europe.* 2011. Pág. 248.

responsabilidad. Copiosa literatura española[119], europea (Austria[120], Bélgica[121],Francia[122],Alemania[123],Grecia[124],Italia[125],Suiza[126]),anglosa-

119 Entre los más importantes trabajos, en torno al tema de la causalidad, y que particularmente le erigen como uno de los elementos centrales de la responsabilidad civil, en España, vale destacar: PANTALEÓN PRIETO, Fernando. *Causalidad e Imputación Objetiva: Criterios de Imputación*. En: *Centenario del Código Civil (1889-1989), Tomo II*. 1990. Págs. 1561-1591; DE ÁNGELYAGUEZ, Ricardo. *Tratado de Responsabilidad Civil*. 1993. Págs. 787 y ss.;YZQUIERDO TOLSADA, Mariano. *Responsabilidad Civil Extracontractual*. 2016. Págs. 204 y ss.; REGLERO CAMPOS, L. Fernando/MEDINA ALCOZ, Luis. *El Nexo Causal. La Pérdida de Oportunidad. Las Causas de Exoneración de Responsabilidad. Culpa de la Víctima y Fuerza Mayor*. En: REGLERO CAMPOS, Luis F./BUSTO LAGO, José Manuel (coords.). *Tratado de Responsabilidad Civil. Tomo I*. 2014. Pág. 767 y ss.; MARTÍN-CASALS, Miquel/SOLÉ FELIU, Josep. *Comentarios al artículo 1902 del Código Civil*. En: DOMINGUEZ LLUELMO, Andrés (dir.). *Comentarios al Código Civil*. 2010. Pág. 2050.

120 Cfr. KOZIOL, Helmut. *Causation under Austrian Law*. En: SPIER, Jaap (ed.). *Unification of Tort Law: Causation*. 2000. Pág. 11; KOZIOL, Helmut. *Basic Questions of Tort Law from a Germanic Perspective*. 2012. Págs. 132-133.

121 Cfr. COUSY, Herman/VANDERSPIKKEN, Anja. *Causation under Belgian Law*. En: SPIER, Jaap (ed.). *Unification of Tort Law: Causation*. 2000. Pág. 23.

122 Cfr. GALAND-CARVAL, Suzzane. *Causation under French Law*. En: SPIER, Jaap (ed.). *Unification of Tort Law: Causation*. 2000. Págs. 53-54; MAZEAUD, Henri/MAZEAUD, León/TUNC, André. *Tratado Teórico y Práctico de la Responsabilidad Civil Delictual y Cuasidelictual. Tomo II. Vol. III*. Trad. de Luis Alcalá Zamora y Castillo. Págs. 1 y ss; JOSSERAND, Louis. *Derecho Civil. Tomo II. Vol. I. Teoría General de las Obligaciones*. Trad. de Santiago Cunchillos y Manterola. 1950. Págs. 336 y ss.; BAUDRY-LACANTINERIE, Gabriel. *Précis de Droit Civil. Tomo II*. 1913. Pág. 443; en similar sentido: PLANIOL, Marcel/RIPERT, Georges. *Traité Pratique de Droit Civil Francais. Tomo VI. Primera Parte. Obligaciones*. 1930. Págs. 737-738.

123 Cfr. MAGNUS, Ulrich. *Causation under German Tort Law*. En: SPIER, Jaap (ed.). *Unification of Tort Law: Causation*. 2000. Págs. 63-64; MARKESINIS, Basil/UNBERATH, Hannes. *The German Law of Torts. A Comparative Treatise*. 2002. Pág. 43.

124 Cfr. KERAMEUS, Konstantinos D. *Causation under Greek Law*. En: SPIER, Jaap (ed.). *Unification of Tort Law: Causation*. 2000. Pág. 75.

125 Cfr. BUSNELLI, Francesco D./COMANDÉ, Giovanni. *Causation under Italian Law*. En: SPIER, Jaap (ed.). *Unification of Tort Law: Causation*. 2000. Pág. 79.

126 Cfr. WIDNER, Pierre. *Causation under Swiss Law*. En: SPIER, Jaap (ed.). *Unification of Tort Law: Causation*. 2000. Pág. 105.

jona (Inglaterra[127] y Estados Unidos[128]) y comparativista[129] así lo corrobora.

Como ha declarado, de forma pacífica y reiterada la Sala de lo Civil del Tribunal Supremo de España, "(...) *siempre será requisito ineludible la exigencia de una relación de causalidad entre la conducta activa o pasiva (acción u omisión) del demandado y el resultado dañoso producido, de tal modo que la responsabilidad se desvanece si el expresado nexo causal no ha podido concretarse, por ser desconocida la causa generadora del evento dañoso*"[130].

---

127 Cfr. ROGERS, Horton W.V. *Causation under English Law.* En: SPIER, Jaap (ed.). *Unification of Tort Law: Causation.* 2000. Pág. 39; DEAKIN, Simon/JOHNSTON, Angus/MARKESINIS, Basil. *Markesinis and Deakin's Tort Law.* 2008. Pág. 244; BERMINGHAM, Vera/HODGSON, John/WATSON, Susan. *Nutshells on Torts.* 2014. Pág. 84.

128 Cfr. SCHWARTZ, Gary T. *Causation under U.S. Law:* En: SPIER, Jaap (ed.). *Unification of Tort Law: Causation.* 2000. Pág. 123; KEETON, W. Page (Ed.)/DOBBS, Dan/KEETON, Robert E./OWEN, David G. *Prosser and Keeton* on the Law of Torts. 1984. Págs. 263 y ss.; DEAKIN, Simon/JOHNSTON, Angus/MARKESINIS, Basil. *Markesinis and Deakin's Tort Law.* 2008. Pág. 323.

129 HAAZEN, Olav A./SPIER, Jaap. *Comparative Conclusions on Causation.* En: SPIER, Jaap (ed.). *Unification of Tort Law: Causation.* 2000. Pág. 127; VAN DAM, Cees. *European Tort Law.* 2013. Págs. 307 y ss.

130 SSTS del 9 de julio de 1994; en idéntico sentido: SSTS de 3 de mayo de 1995; 30 de octubre de 2002; 19 de julio de 2004; 24 de marzo de 2005 y 24 de enero de 2007.

§31. En España[131] y en la práctica totalidad de las naciones europeas [Austria[132], Alemania[133], Italia[134], Suiza (con ciertos matices)[135] e Inglaterra[136]], así como en los Estados Unidos (y éste, de manera explícita, en el *Restatement Third on Torts*)[137], se ha impuesto la

---

131 Cfr. PANTALEÓN PRIETO, Fernando. *Causalidad e Imputación Objetiva: Criterios de Imputación.* En: *Centenario del Código Civil (1889-1989), Tomo II.* 1990. Págs. 1561-1591; DIEZ PICAZO, Luis. *Fundamentos del Derecho Civil Patrimonial. La Responsabilidad Civil Extracontractual.* 2011. Págs. 357 y ss.; YZQUIERDO TOLSADA, Mariano. *Responsabilidad Civil Extracontractual.* 2016. Págs. 212 y ss.; MARTÍN-CASALS, Miquel/SOLÉ I FELIU, Josep. *Comentarios al Artículo 1902 del Código Civil.* En: DOMINGUEZ LUELMO, Andrés (dir.). *Comentarios al Código Civil.* 2010. Pág. 2050; SOLER PRESAS, Ana/DEL OLMO GARCÍA, Pedro/JUÁREZ TORREJÓN, Ángel/NAVARRO MENDIZABAL, Iñigo/BASOZABAL ARRUE, Xabier/GREGORACI FERNÁNDEZ, Beatriz. *Elementos Sustantivos de la Pretensión.* En: DEL OLMO GARCÍA, Pedro/SOLER PRESAS, Ana (coords.). *Practicum Daños 2015.* 2015. Pág. 287 y ss.; REGLERO CAMPOS, L. Fernando/MEDINA ALCOZ, Luis. *El Nexo Causal. La Pérdida de Oportunidad. Las Causas de Exoneración de Responsabilidad. Culpa de la Víctima y Fuerza Mayor.* En: REGLERO CAMPOS, Luis F./BUSTO LAGO, José Manuel (coords.). *Tratado de Responsabilidad Civil. Tomo I.* 2014. Págs. 767 y ss.; MARTÍN-CASALS, Miquel. *La Relación de Causalidad.* En: Extractos de la obra: *"Modernización" del Derecho de la Responsabilidad Extracontractual, presentada como ponencia a la Asociación Española de Profesores de Derecho Civil.* 2011; MONTÉS PENADÉS, Vicente L. *Causalidad, Imputación Objetiva y Culpa en la Concurrencia de Culpas.* En: CABANILLAS SÁNCHEZ, Antonio/CAFFERENA LAPORTA, Jorge/MIQUEL GONZÁLEZ, José María/MONTÉS PENADÉS, Vicente L./MORALES MORENO, Antonio Manuel/PANTALEÓN PRIETO, Fernando (coords.). *Estudios Jurídicos en Homenaje al Profesor Luis Diez Picazo. Tomo II.* 2003. Págs. 2591-2627.

132 Cfr. KOZIOL, Helmut. *Basic Questions of Tort Law from a Germanic Perspective.* 2012. Págs. 132-133; KOZIOL, Helmut. *Causation under Austrian Law.* En: SPIER, Jaap (ed.). *Unification of Tort Law: Causation.* 2000. Pág. 11.

133 Cfr. MARKESINIS, Basil/UNBERATH, Hannes. *The German Law of Torts. A Comparative Treatise.* 2002. Págs. 103 y ss.; MAGNUS, Ulrich. *Causation under German Tort Law.* En: SPIER, Jaap (ed.). *Unification of Tort Law: Causation.* 2000. Págs. 63-68.

134 Cfr. BUSNELLI, Francesco D./COMANDÉ, Giovanni. *Causation under Italian Law.* En: SPIER, Jaap (ed.). *Unification of Tort Law: Causation.* 2000. Págs. 79-82; CASSANO, Giuseppe. *La Responsabilitá Civile 2016.* 2016. Págs. 13 y ss.

135 Cfr. WIDNER, Pierre. *Causation under Swiss Law.* En: SPIER, Jaap (ed.). *Unification of Tort Law: Causation.* 2000. Págs. 105-109.

136 Cfr. MARKESINIS, Basil. *Markesinis and Deakin's Tort Law.* 2008. Pág. 244; BERMINGHAM, Vera/HODGSON, John/WATSON, Susan. *Nutshells on Torts.* 2014. Págs. 84 y ss.; ROGERS, Horton W.V. *Causation under English Law.* En: SPIER, Jaap (ed.). *Unification of Tort Law: Causation.* 2000. Págs. 39-41.

137 Cfr. SCHWARTZ, Gary T. *Causation under U.S. Law:* En: SPIER, Jaap (ed.). *Unification of Tort Law: Causation.* 2000. Págs. 123-124; KEETON, W. Page (Ed.)/DOBBS, Dan/KEETON, Robert E./OWEN, David G. *Prosser and Keeton* on the Law of Torts. 1984. Págs. 263-280; DOBBS, Dan B./HAYDEN, T. Paul/BUBLICK, Ellen M. *Hornbook on Torts.* 2016. Págs. 316-317.

postura según la cual el problema causal mal puede reducirse a un mero fenómeno físico o natural, siendo necesario, a guisa de "*paso adicional*", preguntarse si el resultado puede y debe, desde el punto de vista jurídico, atribuírsele al presunto responsable. Así lo ha destacado, también, el Derecho Comparado[138].

Se debe a Fernando Pantaleón Prieto[139], ilustre catedrático español, en su ensayo "*Causalidad e imputación objetiva: criterios de imputación*"[140], el haber incorporado, en el discurso de la Responsabilidad Civil, la distinción entre uno y otro aspecto del complejo causal.

Éste, en líneas aún vigentes y que han sido frecuentemente recordadas por la mejor doctrina civilista, habría de advertir del grave peligro que entrañaba no distinguir «*causalidad*» de «*imputación objetiva*». Declaraba, en efecto:

> "No es correcto, por tanto, considerar las que verdaderamente son teorías de imputación objetiva (...) como si se tratara de teorías sobre la relación de causalidad. Incorrección que puede llevar aparejado el grave error de calificar como simple «cuestión de hecho», sólo excepcionalmente controlable en casación, el problema claramente jurídico de la determinación, en cada caso concreto, de los límites objetivos de la obligación de indemnizar: el problema de la imputación objetiva de los daños causados"[141].

---

138 HAAZEN, Olav A./SPIER, Jaap. *Comparative Conclusions on Causation*. *En*: SPIER, Jaap (ed.). *Unification of Tort Law: Causation*. 2000. Pág. 127-132; VAN DAM, Cees. *European Tort Law*. 2013. Págs. 310 y ss.

139 Numerosos son los autores españoles que resaltan la importancia de la obra del profesor Pantaleón Prieto en relación con el comentado requisito de la responsabilidad. Véanse, entre otros: SOLER PRESAS, Ana/DEL OLMO GARCÍA, Pedro/JUÁREZ TORREJÓN, Ángel/NAVARRO MENDIZABAL, Iñigo/BASOZABAL ARRUE, Xabier/GREGORACI FERNÁNDEZ, Beatriz. *Elementos Sustantivos de la Pretensión*. En: DEL OLMO GARCÍA, Pedro/SOLER PRESAS, Ana (coords.). *Practicum Daños 2015*. 2015. Pág. 287; DE ÁNGEL YAGUEZ, Ricardo. *Tratado de Responsabilidad Civil*. 1993. Págs. 787 y ss; REGLERO CAMPOS, L. Fernando/MEDINA ALCOZ, Luis. *El Nexo Causal. La Pérdida de Oportunidad. Las Causas de Exoneración de Responsabilidad. Culpa de la Víctima y Fuerza Mayor*. En: REGLERO CAMPOS, Luis F./BUSTO LAGO, José Manuel (coords.). *Tratado de Responsabilidad Civil. Tomo I*. 2014. Pág. 787.

140 PANTALEÓN PRIETO, Fernando. *Causalidad e Imputación Objetiva: Criterios de Imputación*. En: *Centenario del Código Civil (1889-1989), Tomo II*. 1990. Págs. 1561-1591.

141 PANTALEÓN PRIETO, Fernando. *Causalidad e Imputación Objetiva: Criterios de Imputación*. En: *Centenario del Código Civil (1889-1989), Tomo II*. 1990. Pág. 1563.

La doctrina incorporada en Derecho Civil por Pantaleón Prieto, como se dijo, goza hoy de amplia aceptación por parte de los estudiosos conocedores de la materia y, también, por la jurisprudencia de la Sala de lo Civil del Tribunal Supremo español[142].

El estado de la cuestión, en Derecho español, es ilustrado por Martín-Casals y Solé de la siguiente manera:

> "La responsabilidad civil requiere la prueba de la existencia de una relación de causalidad entre la acción u omisión y el daño. En los últimos años, se ha impuesto en la jurisprudencia del TS español un análisis de las cuestiones causales basado en un doble enfoque, material y jurídico, que había venido siendo defendido por un sector de la doctrina (...). Así, constituye ya un criterio habitual en las sentencias de nuestro Alto Tribunal el establecer, en primer lugar, la existencia del nexo de causalidad desde un punto de vista físico (causalidad de hecho), de acuerdo con la regla de la equivalencia de las condiciones (conditio sine qua non), según la cual "es causa todo aquello que no pueda suprimirse imaginariamente sin que desaparezca también el efecto" (...). Sin embargo, este primer criterio debe complementarse con otro, de carácter jurídico (causalidad jurídica o imputación objetiva), cuyo fin consiste en establecer (si el resultado dañoso producido es o no objetivamente atribuible) al agente, en el sentido de que pueda ponerse jurídicamente a su cargo (...)"[143].
>
> Nota de adaptación: Hoy por hoy, son numerosos los autores colombianos (Sergio Rojas Quiñones144, Jorge Pantoja Bravo145, Felisa Baena Aramburo146, Obdulio Velásquez Posada147, Carlos Darío Barrera Tapias-Jorge Santos Ballesteros148, Javier Tamayo Jaramillo149 y Luis

142 SSTS del 26 de enero de 2007; y 17 de febrero de 2009. Citadas en: MARTÍN-CASALS, Miquel/SOLÉ I FELIU, Josep. *Comentarios al Artículo 1902 del Código Civil.* En: DOMINGUEZ LUELMO, Andrés (dir.). *Comentarios al Código Civil.* 2010. Pág. 2050.

143 MARTÍN-CASALS, Miquel/SOLÉ I FELIU, Josep. *Comentarios al Artículo 1902 del Código Civil.* En: DOMINGUEZ LUELMO, Andrés (dir.). *Comentarios al Código Civil.* 2010. Pág. 2050.

144 ROJAS QUIÑONES, Sergio. *Responsabilidad Civil. La Nueva Tendencia y su Impacto en las Instituciones Tradicionales.* 2014. Págs. 246-258.

145 PANTOJA BRAVO, Jorge. *Derecho de Daños. Tomo III.* 2015. Págs. 807 y ss.

146 BAENA ARAMBURO, Felisa. *La Causalidad en la Responsabilidad Civil.* 2021. Págs. 61 y ss.

147 VELÁSQUEZ POSADA, Obdulio. *Responsabilidad Civil Extracontractual.* Bogotá. 2009. Pág. 462.

148 BARRERA TAPIAS, Carlos/SANTOS BALLESTEROS, Jorge. *El Daño Justificado.* Ed. Universidad Javeriana. Bogotá. Págs. 24-27.

149 TAMAYO JARAMILLO, Javier. *Tratado de Responsabilidad Civil. Tomo I.* 2007. Págs. 249-251.

Guillermo Serrano Escobar150) que acogen la distinción entre causalidad física -o material o factual- y causalidad jurídica. Sin embargo, y esto interesa relievarlo, la doctrina clásica y más antigua del derecho de daños (Gilberto Martínez Rave, Rafael Durán Trujillo, Ernesto Cantini, Humberto Cuellar Gutiérrez y Álvaro Quiñones Daza151) no lo hacía.

§32. La distinción en mención goza de acogida, en el ámbito médico, por algunas sentencias del Tribunal de Casación ibérico[152] y su aplicación, en la materia, es ampliamente aceptada por la doctrina española y europea especializada más autorizada[153].

Nota de adaptación: En Colombia se ha acogido, aunque quizás tímidamente, la precitada distinción entre causalidad natural y causalidad jurídica en el ámbito o esfera del derecho médico. Véase: TSDJ Armenia, Sent. de 1 de marzo de 2022, rad. 2018-00119 (M.P. César Augusto Guerrero).

---

150 SERRANO ESCOBAR, Luis Guillermo. *Imputación y Causalidad en Materia de Responsabilidad por Daños. Tesis presentada para optar por el título de doctor en la Universidad Externado de Colombia.* 2011. *In extenso.*

151 MARTÍNEZ RAVE, Gilberto. *La Responsabilidad Civil Extracontractual en Colombia.* 1988. Págs. 183-186; DURÁN TRUJILLO, Rafael. *Nociones de Responsabilidad Civil (Contractual y Delictuosa).* 1957. Págs. 291 y ss.; CANTINI, Ernesto. *Responsabilidad Civil Extracontractual. Tesis para optar por el grado de Doctor en Ciencias Económicas y Jurídicas de la Pontificia Universidad Católica Javeriana.* 1951. Págs. 33-34; CUELLAR GUTIÉRREZ, Humberto. *Responsabilidad Civil Extracontractual.* Librería Jurídica Wilches. Bogotá. 1983. Págs. 261-264; QUIÑONES DAZA, Álvaro. *La Responsabilidad Civil en el Derecho Colombiano. Tesis Laureada por la Universidad Nacional.* Sin fecha. Págs. 171-174.

152 SSTS del 6 de febrero de 1999; 21 de octubre de 2005; 7 de mayo y 29 de junio de 2007; 4 de noviembre de 2010. Citadas en: MARTÍN-CASALS, Miquel/SOLÉ, Josep. Medical Liability in Spain. En: KOCH, Bernhard A. Medical Liability in Europe. 2011. Págs. 468-469.

153 Cfr. GIESEN, Ivo/ENGELHARD, Esther. *Medical Liability in The Netherlands.* En: KOCH, Bernhard A. (ed.). *Medical Liability in Europe.* 2011. Págs. 375-380; MARTÍN-CASALS, Miquel/SOLÉ I FELIU, Josep. *Medical Liability in Spain.* En: KOCH, Bernhard A. (ed.). *Medical Liability in Europe.* 2011. Págs. 468-469; WIDMER LÜCHINGER, Corinne. *Medical Liability in Switzerland.* En: KOCH, Bernhard A. (ed.). *Medical Liability in Europe.* 2011. Págs. 562-563; ULFBECK, Vibe/HARTLEV, Mette/SCHULTZ, Marten. *Medical Malpractice in Scandinavia.* En: OLIPHANT, Ken/WRIGHT, Richard W. *Medical Malpractice and Compensation in Global Perspective.* 2013. Págs. 388 y ss.; GOLDBERG, Richard. *Medical Malpractice in United Kingdom.* En: OLIPHANT, Ken/WRIGHT, Richard W. *Medical Malpractice and Compensation in Global Perspective.* 2013. Págs. 454-455; STAUCH, Marc. *The Law of Medical Negligence in England and Germany.* 2008. Págs. 113-122; BOUMIL, Marcia/HATTIS, Paul A. *Medical Liability in a Nutshell.* 2011. Págs. 147 y ss.; GALÁN CORTÉS, Julio César. *Responsabilidad Civil Médica.* 2016. Págs. 503 y ss.; JACKSON, Emily. *Medical Law. Text, Cases and Materials.* 2013. Págs. 144 y ss.

2.7.4. El daño

§33. La definición –y sobre todo delimitación- del concepto de «*daño*» ha producido, en la doctrina y la jurisprudencia española, no pocos problemas de orden teórico sino también práctico. La evidente ambigüedad de dicho término se ha prestado –tradicionalmente- para no pocos equívocos a la hora de determinar su causación y –quizás aún más importante- su cuantificación.

Ello porque, en primer lugar, el Código Civil español, a semejanza de la mayoría de los códigos decimonónicos europeos [con notable excepción del austríaco de 1812 (§1293), que sí define la voz «*daño*»], se limita a establecer una cláusula general de responsabilidad (art. 1902 CC) cuya amplitud –y ambigüedad- ha sido objeto de aplausos pero también de aceradas críticas, sobre todo en épocas recientes donde la cada vez mayor expansión de actividades humanas hace preguntarse si los daños que en éstas se pueden causar –y se causan- son o no resarcibles.

En efecto, la doctrina contemporánea del Derecho de Daños, no sólo española sino también de los otros países europeos y la comparativista, ha puesto la lupa sobre el tema, y en épocas recientes han sido publicados numerosos trabajos cuya finalidad es, precisamente, la de tratar de homogeneizar el concepto y los límites del concepto de daño y, sobre todo, brindar criterios que faciliten la labor del operador jurídico nacional al momento de determinar su causación (que sería una respuesta al interrogante de ¿cuál es el daño resarcible?) y fijar su monto.

§34. En este contexto, ha sido incorporada en Derecho español una de las teorías sobre el daño que, en la práctica forense y académica ha mostrado, quizás por su utilidad y sencillez, gran acogida en el entorno continental: me refiero específicamente a la bifurcación del concepto de daño como evento (*danno evento*) y del daño como consecuencia (*danno conseguenza*)[154].

---

[154] Las nociones de *"daño evento"* y *"daño consecuencia"* son conceptos extraídos del Derecho italiano. Véase: MARTÍN-CASALS, Miquel. *La "Modernización" del Derecho de la Responsabilidad Extracontractual*. En: *Cuestiones Actuales en Materia de Responsabilidad Civil. XX Jornadas de la*

En el primer caso, el daño (como evento) es entendido como la lesión de un interés jurídicamente protegido; el segundo, es decir, el daño como consecuencia, será aquel perjuicio indemnizable que deriva de aquella lesión, tanto si es evaluable en dinero (caso en el cual adquirirá el apelativo de patrimonial) como si no lo es (en cuyo caso será extrapatrimonial)[155]. Esta distinción, huelga señalarlo, ha sido recogida por algún pronunciamiento del Tribunal Supremo español [cfr. STS 27 de julio de 2006 (FD. 5)][156].

Aunque le rehúyo, por fatigosas, a las transcripciones de los textos académicos, estimo pertinente traer a colación el siguiente extracto del *Nuevo Tratado de Responsabilidad Civil* del prestigioso *iuscomparativista* Guido Alpa, quien explica el estado actual de la cuestión de la siguiente manera:

> "¿Qué cosa se entiende por daño? Desde el punto de vista formal, la construcción teórica de la noción de daño se ha visto afectada, en tiempos no tan lejanos, por una auténtica revolución. Han surgido dudas, o se ha abierto la crítica, en torno a la noción ontológica de daño, sobre su noción jurídica, sobre la relación entre daño (elemento) y estructura del ilícito, sobre la relación entre daño y nexo de causalidad, sobre la amplitud del daño resarcible.

Asociación de Profesores de Derecho Civil. Pág. 33. Ha de tenerse en cuenta que la doble acepción del concepto de *"daño"* en el ordenamiento italiano tiene como punto de partida la propia formulación del artículo 2043 *Codice*, específicamente cuando exige el carácter *"injusto"* del daño para que éste pueda ser resarcible, y requisito que se entenderá cumplido, según la postura mayoritaria en la doctrina de aquél país, cuando exista una lesión de un interés jurídicamente tutelado. Véase, por todos: VISINTINI, Giovanna/PINORI, Alessandra. *La Nozione di Danno e le Tecniche Risarcitorie*. En: VISINTINI, Giovanna (coord.). *Risarcimiento del Danno Contrattuale ed Extracontrattuale*. 1999. Págs. 1-4; y, en fecha más reciente: CARNEVALE, Aldo/SCARANO, Generoso. *Il Danno alla Persona*. 2010. Págs. 3 y ss.; VISINTINI, Giovanna. ¿Qué es la Responsabilidad Civil?. Trad. de Mariateresa Cellurale. 2015. Págs. 106-109; y ALPA, Guido. *Nuevo Tratado de Responsabilidad Civil*. Trad. de Leysser D. León. 2006. Págs. 772-775; ALPA, Guido. *La Responsabilitá Civile. Parte Generale*. 2010. Págs. 620 y ss.; BONVICINI, Eugenio. *La Responsabilitá Civile. Tomo I*. 1971. Págs. 30 y ss.

155 MARTÍN-CASALS, Miquel/SOLÉ I FELIU, Josep. *Comentarios al Artículo 1902 del Código Civil*. En: DOMINGUEZ LUELMO, Andrés (dir.). *Comentarios al Código Civil*. 2010. Pág. 2047.

156 Citada por Martín-Casals y Solé en: MARTÍN-CASALS, Miquel/SOLÉ I FELIU, Josep. *Comentarios al Artículo 1902 del Código Civil*. En: DOMINGUEZ LUELMO, Andrés (dir.). *Comentarios al Código Civil*. 2010. Pág. 2047.

Para aclarar, sic et simpliciter, nuestra posición, desde un comienzo, se deben tener en cuenta las siguientes premisas:

(...) La noción ontológica que aquí se acredita es la defendida por aquella parte de la doctrina que desmaterializa y despatrimonializa el daño. Las razones de esta visión son varias, de naturaleza teórica y de política del derecho. Hoy en día, "daño" no es ya, en la conciencia social, ni en la praxis jurisprudencial, ni en las propias intervenciones legislativas, un simple detrimento del patrimonio de la víctima del ilícito: daño es la lesión de un interés protegido, y se agota en esto. De dicha lesión pueden derivar, o no, consecuencias de carácter económico; ello depende del bien protegido (por ejemplo, la salud, el honor y, en general, los aspectos de la personalidad, no comportan, necesariamente, un menoscabo patrimonial, en caso de ser lesionados)"[157] (Negrillas y subrayas fuera del original).

La -también- italiana Giovanna Visintini, por su parte, expone:

"Es preciso puntualizar (...) que existe una tradición jurídica que da cabida a más de un significado para el término "daño". Dentro del marco del artículo 2043 C.C. se emplean dos de ellos: cuando se habla de daño injusto se alude a la lesión de un interés; en cambio, allí donde se habla del resarcimiento del daño se apunta al perjuicio que sufrió el titular del interés lesionado como consecuencia del hecho ilícito: un perjuicio que puede ser de variada naturaleza, ya sea patrimonial (...) o no patrimonial (...).

De allí que el significado de la expresión "daño" en la fórmula "daño injusto" es de "lesión de un interés", y tal significado es acorde con la tradición (...). Excepto que, para efectos de la tutela aquiliana, es necesario ligar a dicha lesión un perjuicio efectivo, ya que si llegase a faltar la prueba de este, no habrá lugar al resarcimiento, según la lógica del art. 2043 C.C., sino que a lo sumo podrán operar otros remedios civiles de reacción a un hecho ilícito: precisamente los que no exijan la prueba de un perjuicio efectivamente ocasionado, tales como la acción inhibitoria, la rectificación y demás.

Pues bien, para resumir: el significado del término "daño" es el de lesión del interés, toda vez que se hable de "daño injusto" como elemento objetivo del hecho ilícito, o de "daño evento" para aludir, en esta segunda versión, a la injuria sufrida por la víctima; en cambio, cuando se habla de daño en relación con el resarcimiento, la expresión cobra el significado de pérdida patrimonial, ganancia frustrada, sufrimiento moral padecido por la víctima del ilícito, esto es, el significado de "perjuicio"

---

157 ALPA, Guido. *La Responsabilitá Civile. Parte Generale.* 2010. Págs. 620 y 621.

susceptible de valoración económica en tanto que objeto de reparación o compensación"[158] (Resaltado para destacar).

Podría uno preguntarse si, en puridad, es necesaria la distinción; o, más aún, si es compatible con la cláusula general de responsabilidad que, como en muchos otros sistemas, se encuentra prevista en el artículo 1902 del Código Civil español.

La respuesta que se ha dado ha sido no solo es que es compatible sino que, de hecho, ya numerosos fallos de los tribunales españoles la vienen acogiendo de forma implícita[159]; no sólo eso, se ha resaltado también la conveniencia de su incorporación en Derecho español pues permite, de forma mucho más técnica y certera, suplir las necesidades que el tráfico jurídico actual impone, porque la noción de *"interés jurídico protegido"*, que indicará cuándo el daño causado es resarcible, puede pero no necesariamente debe encontrarse tipificada en la ley. La consagración positiva de éste, así como la lista de cuáles serán los intereses tutelados por un ordenamiento responden, más que a una forma de determinar su existencia o naturaleza, a una técnica de política legislativa que, por consiguiente, puede –y de hecho varía- de un país a otro.

Pero la idea de interés jurídico protegido se encuentra presente en todo sistema jurídico aunque no se explicite; en la tradición jurídica latina no sólo no se parte de ella (formalmente) sino que, en general, no suele plantearse porque parece una obviedad ¿está protegida la vida? ¿está protegida la libertad? ¿está protegida la propiedad?Y así sucesivamente[160].

El problema, evidentemente, adquiere mayor relevancia ante nuevos supuestos dañosos, en los que surge la duda de determinar

---

158 VISINTINI, Giovanna. *Ob. cit.*. Págs. 106-107.

159 MARTÍN-CASALS, Miquel M. /SOLÉ I FELIU, Josep. *Comentarios al Artículo 1902 del Código Civil.* En: DOMINGUEZ LUELMO, Andrés (dir.). *Comentarios al Código Civil.* 2010. Pág. 2047.

160 Véase: MARTÍN-CASALS, Miquel. *La"modernización"del Derecho de la Responsabilidad Extracontractual.* En: *Cuestiones Actuales en Materia de Responsabilidad Civil.* XX Jornadas de la Asociación de Profesores de Derecho Civil. Págs. 33 y ss.

si son o no protegibles por la ley los intereses lesionados y en qué medida. Así, se podrá preguntar si responderá civilmente quien deteriora el paisaje del que un individuo disfrutaba todos los días antes de ir al trabajo; o si el médico es responsable cuando, por su actuar negligente, falla en aplicar correctamente los métodos anticonceptivos a la mujer y en razón de ello se tiene un hijo no deseado, con los consiguientes gastos de parto y de manutención de éste. Los ejemplos pueden seguir casi *ad infinitum*[161].

Los *Principles of European Tort Law* (PETL) parten de la anotada idea de daño. Pero en lugar de hacer una enumeración de los intereses protegidos (al uso de los ordenamientos de estirpe germánica) recurren a la técnica del sistema móvil (o flexible) para rellenar, de alguna manera, esa cláusula general de responsabilidad. Dicho de otro modo, intentan (los PETL) ofrecer criterios al operador jurídico –especialmente al juez- para determinar si, ante un supuesto de hecho, habrá –o no- un interés jurídico que amerite la tutela aquiliana y, por ende, la entrada en juego de acciones de responsabilidad extracontractual[162].

Nota de adaptación: La jurisprudencia de la Corte Suprema de Justicia, en ocasiones, ha identificado el concepto del «daño» con la noción de «interés», «valor», «derecho» o «bien» resguardado por el ordenamiento [cfr. CSJ SC de 14 de abril de 1961 (M.P. José Hernández Arbeláez); 13 de mayo de 1988 (José A. Bonivento); 25 de nov. de 1992 (M.P. Carlos E. Jaramillo); 9 de ago. de 1999 (M.P. José F. Ramírez); 3 de marzo de 2004 (M.P. José F. Ramírez); 24 de agosto y 18 de sept. de 2009 (M.P. William Namén); 9 de julio (M.P. William Namén), 26 de agosto y 14 de oct. de 2010 (ambos con ponencia de Ruth M. Díaz); 28 de abril, 16 de mayo, 8 de sept. y 17 de nov. de 2011 (todos, salvo el septembrino, con ponencia de William Namén); 28 de febrero (M.P. Arturo Solarte) y 21 de marzo (M.P. Fernando Giraldo) de 2013; 28 de abril (M.P. Ruth M. Díaz); 16 de mayo (M.P. Ruth M. Díaz); 13 de junio

---

161 Cfr.: MARTÍN-CASALS, Miquel. *La "modernización" del Derecho de la Responsabilidad Extracontractual*. En: *Cuestiones Actuales en Materia de Responsabilidad Civil*. XX Jornadas de la Asociación de Profesores de Derecho Civil. Págs. 33 y ss.

162 Cfr.: MARTÍN-CASALS, Miquel. *La "modernización" del Derecho de la Responsabilidad Extracontractual*. En: *Cuestiones Actuales en Materia de Responsabilidad Civil*. XX Jornadas de la Asociación de Profesores de Derecho Civil. Págs. 33 y ss.

(M.P. Fernando Giraldo); y 5 de agosto de 2014 (M.P. Ariel Salazar); 13 de agosto de 2015 (M.P. Fernando Giraldo); 17 de nov. de 2016 (M.P. Álvaro F. García Restrepo)]. Numerosos son también los autores nacionales que lo hacen (Ricardo Uribe Holguín, Fernando Hinestrosa Forero, Arturo Valencia Zea, Álvaro Ortiz Monsalve, Jorge Pantoja Bravo, Gilberto Martínez Rave, Mario Montoya Gómez y Obdulio Velásquez Posada163).

Desde otro punto de vista, huelga destacar que la doctrina colombiana se ha mostrado ambivalente a la hora de reconocer la existencia de la referida distinción entre el daño y el perjuicio. Muchos son los autores que intercambian -alegremente- las voces «daño» y «perjuicio» (Álvaro Pérez Vives; Humberto Cuellar Gutiérrez; Ricardo Uribe Holguín[164]); otros, combaten la diferenciación con más o menos fervor (Rafael Durán Trujillo; Javier Tamayo Jaramillo; y Santos Nicolás Díaz Morales[165]). Un tercer sector, encabezado por Juan Carlos Henao, destaca la trascendencia y relevancia de la tantas veces mencionada discriminación (también, y más recientemente: Pedro A. Chaustre; Álvaro Andrés González Briceño; Enrique Gil Botero; y Nicolás Polanía Tello[166]). Otros simplemente,

---

163 Cfr. URIBE HOLGUÍN, Ricardo. *De las Obligaciones y del Contrato en General*. Bogotá. 1980. Pág. 112; HINESTROSA FORERO, Fernando. *Derecho Civil Obligaciones*. Bogotá. 1969. Pág. 529; VALENCIA ZEA, Arturo/ORTIZ MONSALVE, Álvaro. *Derecho Civil. Tomo III*. Bogotá. 2010. Págs. 227-229; PANTOJA BRAVO, Jorge. *Derecho de Daños. Tomo I*. Bogotá. 2015. Págs. 214-220; MARTÍNEZ RAVE, Gilberto. *De la Responsabilidad Civil Extracontractual en Colombia*. Bogotá. 1988. Págs. 157-159; MONTOYA GÓMEZ, Mario. *La Responsabilidad Extracontractual*. Bogotá. 1977. Págs. 101-107; VÉLASQUEZ POSADA, Obdulio. *Responsabilidad Civil Extracontractual*. Bogotá. 2009. Págs. 231-232.

164 PÉREZ VIVES, Álvaro. *Teoría General de las Obligaciones. Vol. II. Parte Primera. De las Fuentes de las Obligaciones*. Bogotá. 2011. Págs. 288-289; MONTOYA, Mario. *La Responsabilidad Extracontractual*. Bogotá. 1977. Págs. 106-107; CUELLAR GUTIERREZ, Humberto. *Responsabilidad Civil Extracontractual*. Bogotá. 1983. Págs. 199-204; URIBE HOLGUÍN, Ricardo. *Teoría General de las Obligaciones*. Bogotá. 1973. Págs. 146-148.

165 DURÁN TRUJILLO, Rafael. *Nociones de Responsabilidad Civil (Contractual y Delictuosa)*. Bogotá. 1957. Págs. 77-79; TAMAYO JARAMILLO, Javier. *Tratado de Responsabilidad Civil. Tomo II*. Bogotá. 2007. Págs. 326-334; DIAZ MORALES, Santos Díaz. *Curso Didáctico de Obligaciones Patrimoniales*. Bogotá. 1985. Núm. 195; TAMAYO JARAMILLO, Javier/BOTERO, Luis Felipe/ROJAS QUIÑONES, Sergio/POLANÍA TELLO, Nicolás. *Nuevas Reflexiones sobre el Daño*. Bogotá. 2017. Págs. 35-101.

166 CHAUSTRE HERNANDEZ, Pedro Antonio, *Daño en la Colectividad*. Bogotá. 2009. *In integrum*; GONZÁLEZ BRICEÑO, Álvaro Andrés. *El Daño o Perjuicio*. En: CASTRO DE CIFUENTES, Marcela (coord.). *Derecho de las Obligaciones. Tomo II. Vol. I*. Bogotá. 2010. Págs. 47-52; GIL BOTERO, Enrique. *Responsabilidad Extracontractual del Estado*. Bogotá. 2013; también: GIL BOTERO, Enrique, *Temas de Responsabilidad Extracontractual del Estado*. Bogotá. 2006. TAMAYO JARAMILLO, Javier/BOTERO, Luis Felipe/ROJAS QUIÑONES, Sergio/POLANÍA TELLO, Nicolás. *Nuevas Reflexiones sobre el Daño*. Bogotá. 2017. Págs. 35-101.

aunque no sin mérito, se limitan a ofrecer una visión panorámica al respecto, sin tomar partido por alguna de las posturas atrás expuestas[167].

En el ámbito jurisprudencial, a la fecha se cuenta con suficientes pronunciamientos que permiten vislumbrar el pensamiento de la Corte Suprema de Justicia, cifrado en la necesidad y la utilidad que tiene el distinguir el «daño» del «perjuicio». El punto de partida lo constituye una sentencia de 13 de diciembre de 1943, proferida por la -tan en mala hora- extinta Sala de Negocios Generales (pronunciamiento que por lo demás ha sido citado en sendos proveídos del Consejo de Estado[168] y es de frecuente recordación en la doctrina de los comentaristas patrios[169]), en la cual la Corte expuso:

"El daño, considerado en sí mismo, es la lesión, la herida, la enfermedad, el dolor, la molestia, el detrimento ocasionado a una persona en su cuerpo, en su espíritu o en su patrimonio [mientras que] el perjuicio es el menoscabo patrimonial que resulta como consecuencia del daño; y la indemnización es el resarcimiento, la reparación, la satisfacción o pago del perjuicio que el daño ocasionó".

El mismo razonamiento, con otras palabras, se entrevé en la CSJ SC del 18 de octubre de 1967, en la cual se expresó:

"En el campo extracontractual el artículo 2341 del Código Civil consagra el principio general de que quien infiere un daño a otra persona está obligado a resarcirlo (...). Por sus consecuencias, el perjuicio se divide en material y moral. Es material cuando lesiona los bienes o la persona física de la víctima, y es moral cuando afecta los sentimientos de una persona y le causa padecimientos de orden psíquico" (M.P. Gustavo Fajardo Pinzón).

---

167 *Vide*: RUEDA PRADA, Diana. *La Indemnización de los Perjuicios Extrapatrimoniales en la Jurisdicción de lo Contencioso Administrativo en Colombia. Tesis para optar por el título de Magister por la Universidad del Rosario.* Bogotá. 2014. *In integrum;* VELÁSQUEZ POSADA, Obdulio. *Responsabilidad Civil Extracontractual.* Bogotá. 2009. Págs. 229-231; PANTOJA BRAVO, Jorge. *Derecho de Daños. Tomo I.* 2015. Págs. 220-223.

168 *Vide*: Consejo de Estado, Sección Tercera: Sentencia del 9 de mayo de 2011, Exp.: 18.048, C.P.: Enrique Gil Botero; 8 de junio de 2011, Exp.: 17.858, C.P.: Jaime Santofimio Gamboa.

169 *Vide*: HENAO, Juan Carlos. *El Daño. Análisis Comparativo de la Responsabilidad Extracontractual del Estado en Derecho Colombiano y Francés.* Universidad Externado de Colombia. Bogotá. 1998. Pág. 77; RUEDA PRADA, Diana. *La Indemnización de los Perjuicios Extrapatrimoniales en la Jurisdicción de lo Contencioso Administrativo en Colombia. Tesis para optar por el título de Magister por la Universidad del Rosario.* Bogotá. 2014. Pág. 23.

Un importante magistrado de la Sala de Casación Civil de la Corte Suprema de Justicia, Luis Armando Tolosa Villabona, en algún salvamento de voto defendió la distinción entre daño y perjuicio[170].

§35. Sin lugar a dudas, en el ámbito sanitario, la noción de daño, explicada en los términos antedichos, puede y debe ser matizada: en los procedimientos médicos, el daño susceptible de resarcimiento es aquél que reviste el carácter de «*no planeado*», sufrido en el curso del tratamiento médico, esto es, el «*daño iatrogénico*»[171], la lesión que es adicional a la enfermedad o patología que se pretende tratar.

La distinción es útil y necesaria pues, usualmente, todo tratamiento médico requiere la invasión del cuerpo del paciente, por lo que, de quedarse en la mera descripción de daño, como lesión al interés jurídico protegido, conllevaría al absurdo de considerar que todo acto médico acarreará un daño indemnizable, por legítimo o consentido que fuere.

§36. En los sistemas europeos de responsabilidad se comparte la división de los daños en patrimoniales y no patrimoniales, denominada comúnmente como la *summa divisio* de los daños[172], y que responde, de acuerdo con la doctrina más autorizada, a una expresión del así denominado "*principio de vertebración*", es decir, de la estricta separación entre indemnización de daños no patrimoniales y patrimoniales[173]. Numerosos trabajos académicos de los expositores europeos (Austria, España, Inglaterra, Francia, Alemania, Grecia,

---

170 Voto particular al fallo CSJ SC3062-2018, de 1 de agosto.

171 Sobre el concepto de "*daño iatrogénico*" véase: STAUCH, Marc. *The Law of Medical Negligence in England and Germany*. 2008. Pág. 1.

172 DEL OLMO GARCÍA, Pedro. *Compensation for Personal Injury and Death*. En: BUSSANI, Mauro / WERRO, Franz. *European Private Law: a Handbook*. 2009. Pág. 114. En idéntico sentido, véase: MARTÍN-CASALS, Miquel. *La "modernización" del Derecho de la Responsabilidad Extracontractual*. En: *Cuestiones Actuales en Materia de Responsabilidad Civil. XX Jornadas de la Asociación de Profesores de Derecho Civil*. Pág. 33.

173 MARTÍN-CASALS, Miquel. *La "Modernización" del Derecho de la Responsabilidad Extracontractual*: En: *Cuestiones Actuales en Materia de Responsabilidad Civil. XX Jornadas de la Asociación de Profesores de Derecho Civil*. Pág. 24.

Italia y Holanda[174]), comparativistas[175] y, aún, de los Estados Unidos[176], resaltan, al menos nominalmente, la importancia de la susodicha clasificación del daño.

La propia naturaleza del daño –observa la literatura especializada- es la que determinará la entidad del perjuicio sufrido por la víctima; es patrimonial cuando lesiona intereses o bienes inherentes a la persona o a su patrimonio, y que son susceptibles de valoración pecuniaria; es no patrimonial el lesivo de bienes inherentes a la persona merecedores de tutela jurídica y no susceptibles, por su naturaleza, de valoración económica[177].

Se ha conceptualizado a éstos últimos como "(...) *aquellos perjuicios derivados de la lesión de valores inherentes a la persona no susceptibles directamente de valoración económica o que de igual manera no pueden ser mesurados con el criterio de equivalencia, con el cual se determina el daño patrimonial*"[178].

§37. Porque el médico, y más concretamente, el acto médico, se desenvuelve sobre el cuerpo del paciente, adquiere, en el ámbito del Derecho Sanitario, especial relevancia el concepto del «*daño*

---

174 Cfr. para Austria: KOZIOL, Helmut. *Austria*. En: MAGNUS, Ulrich (ed.). *Unification of Tort Law: Damages*. 2001. Pág. 10;

175 Cfr. MAGNUS, Ulrich. *Comparative Report on the Law of Damages*. En: MAGNUS, Ulrich (ed.). *Unification of Tort Law: Damages*. 2001. Pág. 192; DEL OLMO GARCÍA, Pedro. *Compensation for Personal Injury and Death*. En: BUSSANI, Mauro/WERRO, Franz. *European Private Law: a Handbook*. Pág. 114; **España:** VICENTE DOMINGO, Elena. *El Daño*. En: REGLERO CAMPOS, Luis Fernando/BUSTO LAGO, José Manuel. *Tratado de Responsabilidad Civil. Tomo I*. 2014. Págs. 338 y ss.; **Inglaterra:** ROGERS, Horton W.V. *England*. En: MAGNUS, Ulrich (ed.). *Unification of Tort Law: Damages*. 2001. Pág. 59; **Francia:** GALAND-CARVAL, Suzanne. *France*. En: MAGNUS, Ulrich (ed.). *Unification of Tort Law: Damages*. 2001. Págs. 80-81; **Alemania:** MAGNUS, Ulrich. *Germany*. En: MAGNUS, Ulrich (ed.). *Unification of Tort Law: Damages*. 2001. Págs. 94-95; **Grecia:** KERAMEUS, Konstantinos D. *Greece*. En: MAGNUS, Ulrich (ed.). *Unification of Tort Law: Damages*. 2001. Págs. 110-111; **Italia:** BUSNELLI, Francesco Donato/COMANDÉ, Giovanni. *Italy*. En: MAGNUS, Ulrich (ed.). *Unification of Tort Law: Damages*. 2001. Págs. 118-119; **Holanda:** WISSINK, Mark H./VAN BOOM, Willem H. *The Netherlands*. En: MAGNUS, Ulrich (ed.). *Unification of Tort Law: Damages*. 2001. Págs. 147-148.

176 Cfr. SCHWARTZ, Gary. *United States*. En: MAGNUS, Ulrich (ed.). *Unification of Tort Law: Damages*. 2001. Págs. 175 y ss.

177 GALGANO, Francesco. *I Fatti Illeciti*. 2008. Pág. 159.

178 LIPARI, Nicola (coord.). *Diritto Civile*, 2009. *Vol. IV, III*. Pág. 394.

corporal» (llamado, por algunos, «*daño a la salud*», «*daño a la persona*» o, simplemente, «*daño biológico*»), que, en suma, es aquél que tiene lugar cuando lo lesionado es la integridad física de la persona, y se configura cuando se producen lesiones o, aún, la muerte.

Esta categoría de daño que, indiscutiblemente, como la ha admitido la doctrina más reciente, constituye un prístino ejemplo de «*daño evento*»[179], cuyo interés protegido lo es la salud del ser humano, debe entenderse, conforme sostiene Yzquierdo Tolsada[180] y relatan Martín-Casals, Solé y Ribot[181], como una categoría fenomenológicamente -y quizás, también, ontológicamente- autónoma.

La ocurrencia de un daño corporal, como todo daño evento, es susceptible de generar consecuencias pecuniarias y no pecuniarias. Entre las primeras, destacan los gastos médicos y parámedicos realizados, de farmacia y rehabilitación, entierro y funeral, pérdida de rentas, ganancias y hasta oportunidades. En relación con los segundos, de especial relevancia lo son los dolores físicos, el perjuicio estético, el perjuicio sexual, a pérdida de agrado, el *pretium affectionis* de los terceros perjudicados por las lesiones o muerte de una persona[182].

---

179 SOLER PRESAS, Ana/DEL OLMO GARCÍA, Pedro/JUÁREZ TORREJÓN, Ángel/NAVARRO MENDIZABAL, Iñigo/BASOZABAL ARRUE, Xabier/GREGORACI FERNÁNDEZ, Beatriz. *Elementos Sustantivos de la Pretensión*. En: DEL OLMO GARCÍA, Pedro/SOLER PRESAS, Ana (coords.). *Practicum Daños 2015*. 2015. Pág. 204.

180 YZQUIERDO TOLSADA, Mariano. *Responsabilidad Civil Extracontractual*. 2016. Pág. 187.

181 MARTÍN-CASALS, Miquel/RIBOT, Jordi/SOLÉ FELIU, Josep. *Compensation for Personal Injury in Spain*. En: KOCH, Bernhard A./KOZIOL, Helmut (eds.). *Compensation for Personal Injury in a Comparative Perspective*. 2003. Pág. 269.

182 Para los distintos rubros que suelen componer las consecuencias pecuniarias y no pecuniarias del daño corporal, véase: YZQUIERDO TOLSADA, Mariano. *Responsabilidad Civil Extracontractual*. 2016. Pág. 187.

3. Teoría general de la responsabilidad por negligencia médica. Elementos probatorios

3.1. Enfoque general de la carga de la prueba en materia de responsabilidad civil médica

§37. En materia de responsabilidad civil, desde luego también en la derivada de la mala praxis médica, es principio comúnmente admitido, tanto en España[1] como en otros países del entorno europeo (Alemania, Austria, Inglaterra, Bélgica, Francia, Italia, Holanda, Polonia, Suecia y Suiza[2]) que, en general, la carga de la prueba de los elementos cons-

---

1 Cfr. MARTÍN-CASALS, Miquel/SOLÉ I FELIU, Josep. *Medical Liability in Spain*. En: KOCH, Bernhard A. (ed.). *Medical Liability in Europe*. 2011. Págs. 470-472; BUSTO LAGO, José Manuel. *Responsabilidad Civil Médica y Hospitalaria*. En: REGLERO CAMPOS, Luis Fernando/ BUSTO LAGO, José Manuel (coords.). *Lecciones de Responsabilidad Civil*. 2013. Pág. 297.

2 Cfr. Para **Alemania:** STAUCH, Marc. *The Law of Medical Negligence in England and Germany*. 2008. Págs. 62-63; PETRY, Franz Michael. *Medical Liability in Germany*. En: KOCH, Bernhard A. (ed.) *Medical Liability in Europe*. 2011. Págs. 249-250; STAUCH, Marc. *Medical Malpractice in Germany*. En: OLIPHANT, Ken/W. WRIGHT, Richard (eds.). *Medical Malpractice and Compensation in Global Perspective*. 2013. Pág. 193; **Austria:** KOCH, Bernhard A. *Medical Liability in Austria*. En: KOCH, Bernhard A. (ed.). *Medical Liability in Europe*. 2011. Págs. 11-13; **Bélgica:** NYS, Herman. *Medical Liability in Belgium*. En: KOCH, Bernhard A. (ed.). *Medical Liability in Europe*. 2011. Pág. 73; COUSY, Herman/DROSHOT, Dimitri. *Compensation for Personal Injury in Belgium*. En: KOCH, Bernhard A./KOZIOL, Helmut (eds.). *Compensation for Personal Injury in a Comparative Perspective*. 2003. Pág. 65; **Francia:** CARVAL, Suzanne/ SEFTON GREEN, Ruth. *Medical Liability in France*. En: KOCH, Bernhard A. (ed.). *Medical Liability in Europe*. 2011. Pág. 211; **Italia:** SCARSO, Alessandro/P. FOGLIA, Massimo. *Medical Liability in Italy*. En: KOCH, Bernhard A. (ed.). *Medical Liability in Europe*. 2011. Págs. 337; **Holanda:** GIESEN, Ivo/ENGELHARD, Esther. *Medical Liability in The Netherlands*. En: KOCH, Bernhard A. (ed.). *Medical Liability in Europe*. 2011. Pág. 371; **Polonia:** BAGINSKA, Ewa. *Medical Liability in Poland*. En: KOCH, Bernhard A. (ed.). *Medical Liability in Europe*. 2011. Págs. 421-323; BACYK-ROZWADOWSKA, Kinga. *Medical Malpractice in Poland*. En: OLIPHANT, Ken/W. WRIGHT, Richard (eds.). *Medical Malpractice and Compensation in Global Perspective*. 2013. Pág. 351; **Suecia:** MIELNICKI, Philip/SCHULTZ, Marten. *Medical Liability in Sweden*. En: KOCH, Bernhard A. (ed.) *Medical Liability in Europe*. 2011. Pág. 531; **Suiza:** WIDMER LUCHINGER, Corinne. *Medical Liability in Switzerland*. En: KOCH, Bernhard A (ed.). *Medical Liability in Europe*. 2011. Págs. 565-566.

titutivos de la acción, de los elementos sustantivos de la pretensión, incumbe al paciente (víctima) o, en su caso, a sus familiares, allegados o herederos, mientras que al facultativo corresponde acreditar las alegaciones de hecho y de derecho que la denieguen, asunto que -por lo demás- es susceptible de sintetizarse en el añejo brocardo romano del *actori incumbit probatio, reus in excipiendi fit actori*. Lo anterior aplica, naturalmente, tanto para el acto médico erróneo como para las omisiones en que, eventualmente, pueda incurrir el facultativo.

> Nota de adaptación: También nuestra jurisprudencia, afincada en el artículo 167 del Código General del Proceso -antes, 177 CPC-, ha considerado que en general es al paciente-victima a quien corresponde acreditar todos los extremos de la responsabilidad civil médica.

§38. De esta suerte, corresponderá al demandante (paciente), salvo las excepciones que enseguida se verán, dar cuenta ante el tribunal de los elementos que integran la declaratoria de responsabilidad civil que persigue, cuales son, conforme se vio a párrafos precedentes, (i) la conducta, activa o pasiva, del demandado; (ii) la culpa; (iii) el daño y el perjuicio; y (iv) la relación de causalidad entre el daño padecido y el comportamiento del agente.

§39. Cumple efectuar, por su especial interés, algunas anotaciones marginales en relación con la acreditación del elemento *"culpa"* y el *"estándar de cuidado"* que subyace en la misma (y que sirve de parámetro para indicar cuándo se ha incurrido en la misma), para lo cual me valdré de moderna doctrina estadounidense, que con su habitual pragmatismo ha explicado el estado actual de la cuestión.

Dobbs, Hayden y Bublick, sobre el particular, exponen que el estándar de cuidado (*standard of care*, cuyo apartamiento es cuestión esencial, en las *torts of negligence,* para que prospere la acción) deberá ser –de ordinario y casi de forma exclusiva- probado a partir del concepto de peritos, expertos en la especialidad médica propia del acto causante del daño. El testimonio de éstos no versará –agregan- respecto de si el estándar de cuidado es *"bajo"*, *"medio"* o *"alto"* sino, por el contrario, deberá determinar, concretamente, si *"ese"* acto médico (diagnóstico, procedimental o de tratamiento) se realizó de acuerdo a los parámetros comúnmente aceptados en la práctica profesional, propia del sector en el cual se desenvolvió[3].

3.2. Las excepciones más relevantes al anterior principio

§40. Al lado del principio general de la carga de la prueba, que -como se señaló- suele radicarse en cabeza del demandante (víctima, paciente), de suerte que será éste quien perchará con los efectos adversos derivados de la no acreditación de los elementos sustantivos de su pretensión (esencialmente la desestimación de las súplicas), la doctrina española, y sobre todo la jurisprudencia del Tribunal Supremo, ha realizado ingentes esfuerzos por -de algún modo- atemperar o moderar, en veces con estribo en normatividad específica (cfr. art. 217 LEC) pero corrientemente haciendo uso de expedientes que ora desde el punto de vista del derecho sustantivo, ora desde los medios de prueba en particular –especialmente las presunciones-, tienden a dulcificar aquél -en apariencia- rígido axioma.

En las líneas que siguen explicaré los más relevantes, cuales son **(a)** las obligaciones de medio y de resultado; y **(b)** los que tienen por fin paliar los problemas de la *"causalidad incierta"*; que, a su vez, se subdividen en **(i)** las fórmulas para determinar la responsabilidad en los casos de actuación médica en grupo o en equipo; **(ii)** la doctrina de la pérdida de la oportunidad; y **(iii)** la teoría del daño desproporcionado o anómalo (o culpa virtual o resultado desproporcionado); y **(c)** aquellos que se reconducen, simplemente, a la facilidad y acceso que el médico, no el paciente, tiene en relación con los hechos materia de prueba.

3.2.1. Obligaciones de medio y de resultado

§41. La distinción de las obligaciones de medio y de resultado, como se adelantó, halla especial significación no sólo en materia del cumplimiento sino, más aún, en el elemento de la *"culpa"* y cómo se

---

[3] DOBBS, Dan B./HAYDEN, T. Paul/BUBLICK, Ellen M. *Hornbook on Torts.* 2016. Págs. 509-510.

surte, ante los tribunales, la acreditación de ella de cara al incumplimiento de la prestación.

En efecto, está admitido, aunque –de nuevo- no unánimemente, que calificar una determinada obligación de una u otra manera halla precisos efectos en punto a la prueba del susodicho presupuesto general de la responsabilidad, más particularmente, *"en la distribución de la carga del incumplimiento"*[4].

Así, mientras que en las obligaciones de resultado, conforme sostiene Asúa González[5], al demandante (acreedor) no le compete, en línea de principio, la carga de probar la negligencia del deudor, para que a éste se le pueda imputar el incumplimiento y la consiguiente responsabilidad, en las obligaciones de medio o actividad la regla se invierte: le corresponderá a éste, para salir avante en sus pretensiones, demostrar la culpa del deudor, de acuerdo con las reglas generales de prueba.

3.2.2. El problema de la causalidad incierta

§42. Se enmarcan aquí todos aquellos eventos en los cuales, por distintos factores, resulta difícil, o cuando menos complejo, establecer que entre un determinado evento y una particular causa pueda predicarse una relación de causalidad lo suficientemente fuerte para tener por probado que A fue originado por B, conforme al estándar de prueba que rige en la materia.

En rigor técnico, y como tiene explicado algún sector doctrinal, el sistema español –al igual que muchos otros de tradición jurídica del *civil law*-, en lo atañedero a la probanza de la causalidad, sigue un juego del *"todo o nada"*, vale decir, el nexo etiológico existe o no existe, sin que se le permita –en línea de principio- al fallador pa-

---

4 ARBESÚ, Vanessa. *La Naturaleza Jurídica de la Obligación en Odontología Curativa y Estética*. En: *Revista de Derecho UNED. Núm. 16*. 2015. Págs. 92-93

5 ASÚA GONZÁLEZ, Clara Isabel. *La Responsabilidad Civil Médica. Pérdida de Oportunidad y Daño Desproporcionado.* En: *Asociación Española de Abogados Especializados en Responsabilidad Civil y Seguro. Ponencias VII Congreso Nacional*. 2007. Págs. 449-451.

rarse en un punto medio a fin de establecer que *"probablemente"* del comportamiento de A se dedujo el daño padecido por B[6].

§43. Las teorías y técnicas que a continuación se explican, algunas en mayor medida que otras, buscan dulcificar el precitado axioma, aportando elementos –a veces dogmáticos, a veces probatorios- que facultan al sentenciador para, en atención a determinadas circunstancias, tener por demostrada la relación de causalidad en entidad suficiente para, si se reúnen –y confirman- los demás elementos de la responsabilidad, condenar al demandado al pago de la indemnización implorada por el reclamante.

3.2.2.1. Daños ocasionados por el equipo médico

§44. Típica característica de la medicina hospitalaria moderna, más aún tratándose de intervenciones que revistan algún grado de dificultad o complicación, la constituye que el paciente no es puesto a cargo de un solo facultativo, sino en manos de un equipo médico integrado por doctores, enfermeros, técnicos, asistentes, entre otros[7]. El acto médico así desarrollado, de hecho muy frecuente en la actualidad[8], halla por motivo, como dice Santos Briz, la insuficiencia del obrar individual y la complejidad y coste de los servicios e instrumental[9].

---

6 Puntos magistralmente explicados por Medina Alcoz, Luis Fernando Regleros y por Luna Yerga en: REGLERO CAMPOS, L. Fernando/MEDINA ALCOZ, Luis. *El Nexo Causal. La Pérdida de Oportunidad. Las Causas de Exoneración de Responsabilidad. Culpa de la Víctima y Fuerza Mayor.* En: REGLERO CAMPOS, Luis F./BUSTO LAGO, José Manuel (coords.). *Tratado de Responsabilidad Civil. Tomo I.* 2014. Págs. 825 y ss.; LUNA YERGA, Álvaro. *Oportunidades Perdidas. La Doctrina de la Perdida de la Oportunidad en el Ámbito de la Responsabilidad Médico-Sanitaria.* En: *Revista Indret. Vol. 2.* 2005. Pág. 1.

7 NYS, Herman. *Medical Liability in Belgium.* En: KOCH, Bernhard A. (ed.). *Medical Liability in Europe.* 2011. Pág. 76.

8 Cfr. BUSTO LAGO, José Manuel. *Responsabilidad Civil Médica y Hospitalaria.* En: REGLERO CAMPOS, Luis Fernando/BUSTO LAGO, José Manuel (coords.). *Lecciones de Responsabilidad Civil.* 2013. Pág. 312; CASSANO, Giuseppe. *La Responsabilitá Civile 2016.* 2016. Págs. 13 y ss.

9 SANTOS BRIZ, Jaime. *La Responsabilidad Civil. Tomo II.* 1993. Págs. 916 y ss; en similar sentido: GALÁN CORTÈS, Julio César. *Responsabilidad Civil Médica.* 2016. Pág. 277.

§45. El problema de los daños causados por el equipo médico ha sido abordado por copiosa literatura española[10], europea (Alemania, Francia, Bélgica, Italia, Grecia, Suecia y Suiza[11]) y estadounidense[12]; así como por la Sala de lo Civil del Tribunal Supremo español[13] y las Audiencias Provinciales[14].

§46. En este ámbito la doctrina alemana, prohijada -entre otros- por Wilhem y Stratenwert y sintetizada por Petry[15], de amplia

---

10 Véase: SANTOS BRIZ, Jaime. *La Responsabilidad Civil.Tomo II*. 1993. Págs. 916-919; BUSTO LAGO, José Manuel. *Responsabilidad Civil Médica y Hospitalaria*. En: REGLERO CAMPOS, Luis Fernando/BUSTO LAGO, José Manuel (coords.). *Lecciones de Responsabilidad Civil*. 2013. Págs. 311-312; MARTÍN-CASALS, Miquel/SOLÉ I FELIU, Josep. *Medical Liability in Spain*. En: KOCH, Bernhard A. (ed.). *Medical Liability in Europe*. 2011. Págs. 482-483; POUS DE LA FLOR, María Paz. *Personas Mayores Incapaces de la Responsabilidad Civil del Profesional Sanitario*. En: DÍEZ PICAZO, Luis (coord.). *Estudios Jurídicos en Homenaje al Profesor José María Miquel. Tomo II*. 2014. Págs. 2585-2587;YBANCOS SAN JUAN, Elena. *Responsabilidad Civil del Médico por Mala Praxis*. 2014. Págs. 24-25; GALÁN CORTÉS, Julio César. *Responsabilidad Civil Médica*. 2016. Págs. 277-291.

11 Cfr. Para **Alemania**: PETRY, Franz Michael. *Medical Liability in Germany*. En: KOCH, Bernhard A. (ed.) *Medical Liability in Europe*. 2011. Págs. 252-255; **Francia:** BOYER CHAMMARD, Georges/MONZEIN, Paul. *La Responsabilité Médicale*. 1974. Pág. 166; GALAND-CARVAL, Suzzane/SEFTON GREEN, Ruth. *Medical Liability in France*. En: KOCH, Bernhard A. (ed.). *Medical Liability in Europe*. 2011. Pág. 212; **Bélgica:** NYS, Herman. *Medical Liability in Belgium*. En: KOCH, Bernhard A. (ed.). *Medical Liability in Europe*. 2011. Págs. 75-76; **Italia:** CASSANO, Giuseppe. *La Responsabilitá Civile 2016*. 2016. Págs. 137-142; MALAVENDA, Alessio Francesco. *L'Equipe Medica*. En:TODESCHINI, Nicola (bajo su cuidado)/CENDON, Paolo (dir.) *La Responsabilitá Medica*. 2016. Págs. 765-781; SCARSO, Alessandro P./ FOGLIA, Massimo. *Medical Liability in Italy*. En: KOCH, Bernhard A. (ed.). *Medical Liability in Europe*. 2011. Pág. 340; **Grecia:** WINIGER, Benedict/KOZIOL, Helmut/ZIMMERMANN, Reinhard (eds.). *Digest of European Tort Law. Vol. I: Essential Cases on Natural Causation*. 2007. Pág. 281; **Suecia:** MIELNICKI, Philip/SCHULTZ, Marten. *Medical Liability in Sweden*. En: KOCH, Bernhard A. (ed.) *Medical Liability in Europe*. 2011. Pág. 532; **Suiza:** WIDMER LUCHINGER, Corinne. *Medical Liability in Switzerland*. En: KOCH, Bernhard A (ed.). *Medical Liability in Europe*. 2011. Págs. 570-571.

12 *Et al*: LISK, Linn D. *A Physician's Respondeat Superior Liability for the Negligent Acts of Other Medical Professionals –When the Captain goes down Without the Ship*. En: *Little Rock Law Journal. Vol. 13*. 1991. Págs. 183 y ss.;

13 Cfr. SSTS del 7 de febrero de 1990; 23 de marzo de 1993; 28 de junio de 1999; 11 de diciembre de 2001; 18 de diciembre de 2003; 12, 18 y 27 de marzo de 2004; 14 de febrero de 2006; 24 de julio de 2007; 12 de marzo de 2008; 1 de octubre de 2009.

14 SAP Bilbao de 30 de marzo de 1990; SAP Madrid de 5 de mayo de 2004; SAP Barcelona 3 de octubre de 2012.

15 Véase: PETRY, Franz Michael. *Medical Liability in Germany*. En: KOCH, Bernhard A. (ed.) *Medical Liability in Europe*. 2011. Págs. 252-255.

recepción entre los expositores españoles[16], suele distinguir, con el específico fin de determinar la responsabilidad personal de los médicos y agentes que actúan en equipo o en grupo (eventos en los cuales –sin atisbo de duda- la causalidad es incierta, dada la duda respecto de quién fue el causante del daño), que decisivamente guardará relación con las competencias de cada uno de los intervinientes, entre:

i. **División horizontal del trabajo:** Se caracteriza porque los intervinientes tienen un mismo nivel de capacitación y cada uno de ellos habrá de cumplir con los cometidos propios y específicos de su competencia, siendo el caso de diferentes médicos –especialistas- que actúan en una misma operación. Entre ellos existe una relación de igualdad, de autonomía, y en principio la responsabilidad personal e individual de cada uno de ellos vendrá signada por las tareas que a cada uno le hubiesen sido asignadas en el acto médico, es decir, en atención al ámbito de su competencia y funciones.

ii. **División vertical del trabajo:** Cada uno actúa en la confianza de que el resto del equipo lo hará de la misma manera, con la misma diligencia. Es la que –en línea de principio- se predica entre el médico jefe y los enfermeros e internistas, en la cual se plantea que el galeno es responsable de los actos de sus dependientes. Existe, en ella, una relación no de independencia (como en la división *"horizontal"*) sino de subordinación, un orden y dependencia jerárquica concretado las más de las veces en una delegación de funciones, casos en los cuales le competerá al galeno, como dice Galán Cortés[17], cierto deber de vigilancia, a fin de neutralizar, dentro de lo razonable, los riesgos o peligros que entraña la operación.

16 Cfr. POUS DE LA FLOR, María Paz. *Personas Mayores Incapaces de la Responsabilidad Civil del Profesional Sanitario.* En: DÍEZ PICAZO, Luis (coord.). *Estudios Jurídicos en Homenaje al Profesor José María Miquel. Tomo II.* 2014. Pág. 2587; GALÁN CORTÉS, Julio César. *Responsabilidad Civil Médica*. 2016. Págs. 277 y ss.

17 GALÁN CORTÉS, Julio César. *Responsabilidad Civil Médica*. 2016. Págs. 277 y ss.

Nota de adaptación: La doctrina nacional (Sergio Yepes Restrepo18, Jorge Santos Ballesteros19, Mónica Lucía Fernández20, Luis Guillermo Serrano Escobar21, Fernando Guzmán Mora y Eduardo Franco Delgadillo22) se ha ocupado en detalle de esta problemática; lo mismo que la jurisprudencia de la Sala de Casación Civil de la Corte Suprema de Justicia (SC de 18 de mayo de 2005, exp. 14.415, M.P. Jaime A. Arrubla Paucar).

3.2.2.2. La pérdida de la oportunidad. La oportunidad de curación

§47. En España, de vieja data la doctrina y la jurisprudencia han dedicado numerosísimas líneas, en materia de responsabilidad civil, a estudiar el tema de la *"pérdida de la oportunidad"*[23].

§48. Trátese de una teoría que desde que fuera por vez primera formulada por un tribunal francés en los lejanos 1889[24] ha adquirido carta de naturaleza tanto en España como en muchos otros del

---

18 YEPES RESTREPO, Sergio. *La Responsabilidad Civil Médica*. 2020. Págs. 59-61

19 SANTOS BALLESTEROS, Jorge. *Instituciones de Responsabilidad Civil. Tomo II*. 2007. Págs. 333-337.

20 FERNÁNDEZ, Mónica Lucía. *La Responsabilidad Médica. Problemas Actuales*. 2014. Págs. 244-264.

21 SERRANO ESCOBAR, Luis Guillermo. *Nuevos Conceptos de Responsabilidad Médica*. 2000. Págs. 159-161; SERRANO ESCOBAR, Luis Guillermo. *Tratado de Responsabilidad Médica*. 2020. Págs. 352-354.

22 GUZMÁN MORA, Fernando/FRANCO DELGADILLO, Eduardo. *Derecho Médico Colombiano. Elementos Básicos. Responsabilidad Civil Médica. Tomo I. Vol. I*. 2004. Págs. 643-658.

23 Entre las obras más destacadas y especializadas: MEDINA ALCOZ, Luis. *Teoría de la Pérdida de Oportunidad*. 2007. *In extenso*; REGLERO CAMPOS, L. Fernando/MEDINA ALCOZ, Luis. *El Nexo Causal. La Pérdida de Oportunidad. Las Causas de Exoneración de Responsabilidad. Culpa de la Víctima y Fuerza Mayor*. En: REGLERO CAMPOS, Luis F./BUSTO LAGO, José Manuel (coords.). *Tratado de Responsabilidad Civil. Tomo I*. 2014. Págs. 825 y ss.; MARTÍN-CASALS, Miquel/RIBOT, Jordi/SOLÉ FELIU, Josep. *Compensation for Personal Injury in Spain*. En: KOCH, Bernhard A./KOZIOL, Helmut (eds.). *Compensation for Personal Injury in a Comparative Perspective*. 2003. Págs. 258-259.

24 Se trata de una sentencia proferida por un tribunal *de rèquetes* fechada el 17 de julio 1889, recaída en un caso de pérdida de la oportunidad por la frustración de la posibilidad de apelar. Citada y brevemente comentada en: QUINTEN, Raedt. *Case Commentary. Loss of a Chance in Medical Malpractice: A Double Application*. En: *Journal of European Tort Law. Vol. 4*. 2013. Pág. 318.

entorno europeo (decididamente en Francia, Bélgica, Italia[25], y en alguna medida en Holanda[26], Grecia, Portugal y Polonia[27]; no así en

25 Para **Francia:** FABRE MAGNAN, Muriel. *Droit des Obligations. Tomo II. Responsabilité Civile et Quasi Contrats.* Págs. 155-157; LE TOURNEAU, Philippe. *La Responsabilité Civile.* 1982. Págs. 169-174; DE LA MORANDIÈRE, León Julliot. *Précis de Droit Civil. Tomo II.* 1966. Pág. 320; VINEY, Genavìève. *Les Obligations. La Responsabilité Civile: Conditions.* 1982. Págs. 341-351; LE TOURNEAU, Philippe. *La Responsabilidad Civil Profesional.* 2014. Trad. de Javier Tamayo Jaramillo. 2014. Págs. 104-105; MAZEAUD, Henri/MAZEAUD, León/TUNC, André. *Tratado Teórico y Práctico de la Responsabilidad Civil Delictual y Cuasidelictual. Tomo I. Vol. I.* Trad. de Luis Alcalá Zamora y Castillo. 1961. Págs. 307-313; RADÉ, Christophe/BLOCH, Laurent. *La Réparation du Dommage Corporel en France.* En: KOCH, Bernhard A. / KOZIOL, Helmut (eds.). *Compensation for Personal Injury in a Comparative Perspective.* 2003. Págs. 118-119; WINIGER, Benedict/KOZIOL, Helmut/ZIMMERMANN, Reinhard (eds.). *Digest of European Tort Law. Vol. I: Essential Cases on Natural Causation.* 2007. Pág. 556; WINIGER, Benedict/KOZIOL, Helmut/ZIMMERMANN, Reinhard (eds.). *Digest of European Tort Law. Vol. II: Essential Cases on Damages.* 2011. Págs. 1084 y ss.; CARBONNIER, Jean. *Derecho Civil. Tomo II. Vol. 3.* Trad. de Manuel M. Zorrilla Ruiz. 1971. Págs. 64, 70-71; G'SELL-MACREZ, Florence. *Medical Malpractice in France. Part I: The French Rules of Medical Liability since the Patients Rights Law of March 4, 2002.* En: OLIPHANT, Ken/W. WRIGHT, Richard (eds.). *Medical Malpractice and Compensation in Global Perspective.* 2013. Págs. 152-154; VAN GERVEN, Walter/LEVER, Jeremy/LAROUCHE, Peirre/VON BAR, Christian/VINEY, Genaviéve. *Common Law of Europe Casebooks. Torts. Scope of Protection.* 1998. Págs. 119-122; **Bélgica:** COUSY, Herman/DROSHOUT, Dimitri. *Compensation for Personal Injury in Belgium.* En: KOCH, Bernhard A. / KOZIOL, Helmut (eds.). *Compensation for Personal Injury in a Comparative Perspective.* 2003. Págs. 64-65; COUSY, Herman/VANDERSPIKKEN, Anja. *Causation under Belgian Law.* En: SPIER, Jaap (ed.). *Unification of Tort Law: Causation.* 2000. Págs. 33-34; WINIGER, Benedict/KOZIOL, Helmut/ZIMMERMANN, Reinhard (eds.). *Digest of European Tort Law. Vol. I: Essential Cases on Natural Causation.* 2007. Págs. 557-560; **Italia:** WINIGER, Benedict/KOZIOL, Helmut/ZIMMERMANN, Reinhard (eds.). *Digest of European Tort Law. Vol. I: Essential Cases on Natural Causation.* 2007. Págs. 564-566; WINIGER, Benedict/KOZIOL, Helmut/ZIMMERMANN, Reinhard (eds.). *Digest of European Tort Law. Vol. II: Essential Cases on Damages.* 2011. Págs. 1092 y ss.

26 Cfr. VAN BOOM, Willem H. *Compensation for Personal Injury in The Netherlands.* En: KOCH, Bernhard A. / KOZIOL, Helmut (eds.). *Compensation for Personal Injury in a Comparative Perspective.* 2003. Págs. 223-224; WINIGER, Benedict/KOZIOL, Helmut/ZIMMERMANN, Reinhard (eds.). *Digest of European Tort Law. Vol. I: Essential Cases on Natural Causation.* 2007. Pág. 561-564.

27 Para **Grecia**: WINIGER, Benedict/KOZIOL, Helmut/ZIMMERMANN, Reinhard (eds.). *Digest of European Tort Law. Vol. I: Essential Cases on Natural Causation.* 2007. Pág. 552-555; **Portugal:** WINIGER, Benedict/KOZIOL, Helmut/ZIMMERMANN, Reinhard (eds.). *Digest of European Tort Law. Vol. I: Essential Cases on Natural Causation.* 2007. Pág. 552-555; **Polonia:** BAGINSKA, Ewa. *Poland.* En: KOZIOL, Helmut/STEININGER, Barbara C. (eds.). *European Tort Law 2010.* 2010. Págs. 464-466; BAGINSKA, Ewa. Medical Liability in Poland. En: KOCH, Bernhard A. (ed.). Medical Liability in Europe. 2011. Págs. 424-425.

Austria ni en Alemania[28]; y fatigosamente en Suiza[29]), y, aún, allende los mares, en los Estados Unidos (aunque no unánimemente en todas las jurisdicciones[30]). El instituto en mención, además, ha sido documentado por algunos de los más renombrados expositores del Derecho Comparado[31].

Nota de adaptación: En Derecho colombiano, la teoría de la pérdida de la oportunidad ha contado con algo de recepción en la doctrina privatista. Así, pueden consultarse las obras de Gilberto Martínez Rave[32], Luis Felipe Giraldo Gómez[33], de Luis Carlos Plata Prince[34]; la recientísima, de Juan David Gómez[35], elaborada en el marco del programa de Doctorado en Derecho de la Universidad Externado de Colombia; la tesina presentada por Diego Alejandro Herrera Montañez[36], para optar por el título de Magíster en Derecho Público de la Universidad del Rosario;

---

28 Cfr. KOZIOL, Helmut. *Causation under Austrian Law.* En: SPIER, Jaap (ed.). *Unification of Tort Law: Causation.* 2000. Pág. 19; WINIGER, Benedict/KOZIOL, Helmut/ZIMMERMANN, Reinhard (eds.). *Digest of European Tort Law.Vol. II: Essential Cases on Damages.* 2011. Págs. 1077-1078; MAGNUS, Ulrich. *Causation under German Law.* En: SPIER, Jaap (ed.). *Unification of Tort Law: Causation.* 2000. Pág. 72; VAN DAM, Cees. *European Tort Law.* 2013. Pág. 340.

29 LOSER, Peter. *Switzerland.* En: KOZIOL, Helmut/ STEININGER, Barbara C. (eds.). *European Tort Law 2008.* 2008. Págs. 591-592.

30 Cfr. DOBBS, Dan B./HAYDEN, T. Paul/BUBLICK, Ellen M. *Hornbook on Torts.* 2016. Págs. 331-335; FÉROT, Alice. *The Theory of Loss of Chance: Between Reticence and Acceptance.* En: *FIU Law Review. 8.* 2012-2013. Págs. 591 y ss.

31 VAN DAM, Cees. *European Tort Law.* 2013. Págs. 340-342; KOCH, Bernhard/KOZIOL, Helmut. *Comparative Analysis.* En: KOCH, Bernhard A./KOZIOL, Helmut (eds.). *Compensation for Personal Injury in a Comparative Perspective.* 2003. Págs. 416-417; HAAZEN, Olav A./SPIER, Jaap. *Comparative Conclusions on Causation.* En: SPIER, Jaap (ed.). *Unification of Tort Law: Causation.* 2000. Pág. 127; WINIGER, Benedict/KOZIOL, Helmut/ZIMMERMANN, Reinhard (eds.). *Digest of European Tort Law.Vol. I: Essential Cases on Natural Causation.* 2007. Págs. 589-592; CARDONA FERREIRA, Rui. *The Loss of Chance in Civil Law Countries: A Comparative and Critical Analysis.* En: *Maastricht Journal of European and Comparative Law.Vol. 20.* 2013. Págs. 56-74.

32 MARTÍNEZ RAVE, Gilberto. *La Responsabilidad Civil Extracontractual en Colombia.* 1988. Págs. 160 y ss.

33 GIRALDO GÓMEZ, Luis Felipe. *La Pérdida de la Oportunidad en la Responsabilidad Civil.* 2011. *In extenso.*

34 PLATA PRINCE, Luis Carlos. *La Pérdida de Oportunidad en el Derecho de Daños.* 2019. *In extenso.*

35 GÓMEZ, Juan David. *La Pérdida de Oportunidad: Su Origen, su Evolución y su Necesaria Reconceptualización.* 2023. *In extenso.*

36 Visible en el repositorio digital de la Universidad del Rosario.

los trabajos de Javier Tamayo Jaramillo[37]; Velásquez Posada[38]; Sergio Rojas Quiñones[39]; Jorge Pantoja Bravo[40]; y la también tesis presentada por Elvira del Pilar Ibáñez Mosquera en la Universidad Javeriana[41]. La jurisprudencia de la Corte Suprema de Justicia -Sala de Casación Civil, Agraria y Rural- también se ha referido al tema, si bien, en lo general, de manera tangencial: CSJ SC de 24 de junio de 2008, exp. 2000-00141 (M.P. Pedro Octavio Munar Cadena); 9 de sept. de 2010, rad. 2005-00103 (M.P. William Namén Vargas); 1 de nov. de 2013, rad. 1994-26630 (M.P. Arturo Solarte Rodríguez); CSJ de 4 de agosto de 2014 (M.P. Margarita Cabello Blanco); 5 de agosto de 2014 (M.P. Margarita Cabello Blanco); SC7824-2016 (M.P. Margarita Cabello Blanco); SC562-2020 (M.P. Ariel Salazar Ramírez).

§49. En punto a su contenido, la doctrina de la pérdida del chance, lo tienen por averiguado los expositores, "(...) *se traduce en un mecanismo de responsabilidad proporcional, a partir del cual se reconoce al perjudicado una indemnización en la que se descuenta una parte proporcional al grado de incertidumbre constituida por la probabilidad de que el agente dañoso no fuera, en verdad, causante del padecimiento*"[42]. Por lo mismo, "[i]*ndemnizar la oportunidad perdida no es más que restar de la estimación pecuniaria el daño final [del daño incierto o eventual, es decir, de la ventaja frustrada] al margen de la incertidumbre respecto a su enlace causal con la conducta del agente dañoso*"[43].

---

37 TAMAYO JARAMILLO, Javier. *Tratado de Responsabilidad Civil. Tomo II.* 2007. Págs. 346 y ss.

38 VELÁSQUEZ POSADA, Obdulio. *Responsabilidad Civil Extracontractual.* 2009. Pág. 237.

39 ROJAS QUIÑONES, Sergio. *Responsabilidad Civil. La Nueva Tendencia y su Impacto en las Instituciones Tradicionales.* 2014. Págs. 171 y ss.

40 PANTOJA BRAVO, Jorge. *Derecho de Daños. Tomo III.* 2015. Págs. 119 y ss.

41 IBÁÑEZ MOSQUERA, Elvira del Pilar. *La Teoría de la Pérdida de la Oportunidad en Colombia. Un tema de Incertidumbre en la Causa o en el Daño. Tesis.* 2009. *In extenso.*

42 REGLERO CAMPOS, L. Fernando/MEDINA ALCOZ, Luis. *El Nexo Causal. La Pérdida de Oportunidad. Las Causas de Exoneración de Responsabilidad. Culpa de la Víctima y Fuerza Mayor.* En: REGLERO CAMPOS, Luis F./BUSTO LAGO, José Manuel (coords.). *Tratado de Responsabilidad Civil. Tomo I.* 2014. Pág. 843.

43 REGLERO CAMPOS, L. Fernando/MEDINA ALCOZ, Luis. *El Nexo Causal. La Pérdida de Oportunidad. Las Causas de Exoneración de Responsabilidad. Culpa de la Víctima y Fuerza Mayor.* En: REGLERO CAMPOS, Luis F./BUSTO LAGO, José Manuel (coords.). *Tratado de Responsabilidad Civil. Tomo I.* 2014. Pág. 843.

De este modo, y en relación con el último de los puntos atrás expuestos, es claro que la causalidad por pérdida del chance repercute necesariamente en el monto del perjuicio que será objeto de indemnización.

§50. La pérdida de la oportunidad es una técnica a la cual se acude para solventar las dificultades de la prueba del nexo causal, específicamente cuando éste es incierto (incertidumbre causal), razón por la cual se erige en una verdadera teoría de la causalidad, autónoma y diferente de las tradicionales y, en particular, de aquella de la *condictio sine qua non*.

Mediante ella, que representa una clara excepción a la rígida regla del "*todo o nada*" que, como se anunció, impera en el sistema español, se pretende dar por acreditada una causalidad no absolutamente cierta sino, como expresan Reglero Campos y Medina Alcoz, "*razonablemente probable*"[44]. Se ubica, concretamente, en el plano de la causalidad material o física, no en la jurídica.

El avizoramiento de la incertidumbre causal, en el juez, es lo que justifica la utilización de la doctrina de la pérdida del chance, a tal punto que se erige en presupuesto inexorable para su aplicación[45]. Por ello, es preciso entender, como lo entienden los autores[46], que

---

44 REGLERO CAMPOS, L. Fernando/MEDINA ALCOZ, Luis. *El Nexo Causal. La Pérdida de Oportunidad. Las Causas de Exoneración de Responsabilidad. Culpa de la Víctima y Fuerza Mayor.* En: REGLERO CAMPOS, Luis F./BUSTO LAGO, José Manuel (coords.). *Tratado de Responsabilidad Civil. Tomo I.* 2014. Pág. 837.

45 Que la doctrina de la pérdida de la oportunidad está ligada a la incertidumbre en torno a la incertidumbre causal es criterio sostenido por la mayor parte de los expositores españoles: Cfr. ASÚA GONZÁLEZ, Clara Isabel. *La Responsabilidad Civil Médica. Pérdida de Oportunidad y Daño Desproporcionado.* En: *Asociación Española de Abogados Especializados en Responsabilidad Civil y Seguro. Ponencias VII Congreso Nacional.* 2007. Págs. 416-447; REGLERO CAMPOS, L. Fernando/MEDINA ALCOZ, Luis. *El Nexo Causal. La Pérdida de Oportunidad. Las Causas de Exoneración de Responsabilidad. Culpa de la Víctima y Fuerza Mayor.* En: REGLERO CAMPOS, Luis F./BUSTO LAGO, José Manuel (coords.). *Tratado de Responsabilidad Civil. Tomo I.* 2014. Págs. 840-843.

46 *Vide*: REGLERO CAMPOS, L. Fernando/MEDINA ALCOZ, Luis. *El Nexo Causal. La Pérdida de Oportunidad. Las Causas de Exoneración de Responsabilidad. Culpa de la Víctima y Fuerza Mayor.* En: REGLERO CAMPOS, Luis F./BUSTO LAGO, José Manuel (coords.). *Tratado de Responsabilidad Civil. Tomo I.* 2014. Pág. 841.

la teoría de la pérdida del chance no aplica, entre otros, en los siguientes eventos:

i. Cuando la probabilidad de que A fue causa de B es insignificante o nula, dado que puede descartarse, casi con total seguridad, que exista nexo causal, perdiendo la víctima el derecho a la indemnización; y

ii. Tampoco cuando la probabilidad es alta o suficiente, porque el nexo causal puede tenerse por cierto, reconociéndose a la víctima el derecho a la reparación.

§51. En uno de los ámbitos donde más –y mejor- se aprecia la relevancia de la mencionada doctrina, en estos países, lo constituye, precisamente, el ámbito sanitario, la responsabilidad civil derivada del actuar del médico tratante, donde la doctrina[47] y la jurispru-

---

[47] Cfr. para **Bélgica:** QUINTEN, Raedt. *Case Commentary. Loss of a Chance in Medical Malpractice: A Double Application.* En: *Journal of European Tort Law. Vol. 4.* 2013. Págs. 314 y ss.; NYS, Herman. *Medical Liability in Belgium.* En: KOCH, Bernhard A. (ed.). *Medical Liability in Europe.* 2011. Págs. 74-75; COUSY, Herman/VANDERSPIKKEN, Anja. *Causation under Belgian Law.* En: SPIER, Jaap (ed.). *Unification of Tort Law: Causation.* 2000. Págs. 33-34; WINIGER, Benedict/KOZIOL, Helmut/ZIMMERMANN, Reinhard (eds.). *Digest of European Tort Law. Vol. I: Essential Cases on Natural Causation.* 2007. Págs. 556-558; **Francia**: WINIGER, Benedict/KOZIOL, Helmut/ZIMMERMANN, Reinhard (eds.). *Digest of European Tort Law. Vol. I: Essential Cases on Natural Causation.* 2007. Pág. 555; LE TOURNEAU, Philippe. *La Responsabilité Civile.* 1982. Pág. 173; GALAND-CARVAL, Suzzane/SEFTON GREEN, Ruth. *Medical Liability in France.* En: KOCH, Bernhard A. (ed.). *Medical Liability in Europe.* 2011. Págs. 211-212; BOYER CHAMMARD, Georges/MONZEIN, Paul. *La Responsabilité Médicale.* 1974. Págs. 92-105; RADÉ, Christophe/BLOCH, Laurent. *La Réparation du Dommage Corporel en France.* En: KOCH, Bernhard A./KOZIOL, Helmut (eds.). *Compensation for Personal Injury in a Comparative Perspective.* 2003. Pág. 119; TAYLOR, Simon. *The Development of Medical Liability and Compensation in France.* En: HONDIUS, Ewound (ed.). *The Development of Medical Liability.* 2010. Págs. 83-84; **Italia:** WINIGER, Benedict/KOZIOL, Helmut/ZIMMERMANN, Reinhard (eds.). *Digest of European Tort Law. Vol. I: Essential Cases on Natural Causation.* 2007. Págs. 566-567; SCARSO, Alessandro P./ FOGLIA, Massimo. *Medical Liability in Italy.* En: KOCH, Bernhard A. (ed.). *Medical Liability in Europe.* 2011. Pág. 339; NAFALI GRIBAUDI, María. *Il Danno da Perdita di Chance.* En: TODESCHINI, Nicola (bajo su cuidado)/CENDON, Paolo (dir.) *La Responsabilitá Medica.* 2016. Págs. 145-151; BUSNELLI, Francesco D./COMANDÉ, Giovanni. *Causation under Italian Law.* En: SPIER, Jaap (ed.). *Unification of Tort Law: Causation.* 2000. Págs. 88-89; **Holanda:** GIESEN, Ivo/ENGELHARD, Esther. *Medical Liability in The Netherlands.* En: KOCH, Bernhard A. (ed.). *Medical Liability in Europe.* 2011. Págs. 380-384; WINIGER, Benedict/KOZIOL, Helmut/ZIMMERMANN, Reinhard (eds.). *Digest of European Tort Law. Vol. I: Essential Cases on Natural Causation.* 2007. Págs. 561-562; **Polonia:** BAGINSKA, Ewa. *Poland.* En: KOZIOL, Helmut/STEININGER, Barbara C. (eds.). *European Tort Law 2010.*

dencia de numerosos tribunales europeos del orden civil[48] ha hecho expresa referencia a ella, aunque no sin variantes. En España abunda la literatura científica sobre el particular[49], y algunos –no muchos- fallos de la Sala de lo Civil del Tribunal Supremo la han acogido[50],

---

2010. Págs. 464-466; **Estados Unidos:** BOUMIL, Marcia/HATTIS, Paul A. *Medical Liability in a Nutshell.* 2011. Págs. 155-159; DOBBS, Dan B./HAYDEN, T. Paul/BUBLICK, Ellen M. *Hornbook on Torts.* 2016. Pág. 33; GUEST, Lauren/SCHAP, David/TRAN, Thi. *The "Loss of Chance Rule" as a Special Category of Damages in Medical Malpractice: A State by State Analysis.* En: *Journal of Legal Economics. Vol. 21.* 2014-2015. Págs. 53-108; CASACELI, Brian. *Losing a Chance to Survive: an Examination to the Loss Of Chance Doctrine within the Context of a Wrongful Death Action.* En: *Journal of Health and Biomedical Law. Vol. 9.* 2014. Págs. 521-552.

48 Cfr. en **Bélgica**: cas. civ. de 19 de enero de 1984 **[seminal o fundadora (Nys, Quinten de Raedt)]; Francia**: cas. civ. del 4 de diciembre de 1965; 18 de marzo de 1969, 27 de enero de 1970, 19 de mayo de 1971, 12 de diciembre de 1985, 7 de febrero de 1990, 16 de julio de 1991, 13 de marzo de 2007, 7 de julio de 2011; Corte de Apelaciones de Grenoble de 24 de octubre de 1961 **[seminal o fundadora (Galán Cortés)]**; Corte de Apelaciones de París de 14 de marzo de 1997; **Italia:** cass. civ. 25 de septiembre de 1998, 30 de enero, 18 de marzo y 11 de diciembre de 2003, 4 y 24 de marzo de 2004, 28 de enero y 28 de septiembre de 2005, 16 de octubre de 2007, 18 de septiembre de 2008, 8 de julio de 2009, 14 de junio de 2011, de 27 de marzo de 2014; Tribunal de Reggio Emilia del 27 de febrero de 2014; Tribunal de Turín del 11 de marzo de 1985; **Holanda:** Corte Distrital de Ámsterdam del 15 de diciembre 1993 **[seminal o fundadora (Giesen, Engelhard y Quinten De Raedt)]**; Corte de Apelaciones de Ámsterdam del 4 de enero de 1996; Corte de Ámsterdam de 24 de enero de 2008; **Polonia:** sent. Corte Suprema del 17 de junio de 2009.

49 Véase: ASÚA GONZÁLEZ, Clara Isabel. *La Responsabilidad Civil Médica. Pérdida de Oportunidad y Daño Desproporcionado.* En: *Asociación Española de Abogados Especializados en Responsabilidad Civil y Seguro. Ponencias VII Congreso Nacional.* 2007. Págs. 415-467; ASÚA GONZÁLEZ, Clara Isabel. *Pérdida de la Oportunidad en la Responsabilidad Sanitaria.* 2008. *In extenso;* GARCÍA RUBIO, María Paz. *Incumplimiento del Deber de Información, Relación de Causalidad y Daño en la Responsabilidad Médica.* En: LLAMAS POMBO, Eugenio (coord.). *Estudio de Derecho de Obligaciones. Homenaje al Profesor Mariano Alonso Pérez. Tomo I.* 2006. Págs. 816-827; GIL MEMBRADO, Cristina. *La Responsabilidad Civil por Implante Mamario. Mala Praxis, Consentimiento Informado y Prótesis Defectuosa.* 2014. Pág. 119-122; GALÁN CORTÉS, Julio César. *Responsabilidad Civil Médica.* 2016. Págs. 533-562; GARCÍA RUBIO, María Paz/TRIGO GARCÍA, Belén. *The Development of Medical Liability in Spain.* En: HONDIUS, Ewoud (ed.). *The Development of Medical Liability.* Vol. 3. 2010. Págs. 182-183; MARTÍN-CASALS, Miquel /SOLÉ I FELIU, Josep. *Medical Liability in Spain.* En: KOCH, Bernhard A. (ed.). *Medical Liability in Europe.* 2011. Págs. 478-480; LUNA YERGA, Álvaro. *Oportunidades Perdidas. La Doctrina de la Perdida de la Oportunidad en el Ámbito de la Responsabilidad Médico-Sanitaria.* En: *Revista Indret. Vol. 2.* 2005.

50 SSTS del 10 de octubre de 1998 **[seminal o fundadora, según los autores (Martín-Casals, Solé y Galán Cortés)]**; 27 de mayo de 2003; 25 de febrero de 2004; 22 de junio de 2005; 6 de febrero, 4 de julio y 12 de julio de 2007; 7 de julio de 2008; 16 de enero de 2012; 8 de abril de 2016.

con gran entusiasmo respaldados por la jurisprudencia menor de las audiencias provinciales[51].

En estos casos, la doctrina de la pérdida de la oportunidad se declina en los términos de que lo realmente malogrado es la posibilidad de curación o de supervivencia del paciente, por causa de la actuación errónea o la omisión del facultativo. Dicho de otro modo, el afectado con la mala praxis pierde la posibilidad o expectativa de conseguir o tener un bien, material o inmaterial.

Los supuestos más comunes en los que aquella tiene cabida, en el ámbito sanitario, son, de acuerdo con Asúa González, **(i)** errores o retrasos en el diagnóstico y tratamiento de las dolencias; **(ii)** la falta de información y/o del consentimiento informado, que trunca la posibilidad del paciente de elegir si se somete o no al acto médico; y **(iii)** erróneos o inexistentes diagnósticos prenatales o de falta de información respecto de los mismos[52].

> Nota de adaptación: La doctrina de la pérdida de la oportunidad, en Colombia, ha tenido escaso desarrollo en materia de derecho médico -resp. civil-. En jurisprudencia, véanse, en sentencias de la Sala de Casación Civil, Agraria y Rural de la Corte Suprema de Justicia: CSJ SC de 4 de agosto de 2014 (M.P. Margarita Cabello Blanco); CSJ SC562-2020 (M.P. Ariel Salazar Ramírez); y en doctrina: Luis Guillermo Serrano Es-

---

51 SSAP Madrid de 16 de febrero de 2007, 3 de mayo de 2012, 19 de enero y 4 de noviembre de 2016, y 26 de julio de 2017; SSAP Islas Baleares de 24 de junio y 26 de noviembre de 2013, y 24 de febrero de 2017; SAP Barcelona de 29 de abril de 2015; SAP Zamora del 22 de septiembre de 2016; SAP Pontevedra del 10 de octubre de 2016; SAP Valencia de 28 de enero de 2013. Entre las más recientes.

52 ASÚA GONZÁLEZ, Clara Isabel. *Pérdida de la Oportunidad en la Responsabilidad Sanitaria*. 2008. Págs. 53 y ss.

cobar [53]; la tesis para optar por el título de abogado de Laura Ceballos Klinker[54]; Luis Felipe Giraldo55; y Sergio Yepes Restrepo[56].

§52. En materia de su prueba, la pérdida del chance de curación deberá acreditarse, y es lógico que así sea, por el demandante (victima), a quien le corresponderá dar cuenta de la posibilidad que tenía de conseguir un resultado diverso de aquél efectivamente verificado[57].

3.2.2.3. Infiriendo la mala praxis por la ocurrencia de la lesión (doctrina del daño desproporcionado y otras afines)

§53. Pese a su inicial y tajante rechazo, en 1993[58], por la Sala de lo Civil del Tribunal Supremo, trátese de una doctrina que goza hoy

---

53 SERRANO ESCOBAR, Luis Guillermo. *Tratado de Responsabilidad Médica*. 2020. Págs. 574-634; SERRANO ESCOBAR, Luis Guillermo. *La Responsabilidad por Omisión y la Teoría de la Pérdida de la Oportunidad (Especial Referencia a la Responsabilidad Médica)*. Ediciones Doctrina y Ley. Bogotá. 2022. *In extenso*.

54 CEBALLOS KLINKERT, Laura. *La Pérdida de la Oportunidad en la Responsabilidad Civil Médica ¿Un Daño Indemnizable en Colombia?*. Trabajo de grado presentado como requisito parcial para optar por el título de abogado. Universidad EAFIT. Medellín. 2016.

55 GIRALDO GÓMEZ, Luis Felipe. *La Pérdida de la Oportunidad en la Responsabilidad Civil*. 2011. Págs. 173 y ss.

56 YEPES RESTREPO, Sergio. *Responsabilidad Civil Médica*. 2020. Págs. 199 y ss.

57 Cfr. NEFELI GRIBAUDI, Maria. *Il Danno da Perdita di Chance*. En: TODESCHINI, Nicola (bajo su cuidado)/CENDON, Paolo (dir.) *La Responsabilitá Medica*. 2016. Págs. 150-151.

58 STS de 2 de febrero de 1993. Citada en: LLAMAS POMBO, Eugenio. *Responsabilidad Médica, Culpa y Carga de la Prueba*. En: MORENO MARTÍNEZ, Juan Antonio (coord.). *Perfiles de la Responsabilidad Civil en el Nuevo Milenio*. 2000. Pág. 310; y en DE ÁNGEL YAGUEZ, Ricardo. *Responsabilidad Civil por Actos Médicos. Problemas de Prueba*. 1999. Págs. 94-95.

de amplia acogida tanto en la jurisprudencia de ese alto tribunal[59] como en la menor, de las audiencias provinciales[60].

§54. El daño desproporcionado, según la STS del 19 de julio de 2013, consiste en

> "(...) aquél no previsto ni explicable en la esfera de su actuación profesional y que obliga al profesional médico a acreditar las circunstancias en que se produjo por el principio de facilidad y proximidad probatoria. Se le exige una explicación coherente acerca del por qué de la importante disonancia existente entre el riesgo inicial que implica la actividad médica y la consecuencia producida, de modo que la ausencia u omisión de explicación puede determinar la imputación, creando o haciendo surgir una deducción de negligencia. La existencia de un daño desproporcionado incide en la atribución causal y en el reproche de culpabilidad, alterando los cánones generales sobre responsabilidad civil médica en relación con el "onus probandi" " de la relación de causalidad y la presunción de culpa".

Marta María Sánchez García, en fórmula digna de mención, lo define así:

> "El daño desproporcionado acontece cuando un acto médico produce un resultado anormal, insólito o inusualmente grave en relación con los riesgos que normalmente comporta y con los padecimientos que trata de atender o incompatible con las consecuencias de una terapia normal.

---

59 En su orden, véanse: SSTS del 2 de diciembre de 1996 **[seminal o fundadora (Asúa González, Bello Janeiro y Galán Cortés)]**; 17 y 18 de febrero, 7 de abril, 28 de junio , 2 y 13 de diciembre de 1997; 19 de febrero, 22 de mayo, 9 de junio, 8 de septiembre, 9 y 12 de diciembre de 1998; 20 de febrero, 29 de junio, 9 y 21 de diciembre de 1999; 20 de marzo y 11 de abril de 2000; 23 de marzo, 14 de mayo, 19 de julio de 2001; 31 de enero, 4 de febrero, 19 y 31 de julio, 29 de noviembre, 18, 19 y 23 de diciembre de 2002; 30 y 31 de enero, 27 de marzo, 8 de mayo, 2 de julio, y 15 de septiembre de 2003; 27 de marzo, 23 de junio, 7 de octubre, 17 de noviembre de 2004; 13 y 23 de junio, 21 de octubre y 24 de noviembre de 2005; 26 de junio de 2006; 5 de enero, 16 y 30 de abril, 7 y 23 de mayo, 19 de julio y 8 de noviembre de 2007; 12 de febrero, 14 de mayo, 23 de octubre de 2008; 30 de junio, 8 de julio, 20 de noviembre y 20 de diciembre de 2009; 22 de septiembre, 29 de octubre, 25 de noviembre de 2010; 29 de enero y 27 de diciembre de 2011; 3 de julio y 19 de julio de 2013; 29 de mayo y 6 de junio de 2014; 23 de octubre de 2015; 12 de abril, 24 de mayo y 24 de noviembre de 2016.

60 Cfr. SAP Madrid 18 de marzo de 1998, 12 de enero, 15 de septiembre y 13 de noviembre de 2017. También: SAP Barcelona del 26 de julio de 2017; SAP Gerona de 25 de enero de 2006; SAP Badajoz de 6 de noviembre de 2013; SAP Valencia de 22 de febrero de 2010; SAP Zaragoza de 29 de octubre de 2014. Entre muchas más.

La desproporción del resultado no sólo se predica de los actos médicos sino, también, puede ir en relación con la dolencia padecida. Piénsese en un tratamiento coronario francamente agresivo que produce unos daños físicos y secuelas subsumibles en un daño desproporcionado.

La connotación de desproporción del resultado de la actividad médica debe ponerse en relación con la actividad concreta que se enjuicia. El daño es desproporcionado cuando es anómalo como resultado de una actividad médica concreta, pues no se corresponde con las complicaciones posibles y definidas de la misma.

Por ello, es importante precisar (...) que el daño desproporcionado no es un daño "importante o catastrófico con un gran número de víctimas", sino el "daño que presenta una anómala relación con el comportamiento". En este sentido, el daño desproporcionado (...) no es necesariamente un daño desorbitado ni de extraordinarias consecuencias en el paciente, sino que basta con que no deba ocurrir normalmente y no esté en consonancia con la lex artis debida"[61].

§55. Sin desconocer –ni mucho menos intentar simplificar- el amplio debate doctrinal y los vaivenes jurisprudenciales que su incorporación, en el Derecho de Daños, ha suscitado desde su acogimiento en la ya lejana STS del 2 de diciembre de 1996, recaída –precisamente- en el ámbito sanitario, a mi juicio es posible sintetizar, de la siguiente manera, los rasgos y efectos que caracterizan, a día de hoy, la figura en comento:

1°. En punto a su **origen**, trátese de una doctrina que al menos en sus principios se extrajo de otras reglas ya establecidas en otros ordenamientos, puntualmente de los mecanismos de *"apariencia de prueba"* (*Anscheinsbeweis*) del Derecho Alemán, la *"culpa virtual"* (*faute virtuelle*) del francés y de la *res ipsa loquitur*, de común uso y aplicación en el mundo anglosajón (cfr. SSTS del 9 de diciembre de 1998; 31 de enero y 15 de septiembre de 2003).

61 SÁNCHEZ GARCÍA, Marta María. *El Daño Desproporcionado.* En: *Revista Cesco de Derecho de Consumo.Vol. 8.* 2013. Pág. 244.

2°. Su verificación genera una **presunción de tipo judicial**, de las consagradas en el artículo 386 de la Ley de Enjuiciamiento Civil[62].

3°. La deducción que crea, según la doctrina jurisprudencial[63] y académica[64] más actual -y hoy aparentemente mayoritaria-, es tanto de **culpa** como de **causalidad**.

4°. Muy de la mano con los dos puntos anteriores, cumple destacar que el daño desproporcionado **invierte la carga de la prueba**, debiendo ser el médico quien pruebe que el daño no fue causado debido a su actuación[65] (obviamente para desvirtuar la causalidad) y/o que su conducta fue diligente, es decir, conforme a la *lex artis*[66] (en aras de destruir la presunción de culpa).

5°. **Su sustento** se encuentra en las **reglas de la experiencia y del sentido común**, que serán las que en últimas determinarán si el daño causado es susceptible de calificarse como *"desproporcionado"*, *"enorme"*, *"catastrófico"* o *"anómalo"* (calificativos frecuentemente empleados por los autores y por la jurisprudencia), de acuerdo a lo que es *"usual comparativamente"*[67].

---

[62] Amplias e interesantes notas sobre este punto en: ASÚA GONZÁLEZ, Clara Isabel. *La Responsabilidad Civil Médica. Pérdida de Oportunidad y Daño Desproporcionado.* En: *Asociación Española de Abogados Especializados en Responsabilidad Civil y Seguro. Ponencias VII Congreso Nacional*. 2007. Págs. 452-453.

[63] Véanse: SSTS del 23 de mayo de 2007; 23 de octubre de 2008; 8 y 20 de julio de 2009; 20 de enero de 2011; y 19 de julio de 2013.

[64] Cfr. MARTÍN-CASALS, Miquel /SOLÉ I FELIU, Josep. *Medical Liability in Spain*. En: KOCH, Bernhard A. (ed.). *Medical Liability in Europe*. 2011. Pág. 473; GALÁN CORTÉS, Julio César. *Responsabilidad Civil Médica*. 2016. Pág. 329; ASÚA GONZÁLEZ, Clara Isabel. *La Responsabilidad Civil Médica. Pérdida de Oportunidad y Daño Desproporcionado.* En: *Asociación Española de Abogados Especializados en Responsabilidad Civil y Seguro. Ponencias VII Congreso Nacional*. 2007. Pág. 461.

[65] MONTERROSO CASADO, Esther. *Diligencia Médica y Responsabilidad Civil*. Págs. 12-13.

[66] FERNÁNDEZ MANZANO, Luis Alfonso/NAVARRO MENDIZABAL, Iñigo/GARCÍA VILLARRUBIA BERNABÉ, Manuel/MARTÍNEZ MUÑOZ, Miguel/DE COUTO GÁLVEZ, Rosa. *La Responsabilidad en la Prestación de Servicios*. En: SOLER PRESAS, Ana María/DEL OLMO, Pedro (dirs.). *Practicum Daños 2015*. 2015. Pág. 497.

[67] GALÁN CORTÉS, Julio César. *Responsabilidad Civil Médica*. 2016. Pág. 328.

6°. La ocurrencia de un daño encuadrable dentro de los **riesgos frecuentes, típicos, o aún de los atípicos o infrecuentes,** excluye, en línea de principio y en especial atendiendo a si se ha informado al paciente sobre su eventual ocurrencia, la aplicabilidad de la teoría del daño desproporcionado; no así cuando el mismo se materialice dentro de los **riesgos imprevisibles o desconocidos**[68].

§56. Reglas parecidas, hermanas de la doctrina en mención, que es teoría marcadamente española, suelen aplicarse, con diferentes variantes y en el ámbito del derecho sanitario, en la práctica totalidad de los ordenamientos jurídicos europeos[69] y en aquellos de tradición jurídica anglosajona[70]. Hay, asimismo, trabajos interesantes en el Derecho Comparado sobre la materia[71], a cuya consulta, en obsequio de la brevedad, me remito.

---

68 Interesantes notas sobre el punto: SÁNCHEZ GARCÍA, Marta María. *El Daño Desproporcionado.* En: *Revista Cesco de Derecho de Consumo.Vol. 8.* 2013. Págs. 245-249.

69 Para **Alemania**: STAUCH, Marc. *The Law of Medical Negligence in England and Germany.* 2008. Págs. 73-74; también: STAUCH, Marc. *Medical Malpractice in Germany.* En: OLIPHANT, Ken/ W. WRIGHT, Richard (eds.). *Medical Malpractice and Compensation in Global Perspective.* 2013. Págs. 193-196; PETRY, Franz Michael. *Medical Liability in Germany*. En: KOCH, Bernhard A. (ed.) *Medical Liability in Europe.* 2011. Págs. 250-251; VAN DAM, Cees. *European Tort Law.* 2013. Pág. 324; MARKESINIS, Basil/ UNBERATH, Hannes. *The German Law of Torts. A Comparative Treatise.* 2002. Pág. 98: **Austria:** KOCH, Bernhard A. *Medical Liability in Austria.* En: KOCH, Bernhard A. (ed.). *Medical Liability in Europe.* 2011. Págs- 11-12; STEININGER, Barbara. *Austria.* En: KOZIOL, Helmut/ STEININGER, Barbara C (eds.). *European Tort Law 2008.* 2008. Págs. 115-118, 128-130; **Bélgica**: NYS, Herman. *Medical Liability in Belgium.* En: KOCH, Bernhard A. (ed.). *Medical Liability in Europe.* 2011. Págs. 94-95: Italia: SCARSO, Alessandro P. / FOGLIA, Massimo. *Medical Liability in Italy.* En: KOCH, Bernhard A. (ed.). *Medical Liability in Europe.* 2011. Pág. 337; **Holanda:** GIESEN, Ivo/ ENGELHARD, Esther. *Medical Liability in The Netherlands.* En: KOCH, Bernhard A. (ed.). *Medical Liability in Europe.* 2011. Págs. 371-375; **Polonia:** BAGINSKA, Ewa. *Medical Liability in Poland.* En: KOCH, Bernhard A. (ed.). *Medical Liability in Europe.* 2011. Pág. 423.

70 Para **Estados Unidos**: HALL, Mark/ BOBBINSKI, Mary Anne/ ORENTLICHER, David. *Medical Liability and Treatment Relationships.* Págs. 361-364; BOUMIL, Marcia/ HATTIS, Paul A. *Medical Liability in a Nutshell.* 2011. Págs. 71-80; WALTSON-DUNHAM, Beth. *Medical Malpractice. Law & Litigation.* 2006. Págs. 9-11; LONG, Rowland H. *The Rule of Res Ipsa Loquitur in Medical Malpractice.* En: *Medico Legal Journal.* 1962. Págs. 122-135; **Inglaterra**: JACKSON, Emily. *Medical Law. Text, Cases and Materials.* 2016. Págs. 143; STAUCH, Marc. *The Law of Medical Negligence in England and Germany.* 2008. Págs. 70-72.

71 KOCH, Bernhard A. *Medical Liability in Europe: a Comparative Analysis.* En: KOCH, Bernhard A. (ed.). *Medical Liability in Europe.* 2011. Págs. 630-634.

3.2.3. Teoría de la facilidad o disponibilidad probatoria

§57. Trátese de la única de entre las distintas teorías que excepcionan el enunciado *del onus probandi incumbit actori* que cuenta con pleno respaldo normativo, hallado en el artículo 217 de la Ley de Enjuiciamiento Civil española, a cuyo tenor:

> "Artículo 217. Carga de la prueba.
>
> 1. Cuando, al tiempo de dictar sentencia o resolución semejante, el tribunal considerase dudosos unos hechos relevantes para la decisión, desestimará las pretensiones del actor o del reconviniente, o las del demandado o reconvenido, según corresponda a unos u otros la carga de probar los hechos que permanezcan inciertos y fundamenten las pretensiones.
>
> 2. Corresponde al actor y al demandado reconviniente la carga de probar la certeza de los hechos de los que ordinariamente se desprenda, según las normas jurídicas a ellos aplicables, el efecto jurídico correspondiente a las pretensiones de la demanda y de la reconvención.
>
> 3. Incumbe al demandado y al actor reconvenido la carga de probar los hechos que, conforme a las normas que les sean aplicables, impidan, extingan o enerven la eficacia jurídica de los hechos a que se refiere el apartado anterior.
>
> (...)
>
> 6. Las normas contenidas en los apartados precedentes se aplicarán siempre que una disposición legal expresa no distribuya con criterios especiales la carga de probar los hechos relevantes.
>
> 7. Para la aplicación de lo dispuesto en los apartados anteriores de este artículo el tribunal deberá tener presente la disponibilidad y facilidad probatoria que corresponde a cada una de las partes del litigio" (Negrillas y subrayas fuera del original).

§58. Aunque es frecuente, en doctrina, la confusión de esta figura con aquella del daño desproporcionado, casi hasta el punto de reducir la una a la otra, a mi juicio se tratan de dos instrumentos que si bien guardan cierta relación (porque ambos pretenden responder a un problema de prueba, de falta de prueba de los elementos de la responsabilidad civil), tienen fundamentos y responden a una filosofía bien diferente.

En efecto, mientras el daño desproporcionado halla fundamento en la falta de explicación de un determinado evento, vale decir, el daño extraño al acto médico, la doctrina de la facilidad probatoria cubre un ámbito notablemente más amplio: podrá aplicarse, como lo da a entender el artículo 217 LEC, recién citado, a todos aquellos eventos en los cuales el tribunal sentenciador estime que al demandado le es más sencillo, por sus especiales conocimientos o medios técnicos o su cercanía con los elementos de prueba, la acreditación de un determinado hecho.

Por ello, la doctrina de que se hace mención tiene por efecto principal, cual lo han destacado los expositores[72], invertir la carga de la prueba en el demandado (galeno). Quien deberá, en consecuencia, para librarse de la condena, demostrar que el daño no fue causado por su conducta o que ésta no fue culposa.

§59. Nada se opone, considero, a que la figura de la facilidad o disponibilidad probatoria permita atemperar la regla *onus probandi incumbit actori* tanto en materia de culpabilidad como en cuanto al presupuesto de la causalidad, porque –en realidad de verdad- el canon 217 LEC no distingue, y tampoco hay razones de peso para excluir uno en perjuicio del otro.

> Nota de adaptación: En Colombia, se ha dicho en ocasiones que la teoría de las cargas dinámicas de la prueba no se aplica para el asunto de la causalidad, sino, sólo, para lo relativo a la culpa o negligencia del médico. Así: TSDJ Armenia, Sent. de 1 de marzo de 2022, rad. 2018-00119, M.P. César Augusto Guerrero.

§60. Con todo, es una teoría que, dadas las especificidades de la actividad médica, en particular los medios técnicos y altamente especializados de que se valen los galenos para desarrollar el acto médico, las más de las veces desconocidos e inexplicables para la persona del común que generalmente es el paciente, y la documentación que éstos reúnen (historia clínica, por ej.), halla cabal justificación y plena aplicabilidad.

---

72 Por todos: MONTERROSO CASADO, Esther. *Diligencia Médica y Responsabilidad Civil.* Pág. 13

En el sentido recién indicado se ha pronunciado la Sala Civil del Tribunal Supremo, al sostener que en estos casos el deber de probar recae en el facultativo

> "(...) que por sus propios conocimientos técnicos en la materia litigiosa y por los medios poderosos a su disposición goza de una posición procesal mucho más ventajosa que la de la propia víctima, ajena al entorno médico y, por ello, con mucha mayor dificultad a la hora de buscar la prueba, en posesión muchas veces sus elementos de los propios médicos o de los centros hospitalarios a los que, qué duda cabe, aquéllos tienen mucho más fácil acceso por su profesión" (STS del 21 de enero de 2003).

4. Mala praxis y consentimiento informado. Elementos sustanciales y probatorios

4.1. Consentimiento informado. Disciplina general

§61. Trátese, en rigor, de una idea estadounidense[1] que, como muchas otras, ha cruzado el océano para asentarse, firmemente, en la práctica totalidad de los ordenamientos europeos, especialmente en el ámbito del Derecho Médico.

La literatura académica y la ingente cantidad de oportunidades en las cuales los tribunales y los expositores españoles[2] y europeos[3] se han pronunciado respecto de este asunto, ponen en evidencia -a las claras- la enorme relevancia que para el Derecho de Daños posee este particular y –hasta no hace mucho exótico- principio.

El Grupo Europeo del Derecho de Daños (*European Group on Tort Law*) ha recopilado numerosas sentencias en las cuales los tribunales han abordado el estudio de la cuestión; cuales son, en cada una de las principales jurisdicciones, las siguientes:

i. **Austria:** Tribunal Supremo (*Oberster Gerichtshof*) del 18 de julio de 2002, 4 de octubre de 2005, 26 de junio de 2007, 20 de enero y 4 de agosto de 2009[4].

---

1 FOSTER, Charles. *Medical Law. A Very Short Introduction*. 2013. Pág. 57.

2 Por todos: MARTÍN-CASALS, Miquel / SOLÉ I FELIU, Josep. *Medical Liability in Spain*. En: KOCH, Bernhard A. (ed.). *Medical Liability in Europe*. 2011. Pág. 490.

3 *Et al:* KOCH, Bernhard A. *Medical Liability in Europe: Comparative Analysis*. En: KOCH, Bernhard A. (ed.). *Medical Liability in Europe*. 2011. Pág. 644.

4 Visibles, respectivamente, en: KOZIOL, Helmut/STEININGER, Barbara C. (eds.). *European Tort Law 2002*. 2002. Págs. 76-77; KOZIOL, Helmut/STEININGER, Barbara C. (eds.). *European Tort Law 2005*. 2005. Págs. 136-138; KOZIOL, Helmut/STEININGER, Barbara C. (eds.). *European Tort Law 2007*. 2007. Págs. 141-142; KOZIOL, Helmut/STEININGER, Barbara C. (eds.). *European Tort Law 2009*. 2009. Págs. 5-6 y 18-20.

ii. **Alemania:** Tribunal Supremo de Múnich (*Oberlandesgericht Münchem*) de 30 de marzo de 2001; 14 de febrero de 2002; Tribunal Supremo Alemán (*Bundesgerichtshof*) del 14 de marzo y 13 de junio y 7 de noviembre de 2006; 27 de marzo de 2007; 11 de mayo, 15 de junio y 6 de julio de 2010[5].

iii. **Bélgica:** Corte de Casación (*Cour de Cassation/Hof van Cassatie*) de 12 de mayo de 2006 y 26 de junio de 2009[6].

iv. **Francia:** Corte de Casación Sala Civil (*Cour de Cassation, Chambre Civile*) de 6 de diciembre de 2007 y 23 de enero de 2014[7].

v. **Inglaterra y Gales:** *Chester* c. *Afshar* (2002)[8].

vi. **Polonia:** Corte de Apelaciones de Poznan de 6 de mayo de 2002; Corte Suprema (*Sąd Najwyższy*) de 17 de diciembre de 2004 y 11 de abril de 2006[9].

vii. **Portugal:** Supremo Tribunal de Justicia de 18 de marzo de 2010 y 9 de octubre de 2014[10].

---

5 Visibles, respectivamente, en: KOZIOL, Helmut/STEININGER, Barbara C. (eds.). *European Tort Law 2001*. 2001. Págs. 261-262; KOZIOL, Helmut/STEININGER, Barbara C. (eds.). *European Tort Law 2002*. 2002. KOZIOL, Helmut/STEININGER, Barbara C. (eds.). *European Tort Law 2006*. 2006. Págs. 226- 227 y 228-229; KOZIOL, Helmut/STEININGER, Barbara C. (eds.). *European Tort Law 2007*. 2007. Págs. 295-296; KOZIOL, Helmut/STEININGER, Barbara C. (eds.). *European Tort Law 2007*. 2007. Págs. 296-298; KOZIOL, Helmut/STEININGER, Barbara C. (eds.). *European Tort Law 2010*. 2010. Págs. 230-232, 233-234 y 236-237.

6 Visibles, respectivamente, en: KOZIOL, Helmut/STEININGER, Barbara C. (eds.). *European Tort Law 2006*. 2006. Págs. 105-106; KOZIOL, Helmut/STEININGER, Barbara C. (eds.). *European Tort Law 2009*. 2009. Págs. 57-59.

7 KOZIOL, Helmut/STEININGER, Barbara C. (eds.). *European Tort Law 2008*. 2008. Págs. 269-270; KOZIOL, Helmut/STEININGER, Barbara C. (eds.). *European Tort Law 2014*. 2014. Págs. 200-203.

8 KOZIOL, Helmut/STEININGER, Barbara C. (eds.). *European Tort Law 2002*. 2002. Págs. 152-154.

9 Visibles, respectivamente, en: KOZIOL, Helmut/STEININGER, Barbara C. (eds.). *European Tort Law 2004*. 2004. Págs. 472-473; KOZIOL, Helmut/STEININGER, Barbara C. (eds.). *European Tort Law 2005*. 2005. Págs. 466 y ss.; KOZIOL, Helmut/STEININGER, Barbara C. (eds.). *European Tort Law 2007*. 2007. Págs. 468-470.

10 Visibles, respectivamente, en: KOZIOL, Helmut/STEININGER, Barbara C. (eds.). *European Tort Law 2010*. 2010. Págs. 489 y ss.; KOZIOL, Helmut/STEININGER, Barbara C. (eds.). *European Tort Law 2014*. 2014. Págs. 492-494.

§62. Varias, y hasta variadas, son las definiciones que del "*consentimiento informado*" se han formulado, siendo algunas de las más completas las que a continuación se enuncian:

"*El acuerdo de la persona que permite que algo suceda (…) y que está basado en una completa revelación* (o conocimiento, se agrega) *de los hechos necesarios para tomar la decisión inteligentemente (…); el consentimiento informado es el nombre que adopta el principio de ley según el cual un médico tiene el deber de revelar lo que un médico razonablemente prudente, en la comunidad médica, en el ejercicio de un razonable cuidado, hubiera comunicado a su paciente en lo relativo a los graves riesgos de lesión que puedan ocurrir en el curso del tratamiento propuesto, de tal manera que el paciente, ejercitando un cuidado razonable para su propio bienestar, y en vista de la opción de seguir el tratamiento propuesto, o el tratamiento alternativo, o ninguno como tal, pueda inteligentemente ejercitar su juicio al balancear –razonablemente- los probables riesgos contra los probables beneficios*"[11].

En la terminología de la Ley 41/2002 (de Derechos el Paciente), el consentimiento informado es "(…) *la conformidad libre, voluntaria y consciente de un paciente, manifestada en el pleno uso de sus facultades después de recibir la información adecuada, para que tenga lugar una actuación que afecta a su salud*"(art. 3).

§63. También abundan, en doctrina y jurisprudencia, distintas teorías que, por separado o combinadamente, pretenden explicar el fundamento conceptual del consentimiento informado; siendo, las más comunes y mejor aceptadas, las siguientes:

i. **Libertad, autonomía y autodeterminación:** Corresponde a la tesis con mayor preponderancia y aceptación, sobre todo en el Derecho estadounidense, inclusive aún desde los albores de su conceptualización, cuando fuera planteada[12]. Y recoge lo que es el fundamento ético de la regla, de

---

11 CAMPBELL BLACK, Henry. *Black's Law Dictionary*. 1979. Pág. 701.

12 Cfr. DOBBS, Dan B./HAYDEN, T. Paul/BUBLICK, Ellen M. *Hornbook on Torts*. 2016. Pág. 513; EDWARDS, Linda/EDWARDS, J. Stanley/KIRLLEY WELLS, Patricia. *Tort Law*. 2012.

suerte que "(…) *el ilícito cometido por la omisión o defecto de información del facultativo no se concreta tanto en la negligente actuación médica en el curso del tratamiento, como en la violación del derecho del paciente de elegir un tratamiento u otro, con uno u otro facultativo o, incluso, ningún tipo de tratamiento*"[13];

ii. **Derecho fundamental:** Otro sector, de notable signo pretoriano y con algún eco en la doctrina de los expositores[14], le ha asignado al consentimiento informado el rango de "*derecho fundamental*", al declarar que "*constituye un derecho humano fundamental, precisamente una de las últimas aportaciones realizada en la teoría de los derechos humanos, consecuencia necesaria o explicación de los clásicos derechos a la vida, a la integridad física y a la libertad de conciencia. Derecho a la libertad personal, a decidir por sí mismo en lo atinente a la propia persona y a la propia vida, y consecuencia de la disposición sobre el propio cuerpo*" (STS del 12 de enero de 2001; en similar sentido: STS de 11 de mayo de 2001; SAP Navarra de 12 de febrero de 2010; y STC de 28 de abril de 2011). No obstante, las críticas –por cierto muy juiciosas- a esta consideración abundan en la doctrina[15];

iii. **Presupuesto y elemento de la *lex artis* y acto médico:** Hasta la saciedad ha destacado el Tribunal Supremo español que el consentimiento informado constituye un presupuesto y elemento integrante de la *lex artis*, siendo, en consecuencia, una exigencia para llevar a efecto la actividad médico-quirúr-

---

Págs. 247-249.

13 GARCÍA RUBIO, María Paz. *Incumplimiento del Deber de Información, Relación de Causalidad y Daño en la Responsabilidad Médica*. En: LLAMAS POMBO, Eugenio (coord.). *Estudio de Derecho de Obligaciones. Homenaje al Profesor Mariano Alonso Pérez. Tomo I*. 2006. Pág. 804.

14 Cfr. MORILLAS FERNÁNDEZ, Marta. *Responsabilidad Civil Médica y Consentimiento Informado*. En: MORILLAS CUEVA, Lorenzo/LLEDÓ YAGUE, Francisco (coords.). *Responsabilidad Médica Civil y Penal por Presunta Mala Práctica Profesional. El Contenido Reparador del Consentimiento Informado*. 2012. Págs. 184-188,

15 Cfr. ALONSO ÁLAMO, Mercedes. *El Consentimiento Informado del Paciente en el Tratamiento Médico. Bases Jurídicas e Implicaciones Penales*. En: MENDOZA BUERGO, Blanca (coord.). *Autonomía Personal y Decisiones Médicas. Cuestiones Éticas y Jurídicas*. 2010. Págs. 100-103. Citado en: GALÁN CORTÉS, Julio César. *Responsabilidad Civil Médica*. 2016. Pág. 626.

gica (SSTS de 2 de octubre de 1997; 23 de julio de 2003; 21 de diciembre de 2005; 23 de mayo de 2007; 18 de junio de 2008; 13 de mayo de 2011; 19 de julio de 2013; 9 de mayo de 2014; 8 de septiembre de 2015; entre varias más); y

iv. **Acto o negocio jurídico:** Es innegable que en toda declaración de voluntad el consentimiento, prestado para la realización del acto médico, se erige como uno de los elementos del negocio jurídico, susceptible, por lo mismo, de hallarse viciado y con ello invalidar el acto jurídico como tal. Es la tesis, entre otros, de Benito-Bultrón Ochoa[16].

§64. El consentimiento informado halla por **presupuestos** los siguientes:

i. **A quién corresponde obtenerlo:** La obligación de informar corresponde a los profesionales que practicaron la intervención y al centro hospitalario (SSTS del 16 de octubre y 28 de diciembre de 1998; 2 de julio de 2002; 8 de septiembre de 2003; 19 de junio, 4 de octubre y 22 de noviembre de 2007; SAP Barcelona de 19 de marzo de 2014; SAP Almería de 26 de enero de 2015), al ser quienes se encuentran en mejores condiciones para hacerlo y disponer de los datos más relevantes y adecuados para tal fin;

ii. **Titular:** El sujeto activo, el emisor del consentimiento, es el paciente, por ser el titular del bien jurídico en juego (que ostenta naturaleza personalísima), además de resultar quien mejor conoce sus valores, necesidades, deseos, prioridades, planes y objetivos[17];

iii. **Forma:** Por regla general -y por disposición del artículo 4.1. de la Ley 41/2002- la información se proporcionará verbal-

---

16 Cfr. BENITO BULTRÓN-OCHOA, Juan Carlos. *Respuestas Judiciales ante el Consentimiento Informado.* En: MORILLAS CUEVA, Lorenzo/LLEDÓYAGUE, Francisco (coords.). *Responsabilidad Médica Civil y Penal por Presunta Mala Práctica Profesional. El Contenido Reparador del Consentimiento Informado.* 2012. Págs. 335 y ss.

17 GALÁN CORTÉS, Julio César. *Responsabilidad Civil Médica.* 2016. Pág. 638.

mente, dejando constancia en la historia clínica del paciente (cfr. SSTS de 13 de octubre de 2009; 27 de septiembre de 2010; 1 de junio y 27 de diciembre de 2011; 9 de mayo de 2014; 23 de octubre de 2015). El Tribunal Supremo ha destacado la enorme relevancia que en este ámbito posee la información verbal, hasta el punto de expresar que la información escrita no la sustituye (cfr. STS de 22 de septiembre de 2010);

iv. **Tiempo:** El consentimiento informado es previo, es decir, tiene que obtenerse antes del acto médico que se pretende realizar y debe, como anota Galán Cortés, subsistir durante todo el tratamiento (principio de la temporalidad); ello implica, según el mismo autor, que el consentimiento deba ser modulado a lo largo de todo el proceso terapéutico, adquiriendo la información los caracteres de tracto sucesivo y ejecución continuada[18]. Por lineamiento jurisprudencial, la facilitación de los datos debe hacerse con tiempo suficiente, en aras de permitirle al paciente sopesar calmadamente los riesgos y beneficios del acto médico que se le va a realizar (cfr. SSTS de 15 y 21 de diciembre de 2006; 19 de junio y 4 de octubre de 2007; 21 de enero de 2009; 22 de septiembre de 2010; 27 de diciembre de 2011; SAP Barcelona de 29 de mayo de 2014 y 3 de marzo de 2016; SAP Vizcaya de 7 de marzo de 2007) (es ésta última, exigencia también prevista en buena parte de los ordenamientos europeos[19]); y

v. **Objeto:** El objeto del consentimiento, dicen los autores, se concreta a la específica intervención para la que ha sido otorgado, sin perjuicio de aquellos casos en los cuales se presenten casos de urgencia *"interrecurrente"* o de actuación *"necesariamen-*

---

18 GALÁN CORTÉS, Julio César. *Responsabilidad Civil Médica.* 2016. Pág. 687. En idéntico sentido: GUERRERO ZAPLANA, José. *Derechos y Deberes de Información Médico-Paciente. El Consentimiento.* En: *Revista Española de Seguros.* Núm. 158. Abril de 2014. Págs. 166-167.

19 Cfr. para **Austria**: KOCH, Bernhard A. *Medical Liability in Austria.* En: KOCH, Bernhard A. (ed.). *Medical Liability in Europe.* 2011. Pág. 26; **Suiza:** WIDMER LUCHINGER, Corinne. *Medical Liability in Switzerland.* En: KOCH, Bernhard A (ed.). *Medical Liability in Europe.* 2011. Pág. 580.

te inaplazable", cuya verificación faculta al galeno para realizar otras intervenciones ajenas a la inicialmente autorizada[20].

§65. Los **atributos de la información** que se debe brindar al paciente, según la jurisprudencia española, se cifran en los siguientes aspectos: debe ser **veraz** (SSTS de 29 de mayo de 2003; 28 de noviembre de 2007 y 23 de octubre de 2008); **objetiva** (STS de 23 de octubre de 2008); **completa** (SSTS de 2 de octubre de 1997, 13 de octubre de 1999 y 23 de octubre de 2008); **leal** (SSTS 29 de mayo de 2003 y 28 de noviembre de 2007); **puntual** (SSTS de 29 de mayo de 2003 y 28 de noviembre de 2007); **precisa** (SSTS 29 de mayo de 2003 y 28 de noviembre de 2007); **continuada** (SSTS de 2 de octubre de 1997; 13 de octubre de 1999; 29 de mayo de 2003 y 28 de noviembre de 2007); **exhaustiva** (SSTS de 29 de mayo de 2003 y 28 de noviembre de 2007); **suficiente** (SSTS 29 de mayo de 2003 y 28 de noviembre de 2007); **simple, aproximativa, inteligible y leal** (SAP Salamanca de 7 de abril de 2014, haciendo suyo –expresamente- el decir de la Corte de Casación francesa (se entiende que el contenido en los fallos de la Sala Civil *(Chambre Civile)* de 21 de febrero de 1961 y 5 de mayo de 1981, citados por Galán Cortés pero no por la sentencia en referencia[21]); **comprensible y adecuada a las necesidades del paciente** (SSTS de 21 de diciembre de 2006; 4 de octubre de 2007; 21 de enero y 22 de septiembre de 2009; 20 de enero y 27 de diciembre de 2011; 23 de octubre de 2015 y 12 de abril de 2016).

§66. En punto a su **contenido genérico**, la información debe abarcar, cuando menos, las **características de la intervención propuesta** (SSTS de 13 de abril de 1999 y 23 de julio de 2003); **las alternativas terapéuticas existentes** [el médico deberá informar al paciente sobre las alternativas al tratamiento al cual va a someter a su paciente, si las hay, pues sólo así se garantiza la posibilidad de libre elección, tan manifiestamente prevista en la Ley de

---

20 Cfr. GALÁN CORTÉS, Julio César. *Responsabilidad Civil Médica.* 2016. Págs. 715.

21 GALÁN CORTÉS, Julio César. *Responsabilidad Civil Médica.* 2016. Págs. 697-698.

Autonomía del Paciente del año 2002 (SSTS de 28 de noviembre de 2007; 29 de julio de 2008; 9 de mayo de 2014; 17 de junio de 2015; y 8 de abril de 2016); ahora, en estos casos la información deberá limitarse a las alternativas que se ajusten a la *lex artis* en condiciones de *"normalidad"*, pues no puede entenderse exigible al facultativo "(...) *la previa realización de una completa exposición a la lesionada de las posibilidades terapéuticas que excedieran de la acostumbrada y tenida por prudente e indicada en el caso concreto, a fin que la misma pudiese optar por alguna de ellas"*(STS de 7 de octubre de 2004)[22]]; **los riesgos y beneficios o ventajas de la intervención** (SSTS de 2 de octubre de 1997; 13 de abril de 1999; 29 de julio de 2008; 21 de enero de 2009); **las consecuencias de la intervención** (STS de 2 de octubre de 1997; 13 de abril de 1999; y 17 de abril de 2007); y las contraindicaciones (STS de 17 de abril de 2007).

§67. Quiero detenerme un poco en los **riesgos**, aspecto esencial y de enormes repercusiones en el contenido de la información que se debe brindar al paciente.

La cuestión, se advierte desde ya, no es ni ha sido fácil de explicar, pues pese a las continuas referencias que de ellos se hacen en la Ley 41/2002, de los Derechos y Autonomía del Paciente, falta en la norma una construcción sistemática que arroje luces sobre tan sensible aspecto.

Lo dicho se corrobora en la copiosa -y poco afortunada- jurisprudencia del Tribunal Supremo español y de las audiencias provinciales que sobre el punto se han detenido, que utilizan –casi indistintamente- diferentes denominaciones para referirse a un mismo fenómeno (vbgr. se ha calificado al riesgo *"típico"* como aquél "*inherente"*, entre otras variadas anfibologías) y las numerosas opiniones, a veces contradictorias, que campean en la doctrina de los autores.

---

[22] En este sentido: GALÁN CORTÉS, Julio César. *Responsabilidad Civil Médica.* 2016. Págs. 730.

Volviendo al punto, y partiendo de la base de que todo acto médico *per se* entraña un riesgo (así sea mínimo), surge el interrogante de cuáles de éstos tendrán que ser comunicados al paciente.

Bajo ese espectro, y con ánimo de exhaustividad, a continuación sintetizo las principales categorías que en materia de riesgos (y cuáles deben ser comunicados, concretamente) suelen ser utilizadas por la jurisprudencia:

i. **Riesgos típicos (también llamados "*inherentes*", "*asociados*", "*normales*", "*comunes*" o "*propios*") y atípicos:** En Derecho español, en términos generales y también bastante difundidos, suele afirmarse que la información suministrada al paciente deberá versar, primordialmente, sobre los primeros (los típicos), y no sobre estos últimos (los atípicos). Esta doctrina, que halla su génesis en la STS del 28 de diciembre de 1998, ha sido reiterada en numerosas oportunidades por el mismo Tribunal Supremo y ha sido seguida muy de cerca por la jurisprudencia de las Audiencias Provinciales[23]. Ahora, la tipicidad es diferente e independiente de la frecuencia (STS del 30 de junio de 2009) y de la previsibilidad (STS del 30 de junio de 2009). De contera, y dado que el deber de información no tiene carácter universal, no puede extenderse a los riesgos atípicos (Cfr. STS de 17 de abril de 2007);

ii. **Riesgos previsibles y no previsibles:** Como su nombre lo indica, son aquellos riesgos que anticipadamente pueden ser previstos por el médico tratante. Conceptualmente, la previsibilidad es independiente de la probabilidad o del porcentaje de casos en los cuales el riesgo puede materializarse

---

23 Cfr. SSTS del 17 de abril de 2007; 29 de julio de 2008; 4 y 23 de octubre de 2008; 11 de abril de 2013; **en jurisprudencia menor:** SAP Madrid de 4 de noviembre de 2008 y 23 de octubre de 2014; SAP Valencia de 13 de noviembre de 2013, 16 de abril de 2015 y 30 de diciembre de 2016; SAP Vizcaya de 13 de noviembre de 2013 y 19 de abril de 2016; SAP Zaragoza de 3 de febrero de 2016; SAP Asturias de 16 de abril de 2004; SAP Islas Baleares de 25 de julio de 2013; SAP Almería de 26 de enero de 2015; SAP Pontevedra de 17 de noviembre de 2016.

(cfr. SSTS de 12 de enero de 2001; 21 de octubre de 2005; 30 de junio de 2009; 16 de enero de 2012; y 3 de febrero de 2015; SAP Barcelona de 3 de marzo de 2016; SAP Cádiz de 20 de enero de 2015); es decir, como categóricamente lo tiene dicho la jurisprudencia y ha hecho notar la doctrina, la previsibilidad no puede ni debe confundirse con la frecuencia (SSTS de 12 de enero de 2001 y 30 de junio de 2009; SAP Valencia de 25 de marzo de 2015)[24];

iii. **Riesgos frecuentes y no frecuentes (también llamados *"excepcionales"* o *"remotos"* o *"mínimos"*):** La frecuencia o infrecuencia del riesgo es aspecto enteramente distinto al de la tipicidad, como lo ha recordado el Tribunal Supremo en la STS del 30 de junio de 2009. El riesgo típico debe ser comunicado, independientemente de su frecuencia;

iv. **Riesgos conocidos y desconocidos:** Es lugar común afirmar que el médico no está obligado a suministrar información que no conoce ni debería conocer[25], según el estado de la ciencia al momento de practicarse la intervención, de manera tal que en él no se puede radicar el deber de informar los riesgos desconocidos[26]; y

v. **Riesgos personalizados (o personales) y no personalizados (o no personales):** Los riesgos personalizados o personales, según recientemente destacó la SAP Valencia de 8 de junio de 2015, son aquellos que sufre el paciente por sus carac-

---

24 *Vide*, sobre las diferencias entre *"previsibilidad"* y *"frecuencia"*: MORILLAS FERNÁNDEZ, Marta. *Responsabilidad Civil Médica y Consentimiento Informado.* En: MORILLAS CUEVA, Lorenzo/ LLEDÓ YAGUE, Francisco (coords.). *Responsabilidad Médica Civil y Penal por Presunta Mala Práctica Profesional. El Contenido Reparador del Consentimiento Informado.* 2012. Págs. 186-187.

25 Cfr. GARCÍA RUBIO, María Paz. *Incumplimiento del Deber de Información, Relación de Causalidad y Daño en la Responsabilidad Médica.* En: LLAMAS POMBO, Eugenio (coord.). *Estudio de Derecho de Obligaciones. Homenaje al Profesor Mariano Alonso Pérez. Tomo I.* 2006. Pág. 806.

26 En este sentido, en jurisprudencia: SSTS de 21 de octubre de 2005; 4 de octubre de 2006; 23 de octubre de 2008; 16 de enero de 2012; **en jurisprudencia menor**: SAP Salamanca de 7 de abril de 2014; SAP Pontevedra de 22 de septiembre de 2014; SAP Valencia de 25 de marzo de 2015; SAP Cuenca de 23 de octubre de 2014.

terísticas personales. Deben ser comunicados, como de manera categórica lo establece el artículo 10.b de la Ley 41/2002.

§68. En los **ordenamientos europeos y en el estadounidense**, la solución al problema de cuáles son los riesgos que deben ser comunicados al paciente tampoco parece encontrar una respuesta univoca ni uniforme.

No obstante, la revisión cuidadosa de los ordenamientos modernos evidencia –al menos desde el punto de vista teórico y sin perjuicio de que algunas se mezclen- la existencia de cuatro tendencias diferenciadas, que -en mi opinión- pueden sintetizarse como sigue:

i. Los «***sistemas tasados***», donde ora la ley ora la jurisprudencia de los tribunales se ha enfocado –con mayor o menor éxito- en determinar, de modo más o menos taxativo, cuáles son los riesgos que deberán ser comunicados al paciente, previo a la obtención de su consentimiento. Es ésta la tesis decididamente acogida en Francia, cual se extrae del tenor de la Ley de los Derechos del Paciente de 2002, de las decisiones judiciales y de la literatura académica más autorizada[27];

ii. Los **sistemas que acogen la tesis del «*médico razonable*»**, cuya nota común se cifra en que al paciente sólo deberán comunicársele los riesgos o complicaciones que un facultativo medianamente avezado le deba transmitir, de acuerdo con las prácticas comúnmente aceptadas. Es la postura tradicionalmente (aunque no sin críticas académicas y algunas variaciones experimentadas en los últimos años) aceptada en Inglaterra, desde el *leading case Sidaway v Board of Governors of the Bethlem Royal Hospital*, dictado por la *House of Lords* en

27 Cfr. G'SELL-MACREZ, Florence. *Medical Malpractice and Compensation in France. Part I: The French Rules of Medical Liability since the Patients Rights Law of March 4, 2002.* En: OLIPHANT, Ken/W. WRIGHT, Richard (eds.). *Medical Malpractice and Compensation in Global Perspective.* 2013. Págs. 139-140.

1985[28]. También, suele aplicarse en la mayoría de las jurisdicciones de los Estados Unidos[29];

iii. Los **sistemas basados en la tesis del «*paciente razonable*» (también llamada el «*material risk standard*»)**, en los cuales éste último deberá ser informado de los riesgos o complicaciones que una persona promedio, en el lugar del paciente, hubiere debido conocer. Es la teoría comúnmente admitida, según Giesen y Engelhard, en Holanda[30]. Algunos Estados, en los Estados Unidos, la aplican[31]; y

iv. Los **sistemas fundamentados en la teoría del «*riesgo relevante*»**, según la cual se debe informar al paciente de los riesgos que son considerados relevantes para el paciente en el caso particular, y que podrán influir —teóricamente- en su decisión de someterse al acto médico. Corresponde a la postura hoy más y mejor aceptada en el Derecho belga[32], plasmada en la Ley de los Derechos del Paciente [*Loi Relative aux Droits des Patients* (2002)] y acogida -implícitamente- por algún pronunciamiento de la *Cour de Cassation* de aquella nación[33]. También, es amplia y decididamente admitida en Suiza, Austria y Alemania[34].

---

28 Sobre el punto: STAUCH, Marc. *The Law of Medical Negligence in England and Germany. A Comparative Analysis.* 2008. Págs. 102-107.

29 Cfr. BOUMIL, Marcia/HATTIS, Paul A. *Medical Liability in a Nutshell.* 2011. Págs. 130-132.

30 Cfr. GIESEN, Ivo/ENGELHARD, Esther. *Medical Liability in The Netherlands.* En: KOCH, Bernhard A. (ed.). *Medical Liability in Europe.* 2011. Pág. 389.

31 Cfr. BOUMIL, Marcia/HATTIS, Paul A. *Medical Liability in a Nutshell.* 2011. Págs. 131-132.

32 NYS, Herman. *Medical Liability in Belgium.* En: KOCH, Bernhard A. (ed.). *Medical Liability in Europe.* 2011. Págs. 79-81.

33 Cfr. Sentencia de 26 de junio de 2009.

34 Cfr. para **Suiza**: WIDMER LUCHINGER, Corinne. *Medical Liability in Switzerland.* En: KOCH, Bernhard A (ed.). *Medical Liability in Europe.* 2011. Pág. 580; para **Austria**: KOCH, Bernhard A. *Medical Malpratice in Austria.* En: OLIPHANT, Ken / W. WRIGHT, Richard (eds.). *Medical Malpractice and Compensation in Global Perspective.* 2013. Págs. 23-24; para **Alemania**: STAUCH, Marc. *The Law of Medical Negligence in England and Germany. A Comparative Analysis.* 2008. Págs. 107-113; STAUCH, Marc. *Medical Malpractice in Germany.* En: OLIPHANT, Ken/ W. WRIGHT, Richard (eds.). *Medical Malpractice and Compensation in Global Perspective.* 2013. Págs. 197-198.

Lo mismo que en Francia, el modelo español, lo demuestra el contenido de la Ley 41/2002 y la copiosa jurisprudencia de los tribunales, atrás relacionada, se inscribe nítidamente dentro de la primera de las tendencias expuestas: el operador jurídico, llámese legislador, llámese juez o expositor, se ha esforzado en establecer pautas para determinar cuáles serán los riesgos que deberán ser comunicados en aras de garantizar el cumplimiento de la obligación de información, en cabeza del galeno. Se trata, dicho en breve, de un sistema tasado.

A mi modo de ver, la excesiva cantidad de categorías de los *«riesgos»,* algunas establecidas en la precitada norma pero la mayoría creadas por el Tribunal Supremo español, hacen difícil (sino imposible) establecer, *a priori,* qué circunstancias deberán ser comunicadas al paciente.

Por esa razón, el *«sistema tasado»,* característico del modelo español, se muestra incapaz de dar respuestas claras sobre la materia; también introduce –nuevamente en mi opinión- un peligroso elemento de anarquía e inseguridad en la cuestión, porque deja enteramente en manos del juez, quien las más de las veces desconoce el léxico científico y el desenvolvimiento propio de las patologías, determinar qué información tendrá el doctor la obligación de informar.

§69. Interesa precisar, por otra parte, que la obligación de informar, según la opinión mayoritaria y habida cuenta que ésta hacer parte de las obligaciones que asume el médico para con su paciente en un sentido amplio, es generalmente una **obligación de medios, no de resultado** (Cfr. STS de 25 de abril de 1994; 30 de junio de 2009 y 8 de septiembre de 2015, entre varias más).

No obstante, el asunto no es del todo pacífico: algunos autores, entre éstos Marín Velarde, han venido considerando que aunque las obligaciones asumidas por el médico en general pueden catalogarse como de *«medios»,* la de información, en concreto, es de *«resultado»,* pues

> "El cumplimiento del deber de informar por el facultativo implica que el acreedor, el paciente, mediante la conducta del deudor, el médico, satisfaga su interés: obtener una información básica sobre la patología que padece y sobre las actuaciones asistenciales, que deberá comunicársele

de forma comprensible y adecuada a sus necesidades. El médico cumple este deber cuando obtiene como resultado de su actividad que el paciente obtenga unos conocimientos, de los que habitualmente carece, y que le son necesarios a la hora de emitir el consentimiento informado. El médico en relación al deber de información está obligado a un concreto resultado: que el paciente, en atención a la información suministrada por él, pueda emitir con consentimiento válido"[35].

§70. La **finalidad** de la información es la de garantizar, a quien es su titular o destinatario, el derecho a tomar la decisión que considere más conveniente a sus intereses, proporcionándole los elementos adecuados para ello (SSTS de 23 de noviembre y 4 de diciembre de 2007; 18 de junio y 23 de octubre de 2008).

§71. Como cuestión adicional, vale destacar que, según la jurisprudencia del Tribunal Supremo español, **la verificación del defecto o la ausencia de la información** (y por ende del consentimiento informado), **no es cuestión que pueda revisarse –ni menos declararse- de oficio por el juez** (es decir, sin petición ni demostración de parte), pecando, en consecuencia, la sentencia que así se pronuncie, del vicio de la incongruencia, causal de casación (cfr. STS de 7 de junio de 2002).

§72. Finalmente, importa reseñar que, cual lo tiene decantado la jurisprudencia, el incumplimiento del deber de información hace recaer en el profesional la **asunción de los riesgos** de la intervención (SSTS de 23 de abril de 1992; 26 de septiembre de 2000; y 29 de mayo de 2014; SAP Barcelona de 19 de marzo y 29 de mayo de 2014). En los derechos extranjeros este fenómeno es conocido bajo el epígrafe del «*transfer of the risk doctrine*»[36].

---

35 MARÍN VELARDE, Asunción. *Obligación de Actividad versus Obligación de Resultado en la Actividad Médica Curativa y/o Asistencial*. En: MORILLAS CUEVA, Lorenzo/LLEDÓ YAGUE, Francisco (coords.). *Responsabilidad Médica Civil y Penal por Presunta Mala Práctica Profesional. El Contenido Reparador del Consentimiento Informado*. 2012. Págs. 65-66.

36 *Vide*: NYS, Herman. *Medical Liability in Belgium*. En: KOCH, Bernhard A. (ed.). *Medical Liability in Europe*. 2011. Pág. 80.

4.2. Determinación de la mala praxis en el consentimiento informado. Elementos generales

§73. Ante todo, es preciso memorar que la falta del consentimiento informado constituye, al menos teóricamente, una fuente (o causa) autónoma y propia de la responsabilidad civil en el ámbito sanitario[37]. De allí que, como lo han puntualizado los tribunales, la carencia del consentimiento del paciente, respecto del acto médico que sobre él se hubiere practicado, hace posible –en línea de principio- la condena del médico por un defecto de información, muy a pesar de que su actuación hubiese sido, desde el punto de vista técnico, irreprochable[38].

Puestas así las cosas, se explica también el por qué la jurisprudencia del Tribunal Supremo hubiere explicitado, una y otra vez, que la sola presencia del consentimiento informado (que en principio exonera automáticamente al médico de su actuar por implicar el desplazamiento del riesgo hacia el paciente) no constituye *«patente de corso»*, pudiéndose declarar civilmente responsable al médico que, aún a pesar de haber obtenido el previo y correcto consentimiento informado, haya procedido inadecuadamente, según las reglas generales que gobiernan la materia. Así también lo tienen decantado los expositores[39], y es la tesis mayoritaria en buena parte de los ordenamientos europeos[40].

---

37 *Et al*: MORILLAS FERNÁNDEZ, Marta. *Responsabilidad Civil Médica y Consentimiento Informado.* En: MORILLAS CUEVA, Lorenzo/LLEDÓ YAGUE, Francisco (coords.). *Responsabilidad Médica Civil y Penal por Presunta Mala Práctica Profesional. El Contenido Reparador del Consentimiento Informado.* 2012. Pág. 189.

38 Cfr. GALÁN CORTÉS, Julio César. *Responsabilidad Civil Médica.* 2016. Págs. 623. **En jurisprudencia**: STS de 4 de marzo de 2011.

39 GUERRERO ZAPLANA, José. *Derechos y Deberes de Información Médico-Paciente. El Consentimiento.* En: Revista Española de Seguros. Núm. 158. Abril de 2014. Págs. 166-167.

40 Cfr. para **Alemania**: PETRY, Franz Michael. *Medical Liability in Germany*. En: KOCH, Bernhard A. (ed.) *Medical Liability in Europe.* 2011. Págs. 264-265; para **Polonia**: BAGINSKA, Ewa. *Medical Liability in Poland.* En: KOCH, Bernhard A. (ed.). *Medical Liability in Europe.* 2011. Pág. 431.

§74. Aunque no sea sencillo, sin duda por la ausencia de literatura jurídica que aborde de manera ordenada y armónica con los elementos generales de la responsabilidad civil, la materia, quiero, en las líneas que siguen, esbozar los que a mi juicio constituyen los presupuestos de la responsabilidad civil respecto del consentimiento informado; que, conforme se vio en precedencia, se contraen a la conducta, la culpa, la causalidad y el daño.

4.2.1. Conducta

§75. La conducta del facultativo, al infringir la obligación de informar, se cifra básica y fundamentalmente en una omisión: es él quien, de manera culposa, se abstiene de suministrar al paciente los datos que, conforme a la ley, le deben ser brindados.

4.2.2. La culpa

§76. En la base de toda la responsabilidad civil médica, como se vio, está el elemento «*culpa*». La causa autónoma de responsabilidad sanitaria, derivada de la infracción del deber de informar, no escapa, al menos teóricamente, a dicha tendencia.

En efecto, en los casos en los que no ha existido consentimiento informado o éste fue inadecuado o insuficiente, la jurisprudencia ha venido imputando responsabilidad por el acto médico aun cuando no se haya actuado de manera negligente, al considerar que la falta o insuficiente información implica una infracción a la *lex artis* y ello, *per se,* es constitutivo de negligencia.

§77. Cosa diferente sucede con el estándar o parámetro que deberá aplicarse para efectos de determinar cuándo se ha infringido la obligación de informar.

La cuestión no parece problemática en los eventos en los cuales la información no es suministrada; pero adquiere perfiles borrosos cuando ésta es defectuosa o insuficiente.

Conforme se vio, el modelo español corresponde a un «*sistema tasado*», en el cual el legislador y los tribunales gozan de enorme protagonismo a la hora de determinar el contenido genérico y específico de los datos que deberán ser brindados al paciente.

En razón de las vagas y escasas referencias que sobre ello se realizan en la Ley 41/2002, y la ambigua terminología visible en la jurisprudencia de la Sala de lo Civil del Tribunal Supremo español, que tan poco ha contribuido a la clarificación de la cuestión, la negligencia en los casos de defectuosa información será establecida, en la práctica, de acuerdo al propio criterio del tribunal enjuiciador, quien a *"ojo de buen cubero"* tendrá la obligación de determinar si ésta versó sobre todos los aspectos sobre los cuales teóricamente debía aludir.

4.2.3. La causalidad

§78. La doctrina española, con pocas -aunque notables excepciones[41]-, se ha mostrado poco acuciosa de cara al estudio de la causalidad y su relación con el deber de informar.

§79. Al propósito, no sobra recordar que la causalidad, cual se advirtiera previamente, se divide en física (natural, material o factual) y jurídica.

§80. La **causalidad natural** en materia de consentimiento informado, y en esto sigo a Stauch[42] -quien lo explica de manera magistral-, tiene a su vez dos pasos. Primero que todo, se requiere que la lesión esté *"físicamente"* conectada con el acto médico ejecutado (por ejemplo que la lesión no resulte de un riesgo independiente conectado con el progreso natural de la condición del paciente). Pero eso no es suficiente. Se requiere asimismo que exista un ligamen *"psicológico"* entre la infracción del deber de informar y la decisión

---

41 Véase: GARCÍA RUBIO, María Paz. *Incumplimiento del Deber de Información, Relación de Causalidad y Daño en la Responsabilidad Médica*. En: LLAMAS POMBO, Eugenio (coord.). *Estudio de Derecho de Obligaciones. Homenaje al Profesor Mariano Alonso Pérez. Tomo I*. 2006.

42 STAUCH, Marc. *The Law of Medical Negligence in England and Germany. A Comparative Analysis*. 2008. Págs. 115 y ss.

del paciente de aceptar el tratamiento: el tribunal debe hallar que si el paciente hubiera conocido el riesgo no hubiera seguido con el tratamiento.

§81. En punto a la **causalidad jurídica**, como también lo explica Stauch, se parte de la base de que la infracción del demandado haya creado o agregado un riesgo razonablemente previsible de lesión al paciente.

§82. En los **Estados Unidos**, el estado de la cuestión es claro: no es suficiente la demostración de que el galeno actuó sin el necesario consentimiento informado; sino que, además, resulta imprescindible que se acredite la causalidad entre la falta de consentimiento y el daño padecido. En términos genéricos, suele decirse que el demandante (paciente) deberá probar que de contar con la información omitida hubiere actuado de forma diferente y el resultado dañoso habría sido distinto[43].

4.2.4. El daño

§83. El punto de partida para el análisis de este aspecto lo constituye el hecho de que, cual lo ha repetido constantemente el Tribunal Supremo español, en principio la falta de información, *per se*, *"no es causa de resarcimiento pecuniario"*(SSTS de 27 de septiembre de 2001; 10 de mayo de 2006 y 23 de octubre de 2008).

§84. Pese a aquél enunciado genérico, la propia jurisprudencia –y con ella la doctrina- ha elaborado sendas excepciones, que a mi juicio se concretan en dos supuestos:

- Aquellos casos en los cuales no se informa (o la información es defectuosa) pero el riesgo no se materializa; y
- Aquellos casos en los cuales no se informa (o la información es defectuosa) y se materializa el riesgo.

[43] Cfr. BOUMIL, Marcia/HATTIS, Paul A. *Medical Liability in a Nutshell*. 2011. Pág. 140.

§85. Una de las cuestiones más debatidas, tanto en el ámbito español como en el europeo, en materia de consentimiento informado la constituye el interrogante de si es posible –o no- condenar al médico por la sola infracción del deber de informar, al margen de si la intervención (o el acto médico, más propiamente) hubiere –o no- generado algún daño específico en el cuerpo del paciente (*rectius*, daño corporal).

La STS de 13 de mayo de 2011 opta por la respuesta afirmativa: la sola lesión del derecho de autodeterminación (*rectius*, interés lesionado), fundamentada en la ausencia del consentimiento informado, da lugar – o puede dar lugar- a un daño moral grave al paciente, independiente y autónomo del daño personal o corporal. Así se ha pronunciado repetidamente la jurisprudencia menor[44].

Es esta la solución también adoptada en los ordenamientos italiano y francés; en éste último, después de un fallo de la *Cour de Cassation* del 3 de junio de 2010[45].

§86. Más complejo, desde el punto de vista jurídico, es lo relativo a aquellos eventos en los cuales no se informa (o la información es defectuosa) y el riesgo se materializa. En estos casos, se parte de la base de que –teóricamente- sí se puede generar un daño indemnizable (cfr. STS de 8 de septiembre de 2015).

La jurisprudencia española[46] suele distinguir, para efectos del resarcimiento, dos hipótesis concretas: **(a)** de haber existido información previa adecuada, la decisión del paciente no hubiese variado, por lo cual, en principio, no hay lugar a indemnización ninguna (Cfr. STS del 29 de junio de 2007); y **(b)** de haber existido información

---

44 SAP Madrid de 3 de diciembre de 2014.

45 Cfr. para **Italia:** SCARSO, Alessandro P. / FOGLIA, Massimo. *Medical Liability in Italy*. En: KOCH, Bernhard A. (ed.). *Medical Liability in Europe*. 2011. Pág. 347; DI MARZO, Claudia. *Medical Malpractice and Compensation in Italy*. En: OLIPHANT, Ken / W. WRIGHT, Richard. *Medical Malpractice and Compensation in Global Perspective*. 2013. Pág. 233; para **Francia:** G'SELL-MACREZ, Florence. *Medical Malpractice and Compensation in France. Part I: The French Rules of Medical Liability since the Patients Rights Law of March 4, 2002*. En: OLIPHANT, Ken / W. WRIGHT, Richard (eds.). *Medical Malpractice and Compensation in Global Perspective*. 2013. Pág. 141.

46 Así lo reconoce la STS de 8 de abril de 2016, entre otras.

previa adecuada, la decisión del paciente hubiese sido la de negarse a la intervención, por lo que, al no existir incertidumbre causal, se concede la reparación íntegra del perjuicio que se ha materializado, porque no se indemniza en función de la pérdida de la oportunidad.

Una tercera hipótesis, destacada por Múnar Bernat y visible en varios fallos del Tribunal Supremo español, [47], es aquella en la cual no existe certeza respecto de la decisión que el paciente hubiere adoptado de haber conocido la información que no le fue suministrada.

En estos eventos, es decir, cuando éste pierde la oportunidad de sustraerse de la intervención, retrasarla, optar por realizarla en otro centro sanitario o por otro facultativo, la determinación y cuantificación del daño viene establecida con fundamento en la teoría de la "*pérdida de la oportunidad*", es decir, "(...) *la incertidumbre del resultado se refleja en el valor económico de la pérdida; de tal forma se da lugar al resarcimiento de una fracción del daño físico*"[48]. Entre las circunstancias que la jurisprudencia califica como relevantes para ponderar la pérdida de la oportunidad se encuentran la gravedad de la intervención, la virtualidad real de la alternativa terapéutica no informada y las posibilidades de fracaso (SSTS de 4 de marzo de 2011 y 8 de abril de 2016).

4.3. La prueba de la mala praxis en materia de consentimiento informado

§87. Es principio firmemente asentado, en el Derecho español, que en la materia la **carga de la prueba** corresponde al médico (o al centro hospitalario, según el caso), quien deberá demostrar haber obtenido el consentimiento informado del paciente, basándose no sólo en la situación de primacía que éste tiene con respecto al paciente sino también la facilidad y proximidad con la prueba, que

---

[47] Cfr. SSTS de 4 de marzo de 2011 y 8 de abril de 2016.

[48] MUNAR BERNAT, Pedro A. *El Daño y su Indemnización en Supuestos de Infracción del Deber de Informar.* En: MORILLAS CUEVA, Lorenzo/LLEDÓ YAGUE, Francisco (coords.). *Responsabilidad Médica Civil y Penal por Presunta Mala Práctica Profesional. El Contenido Reparador del Consentimiento Informado.* 2012. Págs. 113-114.

evidentemente detenta. La doctrina y la jurisprudencia son unánimes al respecto[49].

La situación en el Derecho europeo no parece ser muy distinta: en **Francia,** la Corte de Casación, en fallo de 25 de febrero de 1997, interpretando el artículo 1315 del *Code Civil* (en su versión original), reversó la carga de la prueba en materia de obligación de información[50]. Sobre el particular, sentenció: *"aquél que está legal o contractualmente vinculado por una obligación particular de información debe suministrar la prueba de la ejecución de esa obligación".* La solución dada por la *Cour de Cassation* sería -poco después- confirmada por la Ley de los Derechos del Paciente de 2002 (art. L. 1111-2).

En **Alemania**, la situación no es muy diferente, pero se parte de una base ligeramente distinta: allí, la intervención en el cuerpo del paciente, ejecutada sin su consentimiento, implica una agresión a éste, razón por la cual le incumbe al médico, en su defensa, probar los hechos que tiendan a contrarrestar la acusación (grave acusación) que contra él pesa. Por lo mismo, deberá acreditar plenamente no sólo haber obtenido el consentimiento, sino que la información suministrada versó sobre la totalidad de los riesgos y demás circunstancias relevantes[51].

§88. Distinto de lo anterior, como recuerda la SAP Zaragoza del 3 de febrero de 2016, es lo referente a la demostración de que

---

49 **En doctrina:** GALÁN CORTÉS, Julio César. *Responsabilidad Civil Médica.* 2016. Págs. 711-715; **en jurisprudencia:** SSTS del 25 de abril de 1994, 31 de julio de 1996, 16 de octubre, 10 de noviembre y 28 de diciembre de 1998, 19 de abril de 1999, 7 de marzo y 26 de septiembre de 2000, 12 de enero y 27 de abril de 2001, 29 de mayo y 8 de septiembre de 2003, 7 de abril y 29 de octubre de 2004, 29 de septiembre de 2005, 18 de mayo y 26 de junio de 2006, 19 de junio, 19, 22 y 23 de noviembre de 2007, 29 de julio de 2008, 21 de enero de 2009 y 20 de mayo de 2011; **en jurisprudencia menor:** SAP Barcelona 19 de marzo de 2014; SAP Almería de 26 de enero de 2015.

50 Véase: FABRE MAGNAN, Muriel. *Droit des Obligations. 2. Responsabilité Civile et Quasicontrats.* Pág. 115. También: G'SELL-MACREZ, Florence. *Medical Malpractice and Compensation in France. Part I: The French Rules of Medical Liability since the Patients Rights Law of March 4, 2002.* En: OLIPHANT, Ken / W. WRIGHT, Richard (eds.). *Medical Malpractice and Compensation in Global Perspective.* 2013. Pág. 140.

51 STAUCH, Marc. *The Law of Medical Negligence in England and Germany. A Comparative Analysis.* 2008. Págs. 124 y ss.

ese consentimiento informado se otorgó de manera correcta, vale decir, conociendo los riesgos, expectativas de éxito y tratamientos alternativos. La acreditación de ello, así lo sostuvo la Audiencia, "*parece*" que debe recaer en el paciente.

§89. Desde otro punto de vista, se ha destacado que la ausencia del consentimiento informado hace recaer en el médico la carga de probar que el daño fue independiente de su actuación, "(...) *relevando al paciente de la carga de probar la imputación objetiva y la culpabilidad*"[52].

52 SAP Madrid de 3 de diciembre de 2014.

5. Teoría general de la responsabilidad médica en cirugía estética. Elementos sustanciales y probatorios

5.1. Elementos sustanciales

§90. En los números que siguen, paso a exponer los elementos sustanciales que caracterizan a la responsabilidad civil del cirujano estético.

5.1.1. Responsabilidad contractual o extracontractual

§91. La responsabilidad civil en la que eventualmente puede incurrir el galeno, al momento de practicar una intervención quirúrgica de naturaleza estética, en la mayoría de los casos es de naturaleza contractual. Ello se explica si se tiene en cuenta, la práctica forense y la finalidad perseguida por la intervención así lo demuestra, que en la generalidad de las ocasiones el paciente acude *motu proprio* al facultativo para que, sobre su cuerpo, se practique el acto médico mediante el cual habrá de obtener la mejoría de su aspecto físico.

§92. Empero, el recién mencionado principio, creo, no puede ni deber ser entendido en términos tan absolutos, especialmente en esta área de la medicina.

No es extraño que hoy las intervenciones estéticas, dado su alto nivel de complejidad y sus elevados costes, tanto para el paciente como para quien la practica, sean adelantadas a instancias de centros privados especializados.

Trátense de los llamados «*medispa*», sofisticadas empresas dedicadas, casi con exclusividad, a contratar con personas que buscan obtener la mejoría de su aspecto físico, y a quienes les son suministrados no sólo los médicos especialistas sino también el alojamiento, los cuidados pre y pos-quirúrgicos, alimentación y las más variadas comodidades.

En estas situaciones, la responsabilidad civil del galeno, en estricta lógica, no puede ni debe ser tenida como contractual, pues con el paciente él no celebra contrato alguno: lo hace la institución clínica; no hay, entre ellos, un acuerdo previo de voluntades, requisito indispensable para que pueda determinarse que la responsabilidad es contractual.

5.1.2. Naturaleza jurídica del vínculo que une al médico estético con sus pacientes/clientes

5.1.2.1. La prestación quirúrgica

§93. La obligación del médico estético, la prestación subsumida en la obligación emanada del contrato suscrito con su paciente, envuelve -primordialmente- prestaciones de hacer: el modo en que se satisface el interés del acreedor (paciente), no hay duda, se contrae a la ejecución de uno o más actos sobre su cuerpo, en todas las etapas propias de cualquier atención quirúrgica.

5.1.2.2. ¿Medicina satisfactiva y medicina correctiva?

§94. En líneas anteriores se vio cómo, en materia de responsabilidad civil sanitaria, uno de los conceptos que en los últimos años ha tenido mayor importancia ha sido el de la bifurcación entre lo que es la medicina correctiva, curativa o necesaria, y lo que es la medicina satisfactiva.

§95. El ramo de la cirugía estética es quizás donde más y mejor se aprecia la distinción, pues suele decirse que dado su carácter innecesario (desde el punto de vista terapéutico) se enmarca decididamente entre la categoría de la medicina satisfactiva. Tal es la postura de la mayoría de los autores españoles[1] y la que subyace detrás de algunos fallos del Tribunal Supremo español[2].

§96. Siguiendo a Sagna, el concepto de fondo, dominante en el pasado, era el de considerar a la cirugía estética como de menor relevancia social. De hecho, las intervenciones quirúrgicas puramente estéticas eran consideradas de puro capricho o vanidad, por hallarse dirigidas únicamente a mejorar el aspecto[3]. A manera de anécdota, un tribunal francés consideró en algún momento que el solo hecho de llevar a cabo una cirugía de dicha naturaleza ya de por sí vislumbraba una culpa (*faute*)[4].

Esa concepción restrictiva de la medicina estética, parece hoy superada. El derecho a la salud, como ya se puso en evidencia, desdibuja la diferenciación entre una y otra, hasta el punto de aparecer en la actualidad como una distinción artificiosa e inútil.

5.1.2.3. ¿Obligaciones de medio o de resultado?

§97. Ya se ha visto cómo la tendencia en los ordenamientos europeos (entre los que se enmarca el modelo español) y en el estadounidense, en materia de responsabilidad civil médica, ha sido la de calificar a la obligación del profesional sanitario como de «*medios*», con la consecuente –y hasta natural- consideración de que el baremo para establecer la culpa o negligencia de éste no podrá ser otro que el del apartamiento de su conducta de aquella diligencia que

---

1 *Et al*: RUÍZ LÓPEZ, Diego. *Responsabilidad Contractual Médica por no Obtener el Resultado Pretendido en un Tratamiento de Blanqueamiento Dental*. En: *Centro de Estudios de Consumo*. 2015. Págs. 1-3;

2 STS de 11 de febrero de 1997.

3 SAGNA, Alberto. *Il Patto Speciale di Garanzia del Chirurgo Estetico: Suddivizione delle Obligazioni tra quelle di Mezzi e quelle di Risultato quale Metodo Anacronistico di Vallutazione della Professione Medica?*. Visible en: www.diritto.it./archivio/1/20943.pdf

4 Trib. Civ. Seine del 25 de febrero de 1929. Citado en: FALQUE, C. *La Responsabilité du Médecin Après L'Arret de la Cour de Cassation du Mai 1936*. En: *Revue Critique de Législation et de Jurisprudence*. 1937. Pág. 633.

hubiere observado el profesional medio, que es en lo que se teóricamente se cifra la idea de *«culpa»*.

Vale aquí y ahora preguntarse si dicha aseveración también cabe en lo que atañe a la responsabilidad civil derivada de los actos de cirugía estética. La cuestión se concentra, fundamentalmente, sobre aquello que bien puede considerarse como el interrogante de base: si su obligación es de medio o de resultado.

§98. Es corriente que en la literatura jurídica española, especialmente en la más antigua (eso sí, con bastante eco en la reciente), se le catalogue (como particular ramo de la *«medicina satisfactiva»*) como una prototípica obligación de resultado, emanada de un contrato de ejecución de obra material. Numerosos autores se inscriben en esta línea (que de alguna manera bien puede recibir el calificativo de *«ortodoxa»*), entre ellos, Gitrama González, Ramírez, De Ángel Yagüez, Martínez-Calcerrada, Santos Briz, Ossorio, Bello Janeiro, López Carmona, Jiménez Vaquero, López-Muñoz y Larraz, Ruíz López y Esther Monterroso Casado[5].

Los tribunales españoles, particularmente en la década de los noventa y hasta bien entrado el siglo XXI, se enfilaron en el mismo sentido: la obligación del cirujano estético era decididamente de

---

5 MARTÍNEZ-CALCERRADA, Luis. *Responsabilidad Civil Médico-Sanitaria.* 1992. Pág. 19; RAMÍREZ, José A. *La Cirugía Estética y el Derecho.* En: *Revista Jurídica de Cataluña.* Número de mayo-junio de 1960. Págs. 225-227; GITRAMA GONZÁLEZ, Manuel. *Configuración Jurídica de los Servicios Médicos.* En: *Estudios de Derecho Público y Privado en Homenaje al Profesor Serrano y Serrano. Tomo I.* Valladolid. 1965. Núm. 16. SANTOS BRIZ, Jaime. *La Responsabilidad Civil de los Médicos en el Derecho Español.* En: *Revista de Derecho Privado.* 1984. Pág. 666; SANTOS BRIZ, Jaime. *La Responsabilidad Civil. Tomo II.* 1993. Pág. 893; SANTOS BRIZ, Jaime. *La Responsabilidad Civil. Temas Actuales.* 2001. Págs. 196-201; OSSORIO, Juan Miguel. *Lecciones de Derecho de Daños.* 2011. Pág. 133; MONTERROSO CASADO, Esther. *Diligencia Médica y Responsabilidad Civil.* Págs. 3-4; RUÍZ LÓPEZ, Diego. *Responsabilidad Contractual Médica por no Obtener el Resultado Pretendido en un Tratamiento de Blanqueamiento Dental.* En: *Centro de Estudios de Consumo.* 2015. Págs. 1-3; LÓPEZ CARMONA, Virginia. *Responsabilidad Civil por Falta de Consentimiento Informado en la Medicina Satisfactiva.* En: *Extraordinario XXII Congreso 2013. Vol. 23.* 2013. Págs. 183-184; DE ÁNGEL YAGUEZ, Ricardo. *Responsabilidad por Actos Médicos: Problemas de Prueba.* 1999. Pág. 19; JIMÉNEZ VAQUERO, Nuria. *Responsabilidad Civil Médica.* 2014-2015. Págs. 9-11; BELLO JANEIRO, Domingo. *Cuestiones Actuales de Responsabilidad Civil.* 2009. Págs. 295-296; LÓPEZ MUÑOZ Y LARRAZ, Gustavo. *Negligencias en Cirugía y Anestesia Estéticas.* 2008. Págs. 41-44.

resultado, no de actividad. En ese sentido, existen numerosos fallos del Tribunal Supremo[6] y de las Audiencias Provinciales[7].

§99. Sin embargo, esa postura, tanto en el ámbito doctrinal como en el jurisprudencial, parece estar cambiando, particularmente en lo que toca con los derechos francés, italiano y portugués.

En el **ordenamiento galo**, autores como Chabas, Frossard y Penneaud[8] consideran que en este tipo de intervenciones lo único que se le puede exigir al cirujano es la actividad diligente y no la consecución de un resultado concreto, pues éste escapa de su control.

En **Derecho italiano**, desde el punto de vista doctrinario, los autores se muestran divididos. Dada la ingente cantidad de literatura jurídica, y la abundancia de expositores que abordan la problemática, estimo pertinente hacer el siguiente recuento, distinguiendo las principales tendencias y argumentos que se suelen encontrar en el panorama académico.

Un primer sector, encabezado entre los más contemporáneos por Bilancetti, Augusto y Stefania Baldassari, Amadei, Serpetti di Querciara y Sagna, Longo, Colucci y Di Guida, considera que la obligación del cirujano estético es de medios. Entre las razones que esos autores esgrimen para sustentar dicha postura se hallan las siguientes:

i. Para Federico Amadei, de aceptarse que se trata de una obligación de resultados se entraría en los terrenos de la respon-

---

6 SSTS del 31 de julio de 1996; 11 de febrero de 1997; 9 de diciembre de 1998; 28 de junio de 1999; 26 de marzo de 2004. Entre otras.

7 SAP Madrid del 18 de marzo de 1998; SAP Santa Cruz de Tenerife de 18 de septiembre de 1999; SAP Madrid 12 de julio de 2002; SAP Guadalajara de 4 de marzo de 2003; SAP Sevilla de 30 de marzo de 2005; SAP La Coruña de 9 de diciembre de 2005; SAP Alava 14 de abril de 2007. Por citar algunas.

8 CHABAS, François. *La Responsabilitá del Medico per i Danni Causati nell'Esercizio della Professione, nel Diritto Francese*. En: *Responsabilità Civile e Previdenza*. 1988. Núm. 1. Pág. 4; FROSSARD, Joseph. *La Distinction des Obligations de Moyens et des Obligations de Résultat*. 1965. Núm. 376; PENNEAU, Jean. *La Responsabilitè du Mèdecin*. 1992. Pág. 9.

sabilidad objetiva, decididamente desterrada de la responsabilidad civil en el marco sanitario[9];

ii. Serpetti di Querciara, por su parte, sostiene que es excesivo imputarle, en clave de obligación de resultado, la responsabilidad al cirujano estético, dado el carácter penalizante que ello conlleva[10];

iii. Otros consideran que la medicina en cualquiera de sus áreas no es una ciencia exacta, sino una disciplina sujeta a los más variados factores con aptitud para incidir en la ejecución el acto médico; por lo mismo, se oponen a que puedan considerarse como obligaciones de resultado[11];

iv. Autores hay que hacen hincapié en que la sola caracterización de una intervención como *"estética"* no da pie para considerar, automáticamente, que las obligaciones sean de resultado: se requiere necesariamente un pacto expreso al respecto, cuya existencia deberá ser acreditada por el paciente[12]; y

v. Finalmente, expositores como Bilancetti estiman que la cirugía estética, al igual que aquella ordinaria, tiene siempre un componente de incertidumbre y aleatoriedad, derivado del posible surgimiento de complicaciones y reacciones. En estos casos, como lo admite el autor en cita, "(...) *el médico tiene el deber de poner en servicio del cliente todos los recursos de la*

---

9 AMADEI, Federico. *Danno in Chirurgia Estetica.* En: CENDON, Paolo (dir.). *Trattato dei Nuovi Danni.Vol. I. Danni in Generale. Integritá Fisica e Psichica. Criteri di Risarcimento.* 2011. Págs. 373-374.

10 Cfr. SERPETTI DI QUERCIARA, Antonio. *Il Chirurgo Estetico.* En: TODESCHINI, Nicola (bajo su cuidado)/CENDON, Paolo (dir.). *La Responsabilitá Medica.* 2016. Pág. 677.

11 Cfr. BALDASSARI, Augusto/BALDASSARI, Stefania. *La Responsabilitá Civile del Professionista. Tomo II.* 2006. Pág. 1149; SAGNA, Alberto. *Il Patto Speciale di Garanzia del Chirurgo Estetico: Suddivizione delle Obligazioni tra quelle di Mezzi e quelle di Risultato quale Metodo Anacronistico di Vallutazione della Professione Medica?.* Visible en: www.diritto.it./archivio/1/20943.pdf; LONGO, M./COLUCCI, M./DI GUIDA, R. *Il Consenso dell'Avente Diritto in Chirurgia Estetica.* En: *Italian Journal of Legal Medicine.Vol. 3. Núm. 1.* Dic. 2014. Págs. 65 y ss.

12 Cfr. SAGNA, Alberto. *Il Patto Speciale di Garanzia del Chirurgo Estetico: Suddivizione delle Obligazioni tra quelle di Mezzi e quelle di Risultato quale Metodo Anacronistico di Vallutazione della Professione Medica?.* Visible en: www.diritto.it./archivio/1/20943.pdf.

ciencia que los progresos de ésta le ponen a su disposición, respondiendo del insuceso de su intervención operatoria o del agravamiento de las condiciones del paciente únicamente en base a su negligencia, imprudencia o impericia (...)"[13].

Con todo, no faltan autores, en particular los más antiguos, que consideran que se trata, la del médico cirujano estético, de una obligación típicamente de resultados, porque el galeno está comprometido a "(...) *mostrar una alta probabilidad de éxito en términos concretos, excluyendo la posibilidad de resultados no favorables, especialmente si la situación morfológica primitiva se empeoró o deformó aún más*"[14].

Y, finalmente, otros estiman que la distinción entre obligaciones de medio y de resultado, en el ámbito médico en general, carece de toda utilidad, pues a la luz de la *"renovada"* concepción del derecho a la salud como bienestar psicológico, está ligado a la importancia que en la persona posee su aspecto físico[15]; o como señalan algunos, la estructura misma de la relación obligatoria impide hacer tamaña discriminación, en vista de que un resultado es debido en todas las obligaciones[16].

La tendencia en la jurisprudencia italiana se muestra un poco más uniforme, siendo la mayoritaria y mejor asentada postura aquella según la cual se trata de una obligación de medios. Varios fallos de la *Corte di Cassazione*[17] y de los tribunales menores[18] se han orientado en tal sentido.

---

13 BILANCIETTI, Mauro. *La Responsabilitá del Chirurgo Estetico.* En: *Giurisprudencia Italiana. Vol. IV.* 1997-2. Págs. 354 y ss.

14 PRINCIGALLI, Annamaria. *La Responsabilità del Medico.* 1983. Págs. 42 y ss.

15 Cfr. BALDASSARI, Augusto / BALDASSARI, Stefania. *La Responsabilitá Civile del Professionista. Tomo II.* 2006. Pág. 1149.

16 ARNONE M.D., Gino. *Il Superamento della Distinzione tra Obbligazioni di Mezzi e di Risultato.* En: TODESCHINI, Nicola (bajo su cuidado) / CENDON, Paolo (dir.). *La Responsabilitá Medica.* 2016. Pág. 191.

17 Fallo de la Sala Civil del 3 de diciembre de 1997. Citado por Mauro Sella en: SELLA, Mauro. *La Quantificazione dei Danni da Malpractice Medica.* 2005. Pág. 188; y 11 de junio de 2008.

18 Tribunal de Apelaciones de Roma del 25 de enero de 1978; Tribunal de Apelaciones de Bari del 27 de diciembre de 1978; Tribunal de Trieste de 14 de abril de 1994.

Cual lo sentenció ese Alto Tribunal italiano en pronunciamiento de 3 de diciembre de 1997,

> "La obligación del profesional en relación con el cliente, también en los casos de intervenciones de cirugía estética, es de medios, en la cual el cirujano no responde de la falta de consecución del resultado que el cliente esperaba y que no está llamado a asegurar, en la ausencia de negligencia o impericia, salvada la obligación del profesional a plantearle al paciente realísticamente la posibilidad de la obtención del resultado perseguido" (Resaltado y negrillas fuera del original).

A ello cabría agregar otro fallo del mismo Colegio fechado el 25 de noviembre de 1994, seguido muy de cerca por la jurisprudencia menor italiana[19], en el cual se estableció que en estos casos correspondía al paciente, por ser carga suya, la demostración en el juicio de que el contrato se hubiere pactado la obtención de un resultado concreto. En efecto, se sostuvo en aquella ocasión:

"El cliente que, habiendo recibido una intervención de cirugía rehabilitadora, **o también de cirugía estética***, sin conseguir los resultados por él esperados, busque pedirle al profesional el resarcimiento de los daños sosteniendo que la obligación por éste asumida era, en el caso específico, de resultado (...) tiene la carga de probar el incumplimiento, que es hecho constitutivo de su derecho al resarcimiento (...) y, por ello, que la prestación debida por el profesional era de resultado, y no solo de medios (...)"* (Subrayas propias).

Varios otros pronunciamientos del Tribunal de Casación italiano se han emitido en el sentido recién indicado, estableciéndose que el cirujano estético responde por el incumplimiento de una obligación de medios (cfr. Cass. civ. 26 de octubre de 1994; 8 de mayo de 1998; 11 de junio de 2008).

Decisivo es el fallo del 11 de junio de 2008, emitido por las *Sezioni Unite* de la *Corte di Cassazione*, cuya importancia capital en la materia ha sido resaltada por los expositores; pronunciamiento en el cual, con apoyo en el artículo 1176.2 *Codice*, el alto tribunal sen-

[19] Cfr. Tribunal de Padua de 10 de marzo de 2004; y Tribunal de Trieste de 14 de abril de 1994.

tenció que la obligación del médico en estos casos era la desempeñar un comportamiento profesionalmente adecuado, y nada más[20].

En **Portugal**, finalmente, se observa una parecida tendencia. Muestra de ello es el fallo de 15 de noviembre de 2012, proferido por la Corte Suprema de Justicia[21]. El supuesto de hecho fue el siguiente: A fue sometida a una cirugía plástica (mamoplastia de aumento) en 1995, en una clínica privada, B. El cirujano, C, le informó que una intervención alternativa (aumento de los senos y levantamiento de los pechos y pezones) sería más apropiada, siendo, esa propuesta, rechazada por A, por las cicatrices que le dejaría. C le informó que la mamoplastia le mejoraría los senos, pero no crearía una perfecta armonía entre ellos. Dos años después de la cirugía, uno de los implantes repentinamente perdió todo su volumen y sus componentes fueron absorbidos por el cuerpo. Habían signos de marcas de puntura en éste. Consecuentemente, C operó nuevamente al paciente en un hospital público, pero insertó un implante más pequeño. La diferencia entre ambos es de ligera a moderada, de acuerdo a expertos, y no es observable cuando A está vestida. A experimentó dolor durante las dos operaciones y sufre de congoja por causa de sus pechos asimétricos. Persigue compensación en cuantía suficiente para removerle los implantes y pagar por una nueva operación, así como 500.000 euros por daños no patrimoniales. Los juzgadores de primer y segundo grado desestimaron las súplicas.

La Corte Suprema consideró que había una relación contractual entre las partes, un contrato de servicios médicos. Sentado esto, acotó que la obligación del médico era de medios, aún en los casos de cirugía estética, y no una obligación de resultado o cuasi resultado. En consecuencia, el juez debe analizar la violación de la *lex artis*.

---

20 *Vide*: ARNONE M.D., Gino. *Il Superamento della Distinzione tra Obbligazioni di Mezzi e di Risultato.* En: TODESCHINI, Nicola (bajo su cuidado)/CENDON, Paolo (dir.). *La Responsabilitá Medica.* 2016. *In extenso.*

21 Citado y comentado en: DIAS PEREIRA, André/ALMENO DE SÁ, Filipa. *XXII. Portugal.* En: OLIPHANT, Ken/STEININGER, Barbara (eds.). *European Tort Law 2012.* 2012. Págs. 547-549.

Como A no probó que el galeno hubiere ejecutado la operación de forma negligente, confirmó las decisiones de instancia, denegando las pretensiones de A.

Algún sector de la doctrina lusitana (Andrés Dias Pereira) se ha pronunciado así también[22].

§100. No muy diferente es la línea que se viene siguiendo en los **Estados Unidos**. Allí, conviene clarificarlo, las acciones por mala praxis pueden encausarse mediante dos vías: la primera, la más común, es a través de las *tort of negligence;* la segunda, a partir de una acción por infracción del contrato (*contract-based claims*).

La diferencia entre una y otra acción, bien sintetizada por Boumil y Hattis, se expresa en los siguientes términos:

> "The cause of action for breach of contract is separate and distinct from the malpractice action, even though they originate from the same act. The plaintiff may plead both in the alternative. Malpractice is a tort claim predicated on negligence theory (failure of the physician to excercise the requiered degree of medical care and skill). The action in contract is based upon the psysichian's alleged failure to perform in accordance with a specific agreement, even if the tratment was not negligent"[23].

Pues bien, es en esta última, es decir, en la órbita del incumplimiento del contrato, donde tienen y han tenido lugar los litigios que versan sobre la no consecución por parte del galeno de las promesas (o de los resultados concretos) hechas al paciente. Estas acciones, importa reiterarlo, asumen diversos ropajes, entre éstos la *breach of promise* o la *breach of warranty.*

De cualquiera manera, el punto de partida en estos casos, cual lo señala Cucin[24], es el fallado por una Corte de Nueva York en los lejanos 1898, en el cual se sentenció:

> "A physician and surgeon, by taking charge of a case, impliedly representes that he posseses, and the law places upon hum the duty of

---

22 DIAS PEREIRA, André. *O Consentimiento Informado na Relaçao Médico-paciente*. 2004.

23 BOUMIL, Marcia/HATTIS, Paul. *Medical Liability in a Nutshell*. 2011. Pág. 32.

24 CUCIN, Robert. *Medical Malpractice. Handling Plastic Surgery Cases*. Págs. 42-43.

possessing, that reasonable degree of learning and skill that is ordinarily possesed by pshysicians and surgeons in the locality where he practices, and wich is ordinarily regardad by those conversant wit the employement as neccesary to quality him to engage in the business of practicing medicine and surgery. Upon consenting to treat a patient it becomes his duty to use reasonable care and diligence in the excercise of his skill in the application of his learning to accomplish the purpose for which he was employed. He is under the obligation to use his best-judgement in excercising his skill and applying his knowledge. The law holds him liable for an injury to his patient resulting from want of the requisite knowledge and skikk, or the omission to excercise care, or the failure to use his best judgement (...). His implied engagement with his patient does not guarantee a good result, but he promises by implication to use the skill and learning of the average physician, to excercise reasonable care and to exert his best judgment in the effort to bring about a good result"[25] (Negrillas y subrayas fuera del original).

En este ámbito, el caso paradigmático es *Sullivan v. O'Connor* (Mass. 1973). El supuesto de hecho fue el siguiente: el paciente, un conocido profesional del entretenimiento, aceptó someterse a una cirugía adelantada por un médico bajo la promesa de aumentar su belleza y mejorar su apariencia, operando su nariz. La intervención desfiguró dicha parte de su cuerpo y obligó al paciente a acudir a procedimientos adicionales y a sufrir dolor físico y mental (*physical and mental pain*). La Corte determinó que existía el contrato y la garantía del resultado, condenado al doctor a pagar los daños causados.

Pero dejando de lado a *O'Sullivan*, los tribunales, cual lo ilustran –nuevamente- Boumil y Hattis, suelen ser reticentes a avalar este tipo de promesas. Esta renuencia de hacer cumplir tales acuerdos se deriva, primordialmente, de una preocupación política de que si se respetan dichos pactos, los médicos vacilarán en ofrecer garantías a los pacientes y practicarán *«medicina defensiva» (defensive medicine)*[26].

También es tendencia en la jurisprudencia estadounidense aquella según la cual las acciones contractuales, en este particular ámbito,

---

25 *Pike v. Honsinger.*

26 BOUMIL, Marcia/HATTIS, Paul. *Medical Liability in a Nutshell.* 2011. Pág. 29; en similar sentido: HALL, Ned. *Medical Liability and Treatment Relationship.* 2008. Págs. 377-379.

requieren de la prueba clara («*clear proof*») de aquello que el médico prometió, acreditación que deberá suministrar el damnificado-demandante. Hay cuantiosos fallos en ese sentido[27], y son varias y bien variadas las reglas jurídicas que los tribunales de esa nación, para tener por probada esa circunstancia, han elaborado[28].

La literatura especializada, al igual que los jueces, se muestra reacia a aceptar que en estos casos pueda exigirse al médico la consecución de un resultado concreto.

Prosser y Keeton, por ejemplo, sujetan el buen suceso de la acción de *breach of contract* a cuando el médico hubiere pactado expresamente la consecución de un particular resultado, en cuya ausencia no habrá lugar a responsabilidad más allá de las reglas generales, es decir que deberá probarse la negligencia[29]. Es esta, huelga anotar, la postura que también siguen algunos tribunales de ese país[30].

Otros, entre ellos Haeck y Gorney, luego de sentar que la regla general consiste en que el cirujano no se compromete a la obtención de un resultado concreto, sino únicamente a ejercitar el cuidado ordinario y razonable, traen un interesante -y actual- caso. Se trata de aquellas situaciones en las cuales el médico le muestra al paciente una imagen simulada de cómo habrá de quedar su cuerpo después de la intervención. Si el cirujano no *"entrega"* aquello que apareció en la pantalla de la computadora, eventualmente podría tener que encarar una acción de incumplimiento de contrato. Por esa razón, recomiendan el uso cauteloso de esos dispositivos[31].

---

27 *Vide*: *VanHierdan v. Swelstad* (Wis. App. 2009); *Grass v. Field* (8th Cir. 2001); *Sard v. Hardy* (M.D. 1977); *Herrera v. Roessing* (Colorado, 1975);

28 Sobre este punto véase: BOUMIL, Marcia/HATTIS, Paul. *Medical Liability in a Nutshell*. 2011. Págs. 28-36; y HALL, Ned. *Medical Liability and Treatment Relationship*. 2008. Págs. 376-381.

29 KEETON, W. Page (Ed.)/DOBBS, Dan/KEETON, Robert E./OWEN, David G. *Prosser and Keeton on the Law of Torts*. 1984. Págs. 186-187.

30 Cfr. *Toppino v. Herhan* (N.M. 1983).

31 HAECK, Phil/GORNEY, Mark. *Risk, Liability and Malpractice.What Every Plastic Surgeon Needs to Know*. 2011.

§101. Retomando el **modelo español**, vale ahora preguntarse si esa rígida posición, pregonada por la doctrina ortodoxa, sigue manteniendo su vigencia.

No es sencillo sintetizar en pocas líneas la evolución que ha experimentado este tema en los últimos veinte o treinta años. Empero, lo que sí parece evidente es que la interpretación y la relectura de las normas ha permitido un acercamiento entre las reglas que gobiernan la responsabilidad civil del cirujano estético a aquellas que rigen a cualquier profesional médico. Las fronteras entre una y otra, tanto en el panorama académico como en el jurisprudencial, se muestran cada vez más difusas.

Es verdad, conforme se destacó en líneas precedentes, el Tribunal Supremo y las Audiencias Provinciales españolas, particularmente en la década de los noventa del siglo pasado y durante la primera década del que corre, se mostraron proclives a afirmar que la obligación del cirujano estético era de resultado, con la consecuencia práctica de que el deudor (el médico) ejecutaba la prestación bajo su propio riesgo, y la no obtención de lo prometido implicaba *per se* el incumplimiento del contrato.

Pues bien, a partir de la STS del 12 de marzo de 2008 la situación varió ostensible y decididamente. En ella, el Tribunal de Casación español desechó, por impertinente, la diferenciación entre obligaciones de medio y de resultado en los casos de responsabilidad civil médica, para sentenciar:

> "Los médicos actúan sobre personas, con o sin alteraciones de salud, y la intervención médica está sujeta, como todas, al componente aleatorio propio de la misma, por lo que los riesgos o complicaciones que se pueden derivar de las distintas técnicas de cirugía utilizadas son similares en todos los casos y el fracaso de la intervención puede no estar tanto en una mala praxis cuanto en las simples alteraciones biológicas. Lo contrario supondría prescindir de la idea subjetiva de culpa, propia de nuestro sistema, para poner a su cargo una responsabilidad de naturaleza objetiva derivada del simple resultado alcanzado en la realización del acto médico, al margen de cualquier otra valoración sobre culpabilidad y relación de causalidad y de la prueba de una actuación médica ajustada a la lex artis, cuando está reconocido científicamente que la seguridad

de un resultado no es posible pues no todos los individuos reaccionan de igual manera ante los tratamientos de que dispone la medicina actual".

Tal razonamiento ha sido reiterado expresamente en otros varios pronunciamientos de ese tribunal (cfr. SSTS del 30 de junio y 20 de noviembre de 2009; 3 de marzo de 2010; 28 de junio y 19 de julio de 2013; y 7 de mayo de 2014). La jurisprudencia menor, por su parte, se ha mostrado entusiasta con dicha doctrina (cfr. SAP Madrid de 27 de septiembre de 2010 y 3 de diciembre de 2014; SAP Málaga de 30 de diciembre de 2014).

La "*piedra de toque*", que sepultó definitivamente la distinción entre obligaciones de medio y de resultado en el ámbito sanitario, la trae la STS del 30 de junio de 2009, en la cual se sostuvo:

> "La distinción entre obligaciones de medios y de resultados (...), no es posible en el ejercicio de la actividad médica, salvo que el resultado se garantice, incluso en los supuestos más próximos a la llamada medicina voluntaria que a la necesaria o asistencial, cuya diferencia tampoco aparece muy clara en los hechos, sobre todo a partir de la asunción del derecho a la salud como bienestar en sus aspectos psíquicos y social, y no sólo físico. La responsabilidad del profesional es de medios, y como tal no puede garantizar un resultado concreto. Obligación suya es poner a disposición del paciente los medios adecuados comprometiéndose no sólo a cumplimentar las técnicas previstas para la patología en cuestión, con arreglo a la ciencia médica adecuada a una buena praxis, sino a aplicar estas técnicas con el cuidado y precisión exigible de acuerdo a las circunstancias y los riesgos inherentes a cada intervención (...)".

En reciente fallo, el Tribunal de Casación español sostuvo:

> "La cirugía estética o plástica no conlleva la garantía del resultado y si bien es cierto que su obtención es el principal objetivo de toda intervención médica, voluntaria o no, y la que la demandante esperaba, el fracaso no es imputable al facultativo por el simple resultado, como aquí se ha hecho, prescindiendo de la idea subjetiva de culpa, a la que no atiende la sentencia que pone a cargo del profesional médico una responsabilidad objetiva contraria a la jurisprudencia de esta Sala" (STS de 13 de abril de 2016).

Las Audiencias Provinciales, como se dijo, no sólo se han mostrado entusiastas con dicha doctrina, sino que haciendo eco de las formulaciones un tanto abstractas del Tribunal Supremo vienen razonando que en materia de cirugía estética la obligación del profesional es de medios (SAP Madrid de 3 de diciembre de 2014) y no de resultados (SAP Cádiz de 13 de septiembre de 2016), descartando asimismo que pueda hablarse en estos casos de un contrato de obra (cfr. SAP Málaga de 30 de diciembre de 2014 y SAP Madrid de 3 de diciembre de 2014).

El panorama en la doctrina no es menos alentador. Fuera de los autores, a decir verdad la mayoría, que consideran, algunos ligeramente, que la obligación del cirujano estético siempre y en todos los casos es de resultado, sólo unos pocos ponen en duda esa aseveración, que casi ha adquirido ya el carácter de dogma. Veamos:

De Ángel Yagüez, en un artículo publicado en 2006, critica la distinción entre las obligaciones de medio y de resultado, y se detiene especialmente en la aplicación de una u otra categoría en el ámbito sanitario[32]. Sin desconocer la extensión de su obra, y la agudeza y detalle de sus comentarios, me limito -en lo que sigue- a enunciar aquí las ideas generales que plantea:

Retrotrayéndose a las fuentes romanas y a la doctrina especializada que les ha estudiado, el autor sugiere *"poner en duda"* que la supuesta diferencia conceptual entre la *locatio conductio operarum* y la *locatio conductio operis* sea soporte suficiente para distinguir entre uno y otro tipo de obligación y menos para trasladar sus consecuencias a la responsabilidad civil médica. La mencionada diferenciación (medios-resultado), dice, sólo tiene sentido a efectos de afirmar que el médico responde cuando no cumple en absoluto, o cumple defectuosamente, una "(...) *prestación profesional cuyo objeto consiste,*

---

32 Me refiero al siguiente trabajo: DE ÁNGEL YAGUEZ, Ricardo. *El "Resultado" en la obligación del médico. ¿Ideas Sensatas que pueden volverse locas?*. En: LLAMAS POMBO, Eugenio (coord.). *Estudios de Derecho de Obligaciones. Homenaje al Profesor Mariano Alonso López. Tomo I.* 2006. Págs. 419-468

exclusivamente, en la entrega de una cosa; entendida esta última palabra en su más estricta acepción de bien de naturaleza corporal y tangible".

Ello porque, como también esgrime, los romanistas coinciden en distinguir el simple trabajo o actividad como objeto de la *locatio conductio operarum* y el resultado de una actividad en la *locatio conductio operis*. Y en ese contexto, el *"resultado"* consistía en la entrega de una cosa (cosa material) por parte del obligado a realizar la actividad que la *locatio conductio operis* entrañaba. Es decir, apunta, esa entrega de una cosa era el *"momento final"* e inexcusable del *opus* comprometido por el conductor.

Trasladando lo atrás expuesto al ámbito de la responsabilidad médica, el afamado autor de las Universidades de Deusto sostiene:

> "(...) me parece que el verdadero campo en el que podría aplicarse con rigor la calificación de arrendamiento de obra, con su ingrediente de resultado, es el de aquellas especialidades en las que lo que el facultativo compromete -siendo, pues, objeto del contrato- es (también) una cosa corporal. Es decir, un genuino resultado constituido por una "realidad física". Pienso, por ejemplo, en la prestación comprometida por el radiólogo (entregar al paciente la "placas" de rayos X, o de resonancia magnética o de ecografía) o en la del analista (entregar la hoja de resultados de los análisis practicados al paciente. En ambos casos, existiendo como existe una evidente prestación implícita de hacer, la que determina el cumplimiento de las obligaciones del profesional es la de dar, esto es, la de entrega del resultado físico. Por eso, por el adjetivo incumplir, el facultativo no puede pretender la contraprestación si esa entrega no se ha producido".

Y excluye expresamente los casos de cirugía estética, pues "[quedan] *excluidas* [las] *hipótesis de actividad médica cuyo objetivo es un dar,* [pues] *estimo que hablar de obligación de resultado (o dicho de otro modo, contrato de obra) queda fuera de lugar, incluso en los casos (***cirugía estética,*** esterilización, odontología, se dice) en los que las Sentencias (...) ponen el acento"*(Se resalta).

El razonar de Cabanillas Sánchez[33], para quien, recuérdese, el factor más relevante para determinar cuándo una obligación es de actividad o cuándo de resultado es la presencia del factor azar (o de la aleatoriedad), es decir si la obtención del resultado esperado por el acreedor es incierta o no lo es, le lleva a concluir que la del cirujano estético se enmarca decididamente en la primera de las mencionadas obligaciones. Sostiene, sobre el punto:

> "Mayores dificultades suscita la configuración de la cirugía estética y reparadora, no existiendo unanimidad en la doctrina a la hora de considerar esta especialidad como generadora de una prestación de actividad o de resultado.
>
> (...)
>
> No (...) faltan autores que, con buen criterio, consideran que en las operaciones de cirugía estética y reparadora, como en cualesquiera otras, aquello que se puede exigir del cirujano es la actividad diligente y no la consecución del resultado perseguido (el embellecimiento), que escapa al control del cirujano. La buena cicatrización, por ejemplo, es siempre un fenómeno aleatorio.
>
> Como a cualquier otro médico, la valoración del incumplimiento se ha de hacer en términos de valoración de la conducta desarrollada por el mismo.
>
> No creemos que el hecho de que la operación sea o no estrictamente estética, sea un criterio útil para configurar la obligación como de resultado o de actividad.
>
> La circunstancia de que la denominada cirugía reparadora no tenga un carácter puramente estético, sino también una finalidad curativa, no justifica, jurídicamente hablando, que la obligación del cirujano reparador sea de actividad, mientras que si se trata de la cirugía estética, en la que se persigue el embellecimiento del paciente, la obligación del cirujano ha de ser de resultado. Ambas obligaciones son de actividad, justificándolo las mismas razones".

Es esta la tesis que, en líneas generales, comparte también el eminente autor ibérico Jordano Fraga[34] y, más recientemente, Galán

---

33 CABANILLAS SÁNCHEZ, Antonio. *Las Obligaciones de Actividad y de Resultado.* 1993. Págs. 73-74.

34 FRAGA, Jordano. *Aspectos Problemáticos de la Responsabilidad Contractual del Médico.* En: *Revista General de Legislación y Jurisprudencia.* 1985. Págs. 30 y ss.

Cortés. Éste último, que opta por calificar las obligaciones del cirujano estético como unas obligaciones de medios *«acentuadas»,* apunta:

> "En nuestro criterio, en la medicina voluntaria o satisfactiva la obligación del médico debe calificarse como "obligación de medios acentuada", en el sentido de que aun tratándose de un arrendamiento de servicios, en el que no cabe en modo alguno garantizar el resultado, dado el componente aleatorio inherente a toda actuación médica, resulta especialmente relevante y cabe –en puridad constituye su principal diferencia con la medicina curativa- la exigencia de una información muy rigurosa, detallada y exhaustiva de todos los riesgos sin excepción y de las alternativas de la intervención, incluso de la eventualidad de un mal resultado), sin que pueda prescindirse, en todo caso, de los elementos de la causalidad y culpabilidad, pues de lo contrario se pondría a cargo del médico una responsabilidad de naturaleza objetiva, en cuanto se le haría responsable exclusivamente por el resultado alcanzado en la realización del acto médico, equiparando el daño con el resultado no querido ni esperado.
>
> Consideramos que el tema de la causalidad y de la culpabilidad debe estar siempre presente al enjuiciar la actuación del cirujano en este tipo de cirugía, en tal forma que si el facultativo acredita que el resultado fue ajeno a su correcto proceder y medió una información adecuada, quedará exonerado de responsabilidad, por muy voluntaria o satisfactiva que sea la cirugía practicada"[35].

§102. En colofón, emerge patente que en la actualidad el **Derecho español** es reacio a aceptar que las obligaciones adquiridas por el cirujano estético, de cara a la realización del acto médico, puedan ser consideradas como de resultado.

Ahora, si bien la anterior puede ser tenida como la regla general, también surge evidente que la propia jurisprudencia del alto tribunal ha introducido un matiz: eventualmente, podrá asumirse que el médico cosmético se obligó a garantizar un resultado concreto cuando pueda establecerse, sin dudas de ninguna especie, que su consecución fue objeto expreso del contrato celebrado con el paciente.

Esa es la tesis pregonada por el Tribunal Supremo en la STS del 3 de febrero de 2015: *"Es asimismo doctrina reiterada de esta Sala que los*

---

35 GALÁN CORTÉS, Julio César. *Responsabilidad Civil Médica.* 2016. Pág. 150.

actos de medicina voluntaria o satisfactiva no comportan por sí la garantía del resultado perseguido, ***por lo que sólo se tomará en consideración la existencia de un aseguramiento del resultado por el médico a la paciente cuando resulte de la narración fáctica de la resolución recurrida***" (Resaltos para destacar).

Nota de adaptación: Nuestra doctrina, sobre todo la más tradicional, ha considerado que la obligación del cirujano (plástico y estético) es, típicamente, de resultados36.

5.1.3. Determinación de la mala praxis en cirugía estética

§103. En lo que sigue, paso a exponer el bosquejo general de los elementos que caracterizan la responsabilidad civil del cirujano estético, y de los principales aspectos que le asemejan y diferencian con la responsabilidad sanitaria en la que pueden incurrir los especialistas que se desenvuelven en los otros ramos de la medicina.

5.1.3.1. Momentos en que el cirujano puede ser responsable. Fases de la prestación quirúrgica

§104. En la atención de sus pacientes, los cirujanos (de cualquier tipo, incluyendo los estéticos) deben transitar cuatro diferentes etapas, que cual lo señala el argentino Urrutia, son genéricamente denominadas: **diagnóstico, preoperatorio, intraoperatorio y postoperatorio.** Desde la perspectiva médico-legal, es claro que profesional de estos especialistas se extenderá a todas las etapas supraindicadas, y todas ellas deberán ser examinadas a la luz de las pautas rectoras de la responsabilidad civil sanitaria general[37].

En términos breves, puede decirse que la **fase diagnóstica** la constituye el conjunto de exámenes, averiguaciones y procedimien-

36 TORRES BELTRÁN, Pedro Pablo. *Obligaciones. Tomo III. Vol. I.* 1999. Pág. 99; SARMIENTO GARCÍA, Manuel Guillermo. *Estudios de Responsabilidad Civil.* 2009. Pág. 253.

37 URRUTIA, Amílcar R. *Responsabilidad Civil por Mala Praxis Quirúrgica.* 2010. Pág. 321.

tos destinados a establecer cuál es la patología concreta que afecta al paciente, su alcance y el tratamiento médico dirigido a mitigar sus efectos o lograr su curación.

Nuevamente con Urrutia, la **etapa preoperatoria** "(...) *es el período de tiempo que transcurre desde que se decide que es necesaria una operación hasta que ésta se realiza*"[38].

El **intraoperatorio** es el acto quirúrgico (o acto operatorio, intervención quirúrgica, cirugía) propiamente tal, referente al "(...) *conjunto de disposiciones, tareas, y recursos que realiza un grupo de personas (equipo operatorio o equipo quirúrgico) con un propósito fundamental y práctico*"[39].

5.1.3.2. La culpa.

§105. Con alguna simplicidad, puede decirse que en los casos de cirugía estética no hay reglas especiales. Se aplican los mismos principios generales establecidos para cualquier caso que encierre mala praxis del galeno.

En clave de obligación de medios o de actividad, es patente que éste sólo incurrirá en responsabilidad cuando, además de acreditarse los otros extremos de la responsabilidad, se pueda establecer que faltó en ejercer el cuidado debido en la ejecución del acto médico. Dicho de otra manera, el daño causado con ocasión del acto médico sólo le será imputable al cirujano estético siempre y cuando éste hubiere resultado de su falta de cuidado, diligencia o pericia (*rectius*, negligencia). De contera, no se le podrá tildar de responsable por un mal o inesperado resultado, cuando no sea posible constatar, en su actuación, negligencia ninguna.

§106. La negligencia en las operaciones quirúrgicas y, naturalmente, también en aquellas que tienen por fin modificar el aspecto físico o cosmético de los pacientes, puede acaecer, justo es reiterar-

---

[38] URRUTIA, Amílcar R. *Responsabilidad Civil por Mala Praxis Quirúrgica*. 2010. Pág. 326.

[39] URRUTIA, Amílcar R. *Responsabilidad Civil por Mala Praxis Quirúrgica*. 2010. Pág. 331.

lo, en cualquiera de las fases que integran ese tipo de procedimientos, que no sólo en la intervención (o acto quirúrgico) en sí misma considerada.

Naddeo, quien -como respaldo- cita una decisión de la *Corte di Cassazione* del 8 de marzo de 1979, expresa sobre este tópico:

> "En el ejercicio de la cirugía estética una culpa profesional puede surgir, como en cualquier otro sector de la medicina, en cualquiera de las diferentes fases de ejecución de la prestación: de aquella diagnostica, en la cual un error clínico puede derivar de una revisión errónea o incompleta, o bien de una interpretación técnica incongrua de los datos adquiridos; en aquella de definición de la intervención, en la cual el médico puede incurrir en responsabilidad por escogencia equivocada o técnicamente incongrua de la línea operativa, o bien por valoración superficial del balance riesgo/beneficio; hasta en aquella ejecutiva en sentido estricto y en la post operatoria, en las cuales la prestación puede revestir el carácter de la inexactitud sea por negligencia ora por imprudencia o impericia del operador" (Resaltos propios)[40].

Los franceses Boyer Chammard y Monzein, quienes dedican páginas enteras a la definición técnica y jurídica de los actos quirúrgicos, y a la responsabilidad civil que en cada uno de dichos períodos puede generarse, distinguen también entre las negligencias que acaecen en el momento de la intervención y aquellas que ocurren en las fases pre y post operatorias, y en la diagnóstica[41].

§107. En materia médica, el estándar de cuidado exigible al facultativo es, como se tuvo ocasión de señalar, el general y promedio para cualquier médico; también es cierto, no obstante, que de acuerdo a la literatura más autorizada y, en particular, a través de los importantes trabajos del *European Group on Tort Law*, en el Derecho Europeo es lugar común el de señalar que si el médico se halla especializado en determinada rama de la medicina la diligencia que se le puede exigir y, por consiguiente, el estándar de cuidado a él

---

40 NADDEO, Francesca. *La Responsabilitá del Chirurgo Estetico.* En: STANZIONE, Pasquale/ SICA, Salvatore (eds.). *Professioni e Responsabilitá Civile.* 2006. Págs. 1133-1134.

41 BOYER CHAMMARD, Georges/MONZEIN, Paul. *La Responsabilité Mèdicale.* 1974. Págs. 155-164.

aplicable, variará en función de que se le requerirá ya –no solo- la diligencia del médico promedio sino la del especialista promedio.

Se trata éste, el del especialista, también de un criterio netamente objetivo, y es el compartido en la mayoría de los ordenamientos europeos[42] y en los Estados Unidos[43]; en efecto: "[n]*o es sorpresa que todas las jurisdicciones requieran a los doctores alcanzar el estándar de cuidado perteneciente a los expertos en el campo correspondiente, de allí que un especialista, por ejemplo, necesita saber más de su propio campo de especialización que el practicante general (…)*"[44].

Es también, se insiste, la tendencia seguida en el Derecho estadounidense. Como bien señalan Edwards y Wells,

> "Un demandado que posee un grado mayor de conocimiento o habilidad como resultado del entrenamiento o experiencia se le exigirá un mayor grado de cuidado (…). A un doctor que administra primeros auxilios a alguien lesionado en la calle le es requerido un nivel más alto de estándar de cuidado que a alguien que carece de entrenamiento. Los profesionales que se han especializado en un área particular deben reunir el estándar de cuidado del especialista, que excede aquel mínimo esperado de otros miembros de la profesión"[45].

§108. Ya en materia de cirugía estética, como se adelantó, se siguen las reglas generales ya descritas: al cirujano le será exigible no sólo ajustarse al estándar de cuidado que rige la profesión médica; sino, también, el de su especialidad.

Empero, también hay algunas sutiles diferencias que vale la pena mencionar, y que han sido evidenciadas, especialmente, por la doctrina estadounidense.

---

42 KOCH, Bernhard. *Medical Liability in Europe: Comparative Analysis*. En: KOCH, Bernhard (ed.). *Medical Liability in Europe*. 2011. Págs. 628-629.

43 EDWARDS, Linda L. / EDWARDS, J. Stanley. / WELLS, Patricia Kirlley. *Tort Law*. 2012. Pág. 114.

44 KOCH, Bernhard. *Medical Liability in Europe: Comparative Analysis*. En: KOCH, Bernhard (ed.). *Medical Liability in Europe*. 2011. Pág. 628.

45 EDWARDS, Linda L. / EDWARDS, J. Stanley. / WELLS, Patricia Kirlley. *Tort Law*. 2012. Pág. 114. En idéntico sentido: DOBBS, Dan B. / HAYDEN, Paul T. / BUBLICK, Ellen M. *Hornbook on Torts*. 2016. Pág. 509.

Haeck y Gorney sostienen, sobre el particular, que

> "El estándar de cuidado tiene especiales implicaciones en la cirugía plástica; es una especialidad que conoce numerosas variaciones y alternativas para llegar a un mismo resultado. Entonces, en cierto grado, el cirujano plástico tiene mayor discreción para actuar que otros cirujanos porque tiene varias maneras de resolver los problemas; no hay un método simple o univoco que pueda ser tenido como reflejo de un estándar absoluto de cuidado"[46].

Robertson y Keavy, por su parte, hacen hincapié en que en los procedimientos de cirugía plástica el estándar de cuidado variará, primordialmente, de acuerdo al procedimiento quirúrgico más que en las diferencias entre las distintas especialidades de cirugía plástica; por ejemplo, admiten, los otorrinolaringólogos están más involucrados en los aspectos funcionales de la cirugía que en aquellos cosméticos[47].

§109. Corolario de lo expuesto es que el estándar de conducta exigible al cirujano estético lo será a través de un doble punto de vista: (i) el estándar del médico general; y (ii) el estándar del especialista.

5.1.3.3. La causalidad

§110. El nexo causal en materia de los daños ocasionados en cirugía estética no parece ofrecer mayores diferencias con el régimen común de la responsabilidad civil sanitaria. En efecto, aquí es necesario comprobar los dos extremos que integran el nexo de causalidad, esto es, la causalidad en su orden material o natural y la causalidad en su orden jurídico.

En cuanto al primero, es claro que la lesión padecida por el paciente, en cuanto derivada del daño iatrogénico, debe estar física-

---

[46] HAECK, Phil/GORNEY, Mark. *Risk, Liability and Malpractice.What Every Plastic Surgeon Needs to Know*. 2011. Pág. 106.

[47] ROBERTSON, Jeffrey D./KEAVY, William. *Plastic Surgery Malpractice and Damages*. 1990. Pág. 13.

mente conectada con el acto médico como tal, ejecutado en cualquiera de las fases del procedimiento quirúrgico, ya indicadas. No parece difícil, en especial en punto al daño/perjuicio estético, hallar ese nexo físico, pues su comprobación en juicio casi habrá de limitarse a la simple constatación de un estado anormal, que antes de la intervención no presentaba el cuerpo del paciente.

En la órbita de la **causalidad jurídica**, tampoco parecen encontrarse mayores diferencias con respecto al régimen general. No es aventurado sostener que el criterio de la *"adecuación"* facilita la comprensión y recta solución del asunto, pues mediante él –dicen Diez Picazo y Gullón-, además de propenderse la eliminación de los nexos causales totalmente inusuales excluyendo los que merecen el calificativo de *"extravagantes"*, tampoco cabe imputar el daño a la conducta causante del mismo cuando su producción habría sido descartada como extraordinariamente improbable por un observador experimentado que, contando con los conocimientos especiales del dañante, hubiera considerado la cuestión *ex ante*[48].

De esta suerte, si de acuerdo a las reglas de la experiencia y el sentido común puede establecerse que el daño fue provocado con ocasión del procedimiento quirúrgico estético, el juez –en principio- ningún problema debería hallar al tener por acreditado el nexo causal, en su aspecto jurídico.

5.1.3.4. El daño

§111. Explicados los demás extremos de la responsabilidad, es decir, la culpa (o negligencia) del cirujano estético y la relación causal, resta ahora ocuparme del daño y del perjuicio.

§112**.** En materia de cirugía estética la determinación del daño tampoco encuentra mayores diferencias respecto del régimen general de la responsabilidad civil sanitaria. Pero estimo indispensable efectuar algunas precisiones:

---

[48] DÍEZ PICAZO, Luis/GULLÓN, Antonio. *Sistema de Derecho Civil, II*. 2001. Págs. 550-551.

La clasificación propuesta, que bifurca el concepto del daño como evento y daño como consecuencia, permite idear una explicación coherente y sistemática de cómo habrá de operar en este ámbito la determinación, por el juez, de la lesión sufrida por el paciente.

Estimo indiscutible que en el ámbito de la cirugía estética un tipo de daño/perjuicio es el llamado a poseer el mayor de los protagonismos: me refiero al daño/perjuicio estético, entendido, como lo entiende Medina Crespo, como "(...) *en su sentido más primario, el resultado de la violación del derecho subjetivo de la persona a mantener intangible su imagen somática, tal como se definió en las Jornadas de Responsabilidad civil por Daños (1990), celebradas en Buenos Aires en homenaje al profesor Bustamante Alsina; cuyas conclusiones recoge IRIBARNE en su monografía sobre el daño corporal (De los daños..., pp. 866-868)*"[49].

Hay dos maneras de contemplar el problema. La primera, y considerando que el derecho a la salud comprende también el bienestar psicológico derivado del aspecto físico, es la de afirmar que al recaer el daño (evento) sobre dicho interés (la salud) el perjuicio estético necesariamente habrá de ser sólo una consecuencia de éste (daño-consecuencia). Por eso suele hablarse aquí de daño corporal, al envolver la lesión al derecho a la salud, y el perjuicio estético, que es apenas una de las consecuencias de aquél.

La segunda se cifra en discurrir que el sólo derecho a la estética (o a la belleza, como se quiera ver), a contar con un aspecto físico adecuado a aquello que la mente proyecta y a las propias expectativas del individuo, es un interés *per se* protegido por el ordenamiento, merecedor de tutela jurídica. Según esto, pues, de él se podrán derivar perjuicios tanto de orden patrimonial como no patrimonial.

§113. En estricto Derecho, ambas posturas parecen aceptables. Pero la primera, decididamente, es la que se ha impuesto en los diversos ordenamientos.

---

49 MEDINA CRESPO, Mariano. *El Resarcimiento del Perjuicio Estético. Consideraciones Doctrinales y Legales, a la Luz del Sistema de la Ley 30/1995.*

En el español, cual lo informa Medina Crespo, parece pacífico que el perjuicio estético integra una de las partidas resarcitorias ligadas al daño corporal[50]. Es, en ese sentido, un daño-consecuencia derivado de éste. Varios y prestigiosos autores se integran en esta misma línea, entre ellos Vicente Domingo, Yzquierdo Tolsada, Martín-Casals y Solé[51]. Es también la tesis que impera en Italia (según dan cuenta Cassano y Amadei[52]).

5.2. Elementos probatorios

§114. Pasan a explicarse las principales cuestiones que caracterizan, desde el punto de vista probatorio, a la especialidad de la cirugía estética, y que le asemejan –y distancian– del régimen general de la responsabilidad civil sanitaria.

5.2.1. Enfoque general de la carga de la prueba en materia de cirugía estética

§115. En la especialidad de la cirugía estética se siguen, en materia de prueba, los mismos principios que permean el campo de la responsabilidad sanitaria. No hay, en términos generales, reglas especiales, más aún si se considera, cual está establecido en el Derecho español actual, que la obligación del médico es de actividad o de medios, no de resultado.

---

50 MEDINA CRESPO, Mariano. *El Resarcimiento del Perjuicio Estético. Consideraciones Doctrinales y Legales, a la Luz del Sistema de la Ley 30/1995;* también: MEDINA CRESPO, Mariano. *La Valoración Civil del Daño Corporal. Bases para un Tratado. Tomo VI. Lesiones Permanentes. Bibliografía.* 2000. Págs. 87-91.

51 VICENTE DOMINGO, Elena. *El Daño.* En: REGLERO CAMPOS, Luis F. (coord.). *Tratado de Responsabilidad Civil.* Pág. 366; YZQUIERDO TOLSADA, Mariano. *Responsabilidad Civil Extracontractual.* 2016. Pág. 187; MARTIN CASALS, Miquel/SOLÉ I FELIU, Josep. *Medical Liability in Spain.* En: KOCH, Bernhard A. (ed.). *Medical Liability in Europe.* 2011. Págs. 504-505.

52 CASSANO, Giuseppe. *La Responsabilitá Civile.* 2012. Págs. 637-640; AMADEI, Federico. *Danno in Chirurgia Estetica.* En: CENDON, Paolo (coord.). *Trattato dei Nuovi Danni. Vol. I.* 2011. Págs. 375-376.

§116. Por lo mismo, corresponderá al paciente probar todos y cada uno de los extremos de la responsabilidad, esto es, la conducta negligente (o dolosa, según el caso) del cirujano, el daño y el nexo de causalidad entre ambos.

5.2.2. Las excepciones más importantes al anterior principio

§117. Expongo a continuación las principales excepciones a ese principio de que la carga de la prueba de todos los elementos de la responsabilidad civil del cirujano estético recae en el paciente.

5.2.2.1. Daños ocasionados por el equipo quirúrgico

§118. Aquí parecen seguirse las reglas generales ya descritas en los §44-46. El trabajo del equipo quirúrgico es susceptible de descomponerse, al igual que el de cualquier otro grupo de trabajo clínico, en las conocidas y ya explicadas discriminaciones de «*horizontal*», y «*vertical*». Valen, en mi criterio, todas las demás consideraciones que en su momento se hicieran en lo que atañe a la responsabilidad del equipo médico.

5.2.2.2. El daño por pérdida de la oportunidad de ¿mejoría del aspecto?

§119. La doctrina española es oscura respecto del tema. No muchos autores suelen referirse a la doctrina de la pérdida de la oportunidad o del chance en materia de cirugía estética. La jurisprudencia se ha mostrado reacia a aplicarla en el ámbito de la medicina voluntaria pues, como afirma Arbesú, suele argumentarse que en estos casos no puede hablarse propiamente de una pérdida de la oportunidad porque, al tratarse de intervenciones voluntarias, la capacidad de opción del paciente es total[53].

---

[53] ARBESÚ, Vanesa. *La Naturaleza Jurídica de la Obligación en Odontología Curativa y Estética. En: Revista de Derecho UNED. No. 16.* 2015. Págs. 104-105.

§120. No puedo compartir esa tesis. La pérdida del chance en el ámbito sanitario, desde un punto de vista muy lato, se cifra en la idea de que al paciente, con ocasión de la mala praxis, se le frustra la posibilidad o expectativa de conseguir un bien, material o inmaterial. Partiendo de esa premisa, es patente que, en línea de principio, a los casos de negligencia en materia de cirugía estética la doctrina de la pérdida de la oportunidad es aplicable, puesto que en éstos al paciente se le priva de la posibilidad de mejorar su aspecto físico, bien (inmaterial, si se quiere) protegido por el ordenamiento jurídico, como proyección del derecho a la salud.

5.2.2.3. El daño desproporcionado

§121. No suelen encontrar los autores españoles[54], tampoco la jurisprudencia del Tribunal Supremo ni de las Audiencias Provinciales, mayores dificultades en aplicar la doctrina del «*daño desproporcionado*» a los casos de mala praxis en cirugía estética.

§122. Una interesante y reciente sentencia, fallada por la SAP Zaragoza el 12 de enero de 2017, ilustra bien la cuestión. En ella, se ventilaba el caso de una señora sometida a una operación estética de reducción de abdomen "*por extracción de materia adiposa*", habiéndosele causado, con ocasión de la misma, ciertas secuelas, entre ellas unas cicatrices de considerable tamaño. Entre los puntos que se discutieron en la apelación estaba el de la aplicación de la doctrina del daño desproporcionado, argumentado bajo la idea de que las cicatrices dejadas en el cuerpo de la paciente excedían la intención perseguida en el contrato de prestación de servicios médicos. La Audiencia termina por confirmar la sentencia de primer grado y condenando a los facultativos demandados, porque la longitud de las aludidas cicatrices excedió lo querido por la paciente, pudiendo, en consecuencia, con-

---

54 Cfr. *et al*: ANDREU TENA, Eduardo/AZPARREN LUCAS, Agustín/DONAT LAPORTA, Emilio. *Estudio Jurisprudencial en Medicina Satisfactiva*. En: *Revista Española de Medicina Legal. 2013*. Pág. 166; GALÁN CORTÉS, Julio César. *Responsabilidad Civil Médica*. 2016. Págs. 338 y 348.

siderarse como un daño auténticamente desproporcionado, carente de explicación e imprevisible.

Otra sentencia que recayó en un supuesto de hecho similar es la STS del 30 de junio de 2009. La paciente se sometió a una operación de cirugía estética mamaria, a raíz de la cual sufrió una *"parapesia de miembros inferiores"*, siendo el diagnóstico de su lesión el de síndrome de *"cola de caballo"*. El Tribunal Supremo descartó la aplicación de la teoría del daño o resultado desproporcionado, señalando para el efecto que de la prueba recaudada era posible colegir cuál fue la causa de los padecimientos de la misma, sin que existiera incertidumbre sobre aquella ni sobre la falta de diligencia de los médicos demandados.

En sentido contrario, la STS del 28 de junio de 1997 versó sobre un caso en el cual la verificación de la desproporción del resultado llevó a la condena de los facultativos involucrados. El fallecimiento del paciente, se dijo, constituía un claro daño enorme, frente a la cirugía estética practicada, consistente en un *"lifting"*.

La STS de 2 de diciembre de 1997 aplicó esta misma teoría para confirmar la sentencia condenatoria de instancia, recaída con ocasión de la reclamación formulada por los padres de una joven de 16 años, que con el fin de alcanzar, cuando menos, la estatura de su madre (1.55 metros), para lo que tenía que crecer 7 centímetros, se sometió a una intervención para el alargamiento de las piernas a través del método Ralka. La menor quedó con importantes secuelas, entre ellas, cicatrices en ambas piernas, pies en equino, rigidez a la movilidad de ambos tobillos, limitación de la movilidad, dismetría de 1.5 centímetros, parestesias por afectación de los nervios, entre otras. Los demandados fueron condenados con apoyo en la referida teoría del daño desproporcionado, a indemnizar a la menor en la suma de 10 millones de pesetas.

Otro fallo importante fue el proferido el 21 de octubre de 2005 por el Tribunal Supremo español, conocida en el ámbito sanitario como la *"sentencia del queloide"*. En este caso, propio de la cirugía estética (la paciente se sometió a un tratamiento dermoabrasador con láser

CO, para corregir unas pequeñas cicatrices puntiformes peribucales y concluyó con unas antiestéticas cicatrices queloideas), la Sala de lo Civil descartó que fuere posible "(...) *aplicar la doctrina del resultado desproporcionado o enorme, porque ésta hace referencia al resultado "clamoroso, inexplicado o inexplicable", y en el caso hay una causa que explica la producción del resultado de hipertrofia o queloide de la cicatriz, que es la predisposición genética a tal efecto de la piel de la paciente*"[55].

5.3. Cirugía estética y consentimiento informado

§123. Si hay un punto en el cual ha sido unívoca la doctrina[56] y la jurisprudencia de los tribunales europeos (particularmente los franceses e italianos[57]) ha sido en la mayor exigencia respecto del consentimiento informado cuando se trata de intervenciones de cirugía estética (*rectius*, obligación de información «*intensificada*», o «*reforzada*»). La práctica absoluta totalidad de los autores

---

55 Citada y comentada en: GALÁN CORTÉS, Julio César. *Responsabilidad Civil Médica*. 2016. Pág. 348.

56 Para **Alemania:** FYNN, Markus. *Aspectos Fundamentales de la Responsabilidad Civil Alemana en el Ámbito de la Cirugía Estética*. En: *Revista Chilena de Derecho Privado*. Núm. 25. Dic. de 2015; **Italia**: SELLA, Mauro. *La Quantificazione dei Danni da Malpractice Medica*. 2005. Págs. 188-191; FACCI, Giovanni. *La Responsabilitá Civile del Professionista*. 2006. Págs. 195-197; LONGO, M./COLUCCI, M./DI GUIDA, R. *Il Consenso dell'Avente Diritto in Chirurgia Estetica*. En: *Italian Journal of Legal Medicine.Vol. 3. Núm. 1*. Dic. 2014. *In extenso*; CRIVELLI, Alberto. *Gli Interventi Chirurgici*. En: CENDON, Paolo (coord.). *Trattato dei Nuovi Danni.Vol. II*. 2011. Págs. 571 y 572.; AMADEI, Federico. *Danno in Chirurgia Estetica*. En: CENDON, Paolo (coord.). *Trattato dei Nuovi Danni.Vol. I*. 2011. Págs. 369 y ss.; SERPETTI DI QUERCIARA, Antonio. *Il Chirurgo Estetico*. En: TODESCHINI, Nicola (bajo su cuidado)/CENDON, Paolo (dir.). *La Responsabilitá Medica*. 2016. Págs. 673-675; CASSANO, Giuseppe. *La Responsabilité Civile*. 2012. Pág. 106; NADDEO, Francesca. *La Responsabilitá Del Chirurgo Estetico*. En: STANZIONE, Pasquale/SICA, Salvatore (dirs.). *Professioni e Responsabilitá Civile*. 2006. Págs. 1109 y ss.; entre muchísimos más; **Francia:** ORDRE DES AVOCATS DE PARIS. *Dossier Droit de la Santé. La Responsabilité du Chirurgien Esthétique*. 2012. Págs. 3-4.

57 Para **Francia:** Corte de Apelaciones de Paris de 21 de marzo de 1931 y 9 de abril de 1999; Corte de Apelaciones D'Aix en Provence de 5 de noviembre de 2008; *Cour de Cassation* de 17 de febrero de 1998**; para Italia:** Sentencias de la *Corte di Cassazione* del 12 de junio de 1982; 8 de agosto de 1985; 8 de abril y 6 de octubre de 1997; 23 de mayo de 2001; 20 de agosto de 2013.

españoles[58], así como de la jurisprudencia del Tribunal Supremo[59] y de las Audiencias Provinciales[60], se ha pronunciado en ese mismo sentido.

Ello casa íntegramente con la tesis, también imperante en los ordenamientos europeos[61], según la cual entre menor necesidad de la intervención mayor el detalle de la información requerida. Las operaciones estéticas, casi por definición, no ostentan el carácter

---

58 *Vide*: MONTALVO, Pablo. *Análisis de la Postura de Nuestros Tribunales ante los Pleitos Relacionados con Cirugía Plástica y Estética. En: Revista CESCO de Derecho de Consumo. No. 8.* 2013.; BELLO JANEIRO, Domingo. *Cuestiones Actuales de Responsabilidad Civil.* 2009; ANDREU TENA, Eduardo/AZPARREN LUCAS, Agustín/DONAT LAPORTA, Emilio. *Estudio Jurisprudencial en Medicina Satisfactiva.* En: *Revista Española de Medicina Legal. 2013*; ALBI, Julio. *La Carga de la Prueba en los Procedimientos de Responsabilidad Sanitaria.* En: *Revista CESCO de Derecho del Consumo. No. 8.* 2013; ARBESÚ, Vanesa. *La Naturaleza Jurídica de la Obligación en Odontología Curativa y Estética. En: Revista de Derecho UNED. No. 16.* 2015; GIL MEMBRADO, Cristina. *La Responsabilidad Civil por Implante Mamario. Mala Praxis, Consentimiento Informado y Prótesis Defectuosa.* 2014; MARTIN-CASALS, Miquel/RIBOT IGUALADA, Jordi/SOLÉ FELIÚ, Josep. *Medical Malpractice Liability in Spain: Cases, Trends and Developments.* En: *European Journal of Health Law 1. 2003.* Págs. 153-181; LÓPEZ MUÑOZ Y LARRAL, Gustavo. *Negligencias en Cirugía y Anestesia Estéticas.* 2008.; FERNÁNDEZ MANZANO, Luis Alfonso. *Responsabilidad Médica. El Seguro de Asistencia Sanitaria.* En: DEL OLMO, Pedro/SOLER PRESAS, Ana (coords.). *Practicum Daños 2015.* 2015. ;YBANCOS SAN JUAN, Elena. *Responsabilidad Civil del Médico por Mala Praxis.* 2014; GALÁN CORTÉS, Julio César. *Responsabilidad Civil Médica.* 2016.; O'CALLAGHAN MUÑOZ, Xavier (coord.)/SEIJAS QUINTANA, José Antonio/ SIERRA GIL DE LA CUESTA, Ignacio/SALAS CARCELLER, Antonio. *Supuestos de Responsabilidad Civil (Médico Sanitaria, Transporte de Viajeros y Mercancías y Leyes Especiales).* 2010.; MARTIN-CASALS, Miquel /SOLÉ I FELIU, Josep. *Medical Liability in Spain.* En: KOCH, Bernhard (ed.). *Medical Liability in Europe.* 2011.

59 Cfr. SSTS del 24 de abril de 1994; 28 de junio de 1997; 28 de diciembre de 1998; 31 de mayo de 1999; 3 de octubre de 2000; 12 de enero, 27 de abril y 11 de mayo de 2001; 2 de julio de 2002; 22 de julio de 2003; 26 de marzo, 22 de junio y 29 de octubre de 2004; 9 de mayo y 21 de octubre de 2005; 4 de octubre de 2006; 12 de febrero, 17 de abril, 26 de abril, 30 de abril, 23 de mayo, 29 de junio, 22 de noviembre, 23 de noviembre de 2007; 29 de julio y 23 de octubre de 2008; y 20 de enero de 2011; 7 de mayo de 2014.

60 SAP Málaga de 10 de octubre de 2013; SAP Madrid de 3 de diciembre de 2014; SAP Almería de 26 de enero de 2015. Así, muchas más.

61 *Vide*: **España**: MARTIN-CASALS, Miquel / Josep Solé. *Medical Liability in Spain.* En: KOCH, Bernhard (ed.). *Medical Liability in Europe.* 2011. Págs. 491-492; **Austria:** KOCH, Bernhard. *Medical Malpractice and Compensation in Austria.* En: OLIPHANT, Ken. *Medical Malpractice and Compensation in Global Perspective.* 2013. Pág. 23; **Holanda:** GIESEN, Ivo/ENGELHARD, Esther. *Medical Liability in The Netherlands.* En: KOCH, Bernhard A. (ed.). *Medical Liability in Europe.* 2011. Pág. 389; **Derecho Comparado:** KOCH, Bernhard A. *Medical Liability in Europe: a Comparative Analysis.* En: KOCH, Bernhard A. (ed.). *Medical Liability in Europe.* 2011. Pág. 647.

de necesidad e imperatividad que sí suelen revestir aquellas que se puedan considerar como terapéuticas o curativas.

§124. Por tanto, parece claro que la información brindada al paciente, previo a la ejecución de intervenciones de esta clase, debe reunir ciertos caracteres de detalle y completitud.

En Derecho español, la justificación de ello, se desprende de la doctrina de los expositores[62] y de la letra de los fallos del Tribunal Supremo, se ha fundamentado en dos pilares: primero, la ausencia de *«necesidad terapéutica»,* de la intervención, razón por la cual la libertad de elección del paciente, se dice, es superior al de las intervenciones curativas; y segundo, la necesidad de evitar que se silencien los riesgos excepcionales, ante cuyo conocimiento el paciente podría sustraerse de la operación.

Cual lo señaló el Tribunal de Casación en proveído de 21 de octubre de 2005,

> "El deber de información en la medicina satisfactiva –en el caso, cirugía estética- en la perspectiva de la información dirigida a la obtención del consentimiento para la intervención (...) como información objetiva, veraz, completa y asequible, no solo comprende las posibilidades de fracaso de la intervención, es decir, el pronóstico sobre la probabilidad del resultado, sino que también se debe advertir de cualesquiera secuelas, riesgos, complicaciones o resultados adversos que se puedan producir, sean de carácter permanente o temporal, y con independencia de su frecuencia y de que la intervención se desarrolle con plena corrección técnica.
>
> Por lo tanto, debe advertirse de la posibilidad de dichos eventos aunque sean remotos, poco probables o se produzcan excepcionalmente, y ello tanto más si el evento previsible (...) no es la no obtención del resultado sino una complicación severa, o agravación del estado estético como ocurre con el queloide (...)".

---

62 Cfr. *et al*: ANDREU TENA, Eduardo/AZPARREN LUCAS, Agustín/DONAT LAPORTA, Emilio. *Estudio Jurisprudencial en Medicina Satisfactiva*. En: *Revista Española de Medicina Legal. 2013*. Pág. 166.

5.3.1. Distintas vicisitudes en materia de consentimiento informado en cirugía estética

§125. A más de las reglas generales y del especial protagonismo que el consentimiento informado juega en la materia, paso a exponer algunas hipótesis frecuentes que presentan indiscutible interés teórico y práctico para el cabal entendimiento de la cuestión.

5.3.1.1. La importancia de la selección de los pacientes. El *Body Disphormic Disorder* y otras patologías susceptibles de viciar la libre determinación del consentimiento

§126. Líneas atrás se vio cómo el consentimiento informado se erige en piedra angular del acto médico; que es presupuesto esencial de éste y de la *lex artis*; y que los vicios en su obtención pueden dar lugar a la responsabilidad civil, autónoma y diferente a la derivada de la mala praxis médica.

§127. ¿Pero qué papel juega la selección de los pacientes? ¿Qué sucede cuando el médico, obligado por las normas de deontología y ética profesional y aún por su propia consciencia, se niega a ejecutar la cirugía cosmética sobre un paciente, al considerarlo mentalmente no apto?

La cirugía cosmética llevada a cabo sobre pacientes que sufren de «*Body Dysmorphic Disorder* (BDD)», un desorden mental que hace que los individuos se preocupan obsesivamente por sus exageradas o imaginadas carencias físicas[63], despierta numerosos interrogantes médicos, pero también jurídicos.

Es abundante la literatura jurídica, en especial la estadounidense[64], que tiende a dedicar páginas enteras al tema, hasta el punto de

---

63 Es esta la definición que propone Kristen Nugent en: NUGENT, Kristen. *Cosmetic Surgery on Patients with Body Dysmorphic Disorder: Cutting the Tie That Binds.* En: *Developments in Mental Health Law. Vol. 28. Núm. 2.* Julio de 2009. Pág. 77.

64 *Vide*: NUGENT, Kristen. *Cosmetic Surgery on Patients with Body Dysmorphic Disorder: Cutting the Tie That Binds.* En: *Developments in Mental Health Law. Vol. 28. Núm. 2.* Julio de 2009. Págs. 77-104; DIAZ, Derrick. *Minors and Cosmetic Surgery: an Argument for Stante Intervention.* En:

que pueda decirse que en ese país es donde más y se ha abordado la cuestión. En las líneas venideras intentaré un bosquejo general del problema, de acuerdo con lo planteado por los autores norteamericanos.

La recomendación, al cirujano, es clara: extremar los cuidados con las personas que padecen de BDD, en especial en lo tocante con la información que se le brinda y los eventuales resultados que habrán de conseguirse tras la intervención. Sin embargo, aún siguiendo ese consejo, quienes padecen de tal flagelo van a mostrar, casi siempre, una inconformidad respecto de lo obtenido a través del acto médico. Ni siquiera el más perfecto resultado quirúrgico es capaz de resolver sus desordenes psiquiátricos. Por eso, se sostiene, es deseable que el cirujano posea algún grado, así sea mínimo, de entrenamiento en el área de la psicología, o que se apoye en especialistas en ese ramo, a fin de evitar tratar –ni menos operar- a pacientes con dicho diagnóstico[65]. De hecho, el padecimiento de BDD ha sido considerado como una contraindicación respecto de la cirugía cosmética, razón por la cual se estima que, en lo posible, este tipo de procedimientos no deben seguirse respecto de personas que lo sufran[66].

Al margen de lo anterior, el paciente con BDD tiene algunas formas para buscar la declaración de la responsabilidad del médico que le operó. Entre ellas se hallan, cual también lo reconoce la doctrina norteamericana, **(i)** cuando la cirugía se adelanta ignorando los síntomas obvios del desorden mental, lo cual configura un quiebre del debido cuidado (*general breach of due care*) que puede -eventualmente- dar lugar a una acción por negligencia; **(ii)** o también, ante la misma situación, el médico puede ser demandado con fundamento en la falta de obtención de un consentimiento informado válido,

---

Depaul Journal of Health Care Law. Primavera de 2012; HAECK, Phil/GORNEY, Mark. *Risk, Liability and Malpractice.What Every Plastic Surgeon Needs to Know.* 2011. Págs. 23-24.

65 NUGENT, Kristen. *Cosmetic Surgery on Patients with Body Dysmorphic Disorder: Cutting the Tie That Binds.* En: *Developments in Mental Health Law.Vol. 28. Núm. 2.* Julio de 2009. Págs. 80.

66 NUGENT, Kristen. *Cosmetic Surgery on Patients with Body Dysmorphic Disorder: Cutting the Tie That Binds.* En: *Developments in Mental Health Law.Vol. 28. Núm. 2.* Julio de 2009. Págs. 80.

dada la incapacidad del paciente de emitirlo. En el *argot* de ese país, las acciones que se le otorgan al damnificado suelen revestir el ropaje de *battery*, *negligent nondisclosure*; o, simplemente. las genéricas de la *medical malpractice,* dependiendo del Estado en que se deduzca la acción y la teoría del caso planteada por el paciente lesionado[67].

5.3.1.2. Operaciones ejecutadas por un médico distinto al pactado (*Ghost Surgery*)

§128. Otro nicho de eventos que guardan interés teórico y práctico lo constituyen aquellos en los cuales el paciente presta su consentimiento para que un determinado cirujano ejecute, sobre su cuerpo, el acto médico estético; una vez principiada la intervención, el doctor se retira de la mesa de operaciones y otro, menos o más calificado, y con o sin la supervisión del primero, la adelanta. Son los casos que la doctrina anglosajona, especialmente la estadounidense, llama «*ghost surgery*», cuya definición más sencilla consiste en aquellas situaciones en las cuales el cirujano que adelanta la cirugía no es el mismo que el paciente contrató[68].

§129. La premisa de la que se debe partir para resolver este tipo de problemas es la de tener en cuenta que, en línea principio, el médico no debe delegar sus obligaciones, nacidas del contrato, sin el consentimiento del paciente. O, dicho a la inversa: como regla el doctor debe obtener el consentimiento del paciente antes de encargar sus deberes a un colega[69].

§130. Caso paradigmático que ilustra el estado de la cuestión lo es el fallado por el Tribunal Supremo alemán (*Bundesgerichthof*)

---

67 NUGENT, Kristen. *Cosmetic Surgery on Patients with Body Dysmorphic Disorder: Cutting the Tie That Binds.* En: *Developments in Mental Health Law.Vol. 28. Núm. 2.* Julio de 2009. Págs. 83.

68 Sobre la definición de "*ghost surgery*", véase: LUNDMARK,Thomas. *Surgery by an Unauthorized Surgeron as a Battery.* En: *Journal of Law and Health.Vol. 10.* 1995-1996. Págs. 287-288.

69 Así: KOCH, Bernhard A. *Medical Liability in Austria.* En: KOCH, Bernhard A. (ed.). *Medical Liability in Europe.* 2011. Pág. 16; KOCH, Bernhard A. *Medical Malpractice in Austria.* En: OLIPHANT, Ken/ W. WRIGHT, Richard (eds.). *Medical Malpractice and Compensation in Global Perspective.* 2013.

el 11 de mayo de 2010[70], cuyos hechos fueron los siguientes: la demandante, mujer de 52 años y afiliada al sistema social de salud, fue tratada en el hospital demandado por una operación de rodilla. El médico Dr. E adelantó tres de los procedimientos. Cuando otra operación resultó necesaria, el Dr. E habló con la paciente respecto de los riesgos propios de tal intervención. Cuando la paciente fue informada de los riesgos en una subsecuente conversación con el Dr. S, y cuando firmó el documento contentivo del consentimiento, la cuestión sobre quién realizaría la cirugía no fue abordada. Eventualmente, el Dr. L (quien estaba en entrenamiento) ejecutó el procedimiento bajo la supervisión del Dr. H. En el curso de éste, el *nervus peronaeus* de la paciente resultó dañado, alterándose la movilidad de la pierna de la paciente y causándole graves dificultades tanto para permanecer de pie como para caminar. La damnificada arguyó que su consentimiento estuvo limitado a una operación ejecutada por el Dr. E. El juzgador de primer grado denegó las súplicas. El Tribunal de Apelaciones de Colonia (*Landgericht Koln*) revocó el fallo y condenó en daños.

El Tribunal Supremo alemán anuló la sentencia de la Corporación de segunda instancia y le devolvió el expediente para que resolviera nuevamente el caso. Razonó, para el efecto, que en situaciones de este cuño era posible apreciar, como premisa básica, que generalmente los pacientes afiliados al sistema de seguridad social celebran un contrato con el hospital, negocio a través del cual éste se obliga a proveer de todos los servicios médicos y auxiliares necesarios (*einheitlicher totaler Krankenhausvertrag*). Por eso, le compete a la clínica distribuir sus recursos (humanos y técnicos) de la mejor manera que estime posible. Bajo este esquema, los pacientes no tienen el derecho subjetivo de ser tratados por un médico en particular.

La situación es diferente, agregó el Alto Tribunal germano, cuando el paciente celebra un contrato separado y opcional con un galeno par-

---

[70] Citado y comentado en: KOZIOL, Helmut/STEININGER, Barbara. *European Tort Law 2010*. 2010. Págs. 233-235.

ticular (*Arzt-Wahlleistung*), pues en esos eventos es ese médico quien debe adelantar el procedimiento, a menos que se pacte lo contrario.

Partiendo de las anteriores premisas, la Corporación dedujo que, al encajar el asunto de marras en el primero de los supuestos explicados, el consentimiento brindado por la demandante no estaba circunscrito al hecho de que un médico concreto adelantara el procedimiento, y con base en ello emergía patente que no le asistían razones a su reclamación en justicia.

§131. En los **Estados Unidos** la solución dada a este tipo de situaciones suele ser drástica. De hecho, es común enjuiciarlas a través de las acciones por «*battery*», distinguidas, en términos muy latos, por la indebida o injusta aplicación de la fuerza en la persona de otro[71].

Alexandridis vs. Jewett (1st Cir., 1968) ilustra muy bien la cuestión. Una señora contrató con un médico altamente calificado y experimentado una operación de parto. Tanto la paciente como el doctor acordaron que en caso de que aquél no estuviere disponible al tiempo del parto, un colega igualmente calificado llevaría a cabo la intervención. Sin embargo, la intervención fue atendida por un residente de primer año, y a consecuencia del acto médico la paciente sufrió de incontinencia rectal. La Corte sostuvo que a pesar de que el residente no fue negligente, hubo un incumplimiento del contrato de prestación de servicios médicos y ello, *per se*, legitimaba a la víctima para pretender el resarcimiento de los daños causados[72]

En *Perna vs. Pirozzi* (New Jersey, 1983), los médicos urólogos demandados (X, Y y Z) hacían parte de un grupo médico que operaba como equipo. Su práctica regular era, antes de la operación, decidir cuál de ellos adelantaría el procedimiento. El paciente no conocía de esa práctica. El doctor X, luego de diagnosticarlo, recomendó una cirugía para la remoción de cálculos renales. El demandante suscribió el formulario del consentimiento, donde se plasmó que X realizaría

---

71 CAMPBELL BLACK, Henry. *Black's Law Dictionary*. 1979. Pág. 139.

72 Citado en: BOUMIL, Marcia/HATTIS, Paul. *Medical Liability in a Nutshell*. 2011. Pág. 38.

la operación. El paciente fue operado por los doctores Y y Z. Complicaciones post quirúrgicas aparecieron, y aquél, luego enterarse que unos médicos diferentes al pactado adelantaron la cirugía, demandó.

La Corte Suprema de Nueva Jersey sentenció que en los casos de sustitución de cirujanos, sin contarse con el previo consentimiento del paciente, el actuar del médico era susceptible de enjuiciarse como una *"battery"*, que por lo mismo legitimaba al paciente "(…) *to recover all injuries proximately caused by the mere performance of the operation, whether the result of negligence or not"*[73].

Otro caso emblemático es *Pugsley vs. Privette* (Virginia, 1980). En él, la demandante dio su consentimiento, porque entendió que su médico (en la especie, un obstetra-ginecólogo) estaría presente en la operación. Cuando no apareció, ella revocó el consentimiento. Los demandados disputaron el testimonio de la paciente. El jurado le creyó a la petente y, sin entrar a dilucidar si el actuar del galeno fue o no negligente, otorgó los daños contra el médico cirujano que adelantó el procedimiento, tras considerar que su conducta constituyó una «*battery*». Sostuvo la Corte:

> "It is inmaterial to the issue of battery that the jury found that the operation was not negliglently performed. And it avails little to argue now that no good purpose would have been served by Dr. Hall's presence, or that had Dr. Hall been present the same operation would have been performed and the same complications would have arisen. It was (plaintiff's) body on wich the operation was to be performed, and the decisión was one peculiarly for her to make (...). The hazard to a psysichian of performing an operation without the consent of the patient is dramatically illustrated by this case. Had (plaintiff's) recovery been an eneventful one, the action most likely woult not have been brought. But the recovery was anything but eneventful, and this was the risk the defendant took when he operated without consent"[74].

---

73 Citado y comentado en: LUNDMARK, Thomas. *Surgery by an Unauthorized Surgeron as a Battery*. En: *Journal of Law and Health. Vol. 10.* 1995-1996. Págs. 292-293.

74 Citado en: LUNDMARK, Thomas. *Surgery by an Unauthorized Surgeron as a Battery*. En: *Journal of Law and Health. Vol. 10.* 1995-1996. Págs. 293-294.

§132. Si bien en Derecho español parece difícil extrapolar el razonamiento seguido en el sistema estadounidense, en razón a las diferentes tradiciones jurídicas y la ausencia, en aquél país, de un concepto análogo al de la «*battery*», anglosajona (al menos en Derecho Civil), creo que, como en Alemania, la situación puede resolverse a través de la Teoría General del Contrato, aunque el razonamiento a seguir sea un poco diferente al del país germano. Esta manera de zanjar la cuestión se justifica por la ausencia, en el modelo de la Ley 41/2002, de cualquier referencia al respecto.

Partiendo de la base de que entre el cirujano cosmético y el paciente se celebra un verdadero negocio jurídico, que envuelve prestaciones de hacer, y en el que aquél se compromete a poner su empeño, experiencia y sapiencia para mejorar el aspecto físico de éste, también emerge patente que se trata de una relación obligatoria que necesariamente ostenta el carácter de «*personalísima*», *intuitu personae*, en función o en atención a la persona, pues parece razonable afirmar que el paciente que acude a un profesional de esta especie lo hace en consideración a sus especiales características, que le diferencian del resto.

Desde esta óptica, se deriva que el médico no puede, salvo pacto en contrario, delegar las funciones que ha adquirido para con su paciente; si lo hace, no hay duda, incurrirá en responsabilidad por incumplimiento de lo pactado.

6. Recapitulación y conclusiones críticas

§133. Varios son los puntos que a lo largo del presente estudio se han tratado, y que ahora me veo en la tarea de sintetizar:

En primer lugar, se expusieron los elementos generales, sustantivos, que caracterizan la responsabilidad civil sanitaria derivada de la mala praxis galénica. Se vio cómo se trata, por regla, de un asunto gobernado corrientemente y -al menos desde el punto de vista formal- por reglas de responsabilidad contractual, donde el médico asume, de cara a su paciente, obligaciones de medio y sólo excepcionalmente de resultado, lo cual no hace sino corroborar el carácter marcadamente culpabilístico de este tipo de responsabilidad. La distinción clásica entre lo que es medicina curativa y satisfactiva, que otrora servía para sustentar la exigencia de obligaciones de resultado en estos ámbitos, parece haber perdido vuelo: la consideración del derecho a la salud como el bienestar psíquico y físico torna inoperante y hasta inútil esa discriminación.

Allí se expresó, y ahora se insiste, que la responsabilidad civil médica encuentra por vocales la **conducta culpable, el daño y la relación causal.** La primera explica el por qué sea no sea justificable enjuiciar el actuar diligente y acorde a la buena praxis de un galeno; la segunda, que técnicamente se bifurca en el daño y el perjuicio, muestra muy a las claras cómo el actuar negligente de un médico es susceptible de generar daños, especialmente corporales, que –eventualmente- degeneran en perjuicios de orden patrimonial y no patrimonial. Finalmente, el nexo causal, exigido por el artículo 1902 del Código Civil español, de acuerdo con la doctrina moderna y mejor aceptada, halla correcta explicación desde la perspectiva natural o factual pero también desde el punto de vista jurídico (o de la imputación objetiva), de lo cual se desprende la necesidad no sólo de que pueda predicarse que la conducta del médico esté conectada naturalísticamente con el daño cuya reparación se exige sino también que pueda, jurídicamente, ponerse a su cargo.

En un **segundo plano**, se mostraron los aspectos probatorios de la responsabilidad por negligencia médica. Allí se expuso cómo se trata de un ámbito donde, corrientemente, es al paciente damnificado a quien le corresponde acreditar todos los elementos sustantivos que sirven de base a su pretensión, esto es, la conducta (activa u omisiva), la culpa, el daño y el ligamen causal.

En estos mismos contornos, se hizo hincapié en las excepciones a esa regla genérica de carga de la prueba, destacando entre ellas las alusivas a **(i)** las obligaciones de medio y de resultado, exigiéndose en las primeras la acreditación del elemento culpabilístico y en las segundas no; **(ii)** las ligadas a los eventos donde difícilmente pueda establecerse de manera cierta y fehaciente el nexo causal, cual ocurre **(a)** cuando son daños causados por un equipo de médicos y otro personal sanitario, sin poderse determinar con exactitud quién causó el daño; **(b)** los casos en los cuales se indemniza la pérdida de la oportunidad de curación; **(c)** los derivados de la verificación de un daño anormal o desproporcionado, de acuerdo a lo que usualmente ocurre en el ámbito propio del respectivo tratamiento; y **(d)** la facilidad o disponibilidad probatoria, en atención a la cercanía con los medios de prueba que usualmente tiene el médico y no el paciente víctima. Todas estas circunstancias, se vio, permiten al juez variar o al menos atemperar las reglas generales de la carga de la prueba.

En **tercer lugar**, me ocupé de aquella fuente autónoma de responsabilidad médica derivada de la no obtención u obtención defectuosa del **consentimiento informado**. Se vio cómo los ordenamientos modernos, desde luego también el español, le otorgan especial relevancia a la obtención previa del asentimiento del paciente como presupuesto para ejecutar el acto médico, y que generalmente suele justificarse como una protección a sus derechos de autonomía y libre determinación.

Ahora, la responsabilidad derivada de la inadecuada obtención del consentimiento del paciente es susceptible de explicarse, creo y así lo dejé dicho, a partir –también- de las vocales de la responsabilidad civil general: conducta, culpa, daño y relación causal.

En punto a la primera, puede decirse que usualmente la infracción a la obligación de informar tiene su origen en una omisión, donde el profesional se abstiene de suministrar los datos al paciente y de obtener su asentimiento de cara al acto médico que habrá de ejecutarse.

La **culpa** presenta, en estos ámbitos, considerables problemas: en aras de determinarla, forzoso será preguntarse cuál será la información que deberá brindársele al paciente, para por esa vía establecer si el médico la comunicó o no.

De cara a la **causalidad natural**, se requiere que la lesión esté *"físicamente"* conectada con el acto médico ejecutado, siendo necesario además que exista un ligamen *"psicológico"* entre la infracción del deber de informar y la decisión del paciente de aceptar el tratamiento: el tribunal debe hallar que si el paciente hubiera conocido el riesgo no hubiera seguido con el tratamiento. **La causalidad jurídica,** por su parte, exige que la infracción del médico haya o no creado o agregado un riesgo razonablemente previsible de lesión.

El elemento **daño** no es sencillo de explicar: el punto de partida aquí es que la sola falta de información, en línea de principio, no es causa de resarcimiento pecuniario. Pero dicho principio no puede entenderse en términos absolutos, pues la jurisprudencia ha introducido excepciones a partir de dos supuestos bien definidos: **(i)** aquellos casos en los cuales no se informa (o la información es defectuosa) pero el riesgo no se materializa; y **(ii)** aquellos casos en los cuales no se informa (o la información es defectuosa) y el riesgo se materializa. En ambos eventos, los tribunales españoles suelen conceder indemnizaciones, pero por vías diferentes; en el primero, se repara el daño moral grave, derivado de la lesión al derecho (o interés) de autodeterminación; en el segundo, hay lugar a la distinción de hipótesis: **(a)** de haber existido información previa adecuada, la decisión del paciente no hubiese variado, razón por la cual no habrá que accederse a la pretensión resarcitoria; **(b)** de existir la información previa adecuada, el paciente se hubiere negado a la intervención, concediéndose la indemnización deprecada e íntegra del perjuicio que se ha materializado; y **(c)** sin existir certeza, respecto de la decisión que el paciente hubiere adoptado de haber conocido la información que no le fue suministrada, se indemniza pero en función de la pérdida de la oportunidad.

Expuestos los principales elementos sustantivos y probatorios que caracterizan la responsabilidad civil médica, cumple hacer, ahora, un estudio comparativo en aras de establecer los puntos de contacto y de divergencia entre el régimen general de responsabilidad profesional y el especial del cirujano estético. Para ello, se procurará, con apoyo en el material recogido y explicado, dar respuesta a los siguientes siete problemas jurídicos:

1. ¿Es una responsabilidad contractual o extracontractual?
2. ¿Es en la actualidad relevante la distinción entre medicina satisfactiva y correctiva?
3. ¿Es en la actualidad relevante la distinción entre obligaciones de medio y/o de resultado?
4. ¿Cuáles son, en definitiva, los elementos para determinar la responsabilidad civil del cirujano estético?
5. ¿A quién corresponde la carga de la prueba en este ámbito?
6. ¿Qué tan relevante es el consentimiento informado en esta materia, y qué tan riguroso el contenido de la información?

Veamos, pues, cada uno de estos:

(1)¿Es una responsabilidad contractual o extracontractual?

Trátese, al igual que la responsabilidad civil médica en general, de una responsabilidad eminentemente contractual. Quizás en esta especialidad puede verse con mayor claridad este carácter, pues usualmente el paciente es quien contrata, con un médico privado (o un centro médico, según el caso), el tratamiento o intervención requeridos.

(2) ¿Es en la actualidad relevante la distinción entre medicina satisfactiva y correctiva?

Uno de los conceptos que en los últimos años ha tenido mayor importancia, conforme se vio, ha sido el de la bifurcación entre lo que es la medicina correctiva, curativa o necesaria, y lo que es la medicina satisfactiva, encuadrándose en ésta última la cirugía estética, dada la finalidad que persigue. Empero, parece una concepción hoy superada. El derecho a la salud, ya se evidenció, desdibuja la diferenciación entre una y otra, hasta el punto de aparecer, en la actualidad, como una distinción artificiosa e inútil.

(3) ¿Es en la actualidad relevante la distinción entre obligaciones de medio y/o de resultado?

Quizás el punto de mayor discusión lo es el de la calificación, común y tradicional, de la obligación del cirujano estético como de *"resultado"*. Trátese en la actualidad de una tesis decididamente superada en la práctica totalidad de los ordenamientos auscultados, y rechazada sistemáticamente, y con buenos y prolijos argumentos, por la doctrina europea y estadounidense contemporánea.

Sostener, en efecto, que el sólo hecho de practicar una intervención de tal índole, *per se*, comporta una obligación de resultado, parece francamente excesivo; en aquellas, al igual que en cualquier otra, existe siempre un elemento de aleatoriedad, que hace insostenible, a la luz inclusive del propio Derecho de las Obligaciones, aseverar que el médico garantizó un resultado concreto; más aún, la complejidad del acto médico, y la naturaleza propia del cuerpo humano, apoyan esa conclusión. Es artificioso y exagerado, a mi modo de ver, considerar que sobre el cuerpo del paciente se pueda erigir una obra, como pretende –en España- algún sector doctrinario y jurisprudencial, porque éste, el cuerpo humano, no es lo mismo que una piedra o una tabla de madera.

La circunstancia de que, entre médico y paciente, se pueda pactar un resultado concreto no desdibuja la anterior conclusión: uno de los criterios, quizás el más relevante, para determinar cuándo una obligación reviste el aludido carácter es precisamente la autonomía de la voluntad. En ese sentido, la jurisprudencia más reciente del Tribunal Supremo español se muestra y merece el calificativo de impecable.

(4) ¿Cuáles son, en definitiva, los elementos para determinar la responsabilidad civil del cirujano estético?

Estimo que, a la luz de la doctrina y jurisprudencia más moderna, y de la interpretación actual que de los textos legales hacen los expositores y los tribunales, hoy la responsabilidad del cirujano cosmético poco se distancia, en materia de sus elementos, de aquella atribuible a cualquier otro profesional de la medicina. Se exige, en ella, la aducción (y debida comprobación) de todos los elementos de la responsabilidad: conducta, daño, causalidad y, se hace énfasis, la culpa.

En punto de ésta última, puede decirse que en los casos de cirugía estética el daño causado con ocasión del acto médico sólo será imputable al cirujano estético siempre y cuando éste hubiere incurrido en negligencia, impericia o falta de cuidado.

En lo atañedero a la **causalidad**, tampoco destacan mayores diferencias en relación con el régimen común. En este ámbito, es viable extrapolar la bifurcación del nexo de causal desde sus puntos de vista fáctico y jurídico: la lesión padecida por el paciente-víctima debe estar físicamente conectada con el acto médico; asimismo, los daños padecidos deben ser una consecuencia razonable de la actividad desplegada por el galeno.

¿A quién corresponde la carga de la prueba en este ámbito?

En la especialidad de la cirugía estética se siguen, en materia de prueba, por lo común los mismos principios que permean el campo de la responsabilidad sanitaria. Por lo mismo, incumbirá al paciente damnificado probar todos y cada uno de los extremos de la responsabilidad, esto es, la conducta negligente (o dolosa, según el caso) del cirujano, el daño y el nexo de causalidad entre ambos.

(6) ¿Qué tan relevante es el consentimiento informado en esta materia, y qué tan riguroso el contenido de la información?

La doctrina de los autores y los tribunales europeos, desde luego también los españoles, coinciden en que la información que se debe brindar al paciente en los supuestos de cirugía estética es mayor que respecto de las otras especialidades de la medicina. Así, suele exigirse en estos ámbitos que la información debe revestir ciertos caracteres de completitud, además del pronóstico sobre la probabilidad del resultado, las secuelas, los riesgos, los resultados adversos, las complicaciones, sean de carácter permanente o temporal y con independencia de su frecuencia o excepcionalidad, y la posible agravación del estado estético.

Pese a que en estricto Derecho no parezca muy justificable pues la sola *"ausencia de necesidad terapéutica"* o *"evitar que se silencien los riesgos"* parecen argumentos vacuos, trátese de la mayor y más patente diferencia en relación con el régimen general de la responsabilidad civil médica.

A manera de conclusión, quiero hacer un llamado, cual se hiciera a inicios de estos estudios, al análisis concienzudo, sistemático y profundo de las instituciones, más aún de aquellas tan actuales y tan intrincadas como las que se debaten en el campo de la cirugía estética. Asombra el poco material especializado que existe sobre la materia, siendo ello así tanto en los derechos europeos como en el estadounidense.

Es cierto, es un tema complejo, y para su correcto estudio requiérase no sólo conocimiento de los idiomas (aquí se consultaron fuentes en francés, castellano, inglés, portugués e italiano) sino también a fuentes bibliográficas especializadas que, se relieva, son de difícil y costosa consecución. Pero no es ello óbice para que se deje al margen una problemática que día a día adquiere la mayor de las relevancias.

De allí el mérito, que no puede desconocerse, de este trabajo: buscó sistematizar, creo que con éxito y pertinencia, para ofrecerle al lector un *corpus* lo suficientemente sólido y lo suficientemente decantado, las tendencias doctrinarias y jurisprudenciales más modernas y mejor ponderadas sobre la materia, desde el punto de vista español pero también desde la perspectiva de otros ordenamientos.

7. Adenda 1: Relación de jurisprudencia colombiana relacionada con intervenciones y procedimientos estéticos y de embellecimiento, organizada por corporación judicial

7.1. **Tribunal Superior de Armenia (Sala Civil-Familia-Laboral):** sent. de 27 de sept. de 2017, rad. 2011-00247 (M.P. César Augusto Guerrero Díaz).

7.2. **Tribunal Superior de Barranquilla (Sala Civil-Familia):** sents. de 11 de febrero de 2021, rad. 2017-00054 (M.P. Abdón Sierra); 27 de oct. de 2022, rad. 2021-00002 (M.P. Guillermo Raúl Bottía).

7.3. **Tribunal Superior de Bucaramanga (Sala Civil-Familia):** sents. de 5 de febrero de 2016, rad. 2009-00113 (M.P. Ramón Alberto Figueroa); 31 de agosto de 2016, rad. 2010-00287 (M.P. Ramón Alberto Figueroa); 25 de mayo de 2022, rad. 2013-00302 (M.P. Ramón Alberto Figueroa).

7.4. **Tribunal Superior de Buga (Sala Civil-Familia):** sents. 18 de enero de 2016, rad. 2015-00122 (M.P. Orlando Quintero); 18 de oct. de 2016, rad. 2011-00201 (M.P. Felipe Francisco Borda).

7.5. **Tribunal Superior de Cali (Sala Civil):** sents. de 20 de junio de 2019, rad. 2011-00164 (M.P. Jorge Jaramillo Villarreal); 30 de julio de 2019, rad. 2016-00313 (M.P. Julián Alberto Villegas Perea); 17 de nov. de 2020, rad. 2017-00128 (M.P. Jorge Jaramillo Villarreal); 16 de dic. de 2020, rad. 2017-00234 (M.P. Julián Alberto Villegas Perea); 11 de agosto de 2021, rad. 2011-00403 (M.P. Hernando Rodríguez Mesa).

7.6. **Tribunal Superior de Cartagena (Sala Civil-Familia):** sents. de 15 de febrero de 2021, rad. 2010-00426 (M.P. Carlos Mauricio García Barajas); 29 de abril de 2021, rad. 2017-00306 (M.P. Carlos Mauricio García Barajas).

7.7. **Tribunal Superior de Cúcuta (Sala Civil-Familia):** sents. de 11 de dic. de 2020, rad. 2015-00299 (M.P. Constanza Forero); 26 de julio de 2021, rad. 2014-00261 (M.P. Constanza Forero); 19 de agosto de 2021, rad. 2014-00017 (M.P. Constanza Forero).

7.8. **Tribunal Superior de Florencia**: sent. de 30 de julio de 2020, rad. 2010-00120 (M.P. Diela Ortega).

7.9. Tribunal Superior de Manizales (Sala Civil-Familia): sents. de 11 de dic. de 2006, rad. 1999-02081 (M.P. Martha Cecilia Villegas); 9 de julio de 2014, rad. 2013-00279 (M.P. Roberto Chaves Echeverri); 24 de agosto de 2017 (M.P. Sofy Soraya Mosquera); 7 de sept. de 2020 (M.P. José Hoover Cardona); 22 de nov. de 2022, rad. 2021-00090 (M.P. Ángela María Puerta Cárdenas).

7.10. Tribunal Superior de Medellín: sents. de 26 de julio de 2018, rad. 2013-00513 (M.P. José Gildardo Ramírez); 17 de julio de 2020, rad. 2012-00633 (M.P. José Omar Bohórquez); 30 de julio de 2020, rad. 2018-00146 (M.P. Ricardo León Carvajal); 30 de nov. de 2020, rad. 2006-00107 (M.P. Gloria Patricia Montoya); 30 de nov. de 2020, rad. 2012-00455 (M.P. Gloria Patricia Montoya); 15 de abril de 2021, rad. 2018-00626 (M.P. Juan Carlos Sosa); 10 de junio de 2021, rad. 2019-00160 (M.P. Martín Agudelo); 21 de junio de 2021, rad. 2018-00518 (M.P. Juan Carlos Sosa); 19 de agosto de 2021, rad. 2009-00842 (M.P. Julián Valencia); 10 de agosto de 2022, rad. 2021-00043 (M.P. José Gildardo Ramírez); 3 de nov. de 2022, rad. 2021-00562 (M.P. José Gildardo Ramírez); 17 de nov. de 2022, rad. 2018-00167.

7.11. Tribunal Superior de Pereira (Sala Civil-Familia): sents. de 28 de junio de 2010, rad. 2005-00016 (M.P. Claudia María Arcila); 9 de nov. de 2010, rad. 2007-00134 (M.P. Gonzalo Flórez); 16 de mayo de 2012, rad. 2009-00296 (M.P. Claudia María Arcila); 4 de junio de 2014, rad. 2011-00090 (M.P. Edder Jimmy Sánchez); 19 de junio de 2014, rad. 2009-00271 (M.P. Claudia María Arcila); 8 de julio de 2014, rad. 2009-00021 (M.P. Claudia María Arcila); 14 de nov. de 2017, rad. 2003-00197 (M.P. Jaime Alberto Saraza); 30 de sept. de 2019, rad. 2005-00142 (M.P. Duberney Grisales); 27 de nov. de 2019, rad. 2017-00252 (M.P. Duberney Grisales); 28 de enero de 2021, rad. 2017-00269 (M.P. Jaime Alberto Saraza); 15 de marzo de 2022, rad. 2017-00096 (M.P. Jaime Alberto Saraza); 26 de mayo de 2022, rad. 2011-00003 (M.P. Jaime Alberto Saraza); 28 de julio de 2022, rad. 2017-00257 (M.P. Carlos Mauricio García Barajas).

7.12. Tribunal Superior de Tunja (Sala Civil-Familia): sent. de 8 de junio de 2021, rad. 2012-00008 (M.P. Bernardo Arturo Rodríguez).

7.13. Sala de Casación Civil, Agraria y Rural de la Corte Suprema de Justicia: 26 de nov. de 1986 (M.P. Héctor Gómez); 19 de dic. de 2005, rad. 1996-05497 (M.P. Pedro Octavio Múnar); 5 de nov. de 2013, rad. 2005-00025 (M.P. Arturo Solarte Rodríguez); 12 de julio de 2019 (M.P. Álvaro F. García Restrepo); 7 de diciembre de 2020 (M.P. Aroldo Wilson Quiroz).

8. Adenda 2: Relación de jurisprudencia colombiana relacionada con intervenciones y procedimientos estéticos y de embellecimiento, organizada por tipo de intervención

8.1. Abdominoplastia o cirugía de abdomen

CORPORACIÓN	SENTENCIA/S
Tribunal Superior de Barranquilla (Sala Civil-Familia)	27 de oct. de 2022, rad. 2021-00002 (M.P. Guillermo Raúl Bottía)
Tribunal Superior de Buga (Sala Civil-Familia)	18 de oct. de 2016, rad. 2011-00201 (M.P. Felipe Francisco Borda)
Tribunal Superior de Cali (Sala Civil)	16 de dic. de 2020, rad. 2017-00234 (M.P. Julián Alberto Villegas Perea); 11 de agosto de 2021, rad. 2011-001403 (M.P. Hernando Rodríguez Mesa)
Tribunal Superior de Cartagena (Sala Civil-Familia)	15 de febrero de 2021, rad. 2010-00426 (M.P. Carlos Mauricio García Barajas)
Tribunal Superior de Cúcuta (Sala Civil-Familia)	19 de agosto de 2021, rad. 2014-00017 (M.P. Constanza Forero); 11 de dic. de 2020, rad. 2015-00299 (M.P. Constanza Forero)
Tribunal Superior de Florencia	30 de julio de 2020, rad. 2011-00411 (M.P. Diela Ortega)
Tribunal Superior de Manizales (Sala Civil-Familia)	9 de julio de 2014, rad. 2013-00279 (M.P. Roberto Chaves Echeverry)

Tribunal Superior de Medellín (Sala Civil)	27 de febrero de 2023, rad. 2018-00509 (M.P. Luis Enrique Gil Marín)
Tribunal Superior de Pereira (Sala Civil-Familia)	16 de mayo de 2012, rad. 2009-00296 (M.P. Claudia María Arcila); 28 de junio de 2010, rad. 2005-00016 (M.P. Claudia María Arcila); 15 de marzo de 2022, rad. 2017-00096 (M.P. Jaime Alberto Saraza).

8.2. Aumento de glúteos con material de relleno

CORPORACIÓN	SENTENCIA/S
Tribunal Superior de Barranquilla (Sala Civil-Familia)	11 de febrero de 2021, rad. 2017-00054
Tribunal Superior de Buga (Sala Civil-Familia)	18 de enero de 2016, rad. 2015-00122 (M.P. Orlando Quintero)

8.3. Biopolímeros

CORPORACIÓN	SENTENCIA/S
Tribunal Superior de Barranquilla (Sala Civil-Familia)	11 de febrero de 2021, rad. 2017-00054
Tribunal Superior de Buga (Sala Civil-Familia)	18 de enero de 2016, rad. 2015-00122 (M.P. Orlando Quintero)

8.4. Blefaroplastia–extirpación de exceso de piel de párpados

CORPORACIÓN	SENTENCIA/S
Tribunal Superior de Manizales (Sala Civil-Familia)	24 de agosto de 2017 (M.P. Sofy Soraya Mosquera)
Tribunal Superior de Pereira (Sala Civil-Familia)	9 de nov. de 2010, rad. 2007-00134 (M.P. Gonzalo Flórez); 30 de sept. de 2019, rad. 2005-00142 (M.P. Duberney Grisales)

8.5. Cirugía bariátrica – Bypass gástrico

CORPORACIÓN	SENTENCIA/S
Tribunal Superior de Medellín (Sala Civil)	10 de junio de 2021, rad. 2019-00160 (M.P. Martín Agudelo)

8.6. Colocación-mantenimiento de prótesis-implantes

CORPORACIÓN	SENTENCIA/S
Tribunal Superior de Cali (Sala Civil)	11 de agosto de 2021, rad. 2011-001403 (M.P. Hernando Rodríguez Mesa)
Tribunal Superior de Medellín (Sala Civil)	17 de nov. de 2022, rad. 2018-00167; 30 de nov. de 2020, rad. 2012-00455 (M.P. Gloria Patricia Montoya); 30 de nov. de 2020, rad. 2006-00107, M.P. Gloria Patricia Montoya;15 de abril de 2021, rad. 2018-00626 (M.P. Juan Carlos Sosa); 17 de julio de 2020, rad. 2012-00633 (M.P. José Omar Bohórquez); 27 de febrero de 2023, rad. 2018-00509 (M.P. Luis Enrique Gil Marín); 26 de oct. de 2023, rad. 2009-00187 (M.P. José Omar Bohórquez)
Tribunal Superior de Pereira (Sala Civil-Familia)	4 de junio de 2014, rad. 2011-00090 (M.P. Edder Jimmy Sánchez); 19 de junio de 2014, rad. 2009-00271 (M.P. Claudia María Arcila); 30 de sept. de 2019, rad. 2005-00142 (M.P. Duberney Grisales); 27 de nov. de 2019, rad. 2017-00252 (M.P. Duberney Grisales); 28 de julio de 2022, rad. 2017-00257 (M.P. Carlos Mauricio García Barajas)

8.7. Corrección de cicatrices

CORPORACIÓN	SENTENCIA/S
Tribunal Superior de Medellín (Sala Civil)	17 de nov. de 2022, rad. 2018-00167

8.8. Corrección de mandíbula / quijada

CORPORACIÓN	SENTENCIA/S
Tribunal Superior de Florencia	26 de julio de 2021, rad. 2014-00261 (M.P. Constanza Forero)

8.9. Hidrolipoclasia

CORPORACIÓN	SENTENCIA/S
Tribunal Superior de Bucaramanga (Sala Civil-Familia)	5 de febrero de 2016, rad. 2009-00113 (M.P. Ramón Alberto Figueroa)

8.10. Inyección de grasa en glúteos

CORPORACIÓN	SENTENCIA/S
Tribunal Superior de Bucaramanga (Sala Civil-Familia)	5 de febrero de 2016, rad. 2009-00113 (M.P. Ramón Alberto Figueroa)

8.11. Lipectomía

CORPORACIÓN	SENTENCIA/S
Tribunal Superior de Cali (Sala Civil)	17 de nov. de 2020, rad. 2017-00128 (M.P. Jorge Jaramillo Villarreal)
Tribunal Superior de Pereira (Sala Civil-Familia)	28 de julio de 2022, rad. 2017-00257 (M.P. Carlos Mauricio García Barajas)

8.12. Lipoinyección de glúteos

CORPORACIÓN	SENTENCIA/S
Tribunal Superior de Cali (Sala Civil)	17 de nov. de 2020, rad. 2017-00128, M.P. Jorge Jaramillo Villarreal; 6 de dic. de 2020, rad. 2017-00234, M.P. Julián Alberto Villegas Perea
Tribunal Superior de Manizales (Sala Civil-Familia)	9 de julio de 2014, rad. 2013-00279, M.P. Roberto Chaves Echeverry; 7 de sept. de 2020, M.P. José Hoover Cardona.
Tribunal Superior de Medellín (Sala Civil)	30 de nov. de 2020, rad. 2006-00107 (M.P. Gloria Patricia Montoya)
Tribunal Superior de Pereira (Sala Civil-Familia)	27 de nov. de 2019, rad. 2017-00252 (M.P. Duberney Grisales); 28 de julio de 2022, rad. 2017-00257 (M.P. Carlos Mauricio García Barajas)

8.13. Lipolisis

CORPORACIÓN	SENTENCIA/S
Tribunal Superior de Pereira (Sala Civil-Familia)	28 de julio de 2022, rad. 2017-00257 (M.P. Carlos Mauricio García Barajas)

8.14. Lipopapada

CORPORACIÓN	SENTENCIA/S
Tribunal Superior de Manizales (Sala Civil-Familia)	7 de sept. de 2020 (M.P. José Hoover Cardona)
Tribunal Superior de Medellín (Sala Civil)	30 de julio de 2020, rad. 2018-00146 (M.P. Ricardo León Carvajal)

8.15. Liposucción / lipoplastia / lipoescultura / lipoaspiración

CORPORACIÓN	SENTENCIA/S
Tribunal Superior de Armenia (Sala Civil-Familia)	27 de sept. de 2017, rad. 2011-00247 (M.P. César Augusto Guerrero Díaz)
Tribunal Superior de Barranquilla (Sala Civil-Familia)	6 de marzo de 2023, rad. 2021-00027 (M.P. Bernardo López)
Tribunal Superior de Bucaramanga (Sala Civil-Familia)	25 de mayo de 2022, rad. 2013-00302 (M.P. Ramón Alberto Figueroa)
Tribunal Superior de Buga (Sala Civil-Familia)	18 de oct. de 2016, rad. 2011-00201 (M.P. Felipe Francisco Borda)
Tribunal Superior de Cali (Sala Civil)	30 de julio de 2019, rad. 2016-00313 (M.P. Julián Alberto Villegas Perea); 20 de junio de 2019, rad. 2011-00164 (M.P. Jorge Jaramillo Villarreal); 17 de nov. de 2020, rad. 2017-00128 (M.P. Jorge Jaramillo Villarreal); 11 de agosto de 2021, rad. 2011-001403 (M.P. Hernando Rodríguez Mesa)
Tribunal Superior de Cúcuta (Sala Civil-Familia)	11 de dic. de 2020, rad. 2015-00299 (M.P. Constanza Forero); 19 de agosto de 2021, rad. 2014-00017 (M.P. Constanza Forero)
Tribunal Superior de Manizales (Sala Civil-Familia)	11 de dic. de 2006, rad. 1999-02081 (M.P. Martha Cecilia Villegas); 9 de julio de 2014, rad. 2013-00279 (M.P. Roberto Chaves Echeverry); 7 de sept. de 2020 (M.P. José Hoover Cardona)
Tribunal Superior de Medellín (Sala Civil)	26 de julio de 2018, rad. 2013-00513 (M.P. José Gildardo Ramírez); 30 de nov. de 2020, rad. 2006-00107 (M.P. Gloria Patricia Montoya); 30 de julio de 2020, rad. 2018-00146 (M.P. Ricardo León Carvajal); 17 de julio de 2020, rad. 2012-00633 (M.P. José Omar Bohórquez); 27 de febrero de 2023, rad. 2018.00509 (M.P. Luis Enrique Gil Marín); 14 de abril de 2023, rad. 2017-00034 (M.P. Mario Alberto Gómez Londoño)

Tribunal Superior de Pereira (Sala Civil-Familia)	19 de junio de 2014, rad. 2009-00271 (M.P. Claudia María Arcila); 4 de nov. de 2017, rad. 2003-00197 (M.P. Jaime Alberto Saraza); 30 de sept. de 2019, rad. 2005-00142 (M.P. Duberney Grisales); 27 de nov. de 2019, rad. 2017-00252 (M.P. Duberney Grisales); 28 de enero de 2021, rad. 2017-00269 (M.P. Jaime Alberto Saraza); 15 de marzo de 2022, rad. 2017-00096 (M.P. Jaime Alberto Saraza); 26 de mayo de 2022, rad. 2011-00003 (M.P. Jaime Alberto Saraza); 28 de julio de 2022, rad. 2017-00257 (M.P. Carlos Mauricio García Barajas); 22 de febrero de 2023, rad. 2017-00203 (M.P. Duberney Grisales).

8.16. Mamoplastia

CORPORACIÓN	SENTENCIA/S
Tribunal Superior de Bucaramanga (Sala Civil-Familia)	25 de mayo de 2022, rad. 2013-00302 (M.P. Ramón Alberto Figueroa)
Tribunal Superior de Cali (Sala Civil)	17 de nov. de 2020, rad. 2017-00128 (M.P. Jorge Jaramillo Villarreal)
Tribunal Superior de Manizales (Sala Civil-Familia)	11 de dic. de 2006, rad. 1999-02081 (M.P. Martha Cecilia Villegas)
Tribunal Superior de Medellín (Sala Civil):	19 de agosto de 2021, rad. 2009-00842 (M.P. Julián Valencia); 14 de abril de 2023, rad. 2017-00034 (M.P. Mario Alberto Gómez Londoño)
Tribunal Superior de Pereira (Sala Civil-Familia)	16 de mayo de 2012, rad. 2009-00296 (M.P. Claudia María Arcila); 15 de marzo de 2022, rad. 2017-00096 (M.P. Jaime Alberto Saraza); 28 de julio de 2022, rad. 2017-00257 (M.P. Carlos Mauricio García Barajas)

8.17. Mastopexia mamaria / pexia mamaria / mamopexia

CORPORACIÓN	SENTENCIA/S
Tribunal Superior de Barranquilla (Sala Civil-Familia)	27 de oct. de 2022, rad. 2021-00002 (M.P. Guillermo Raúl Bottía); 6 de marzo de 2023, rad. 2021-00027 (M.P. Bernardo López)
Tribunal Superior de Bucaramanga (Sala Civil-Familia)	31 de agosto de 2016, rad. 2010-00287 (M.P. Ramón Alberto Figueroa Acosta)
Tribunal Superior de Medellín (Sala Civil)	26 de julio de 2018, rad. 2013-00513 (M.P. José Gildardo Ramírez); 30 de nov. de 2020, rad. 2012-00455 (M.P. Gloria Patricia Montoya); 15 de abril de 2021, rad. 2018-00626 (M.P. Juan Carlos Sosa); 17 de nov. de 2022, rad. 2018-00167; 27 de febrero de 2023, rad. 2018.00509 (M.P. Luis Enrique Gil Marín)

8.18. Nosocomiales adquiridas durante intervención

CORPORACIÓN	SENTENCIA/S
Tribunal Superior de Cartagena (Sala Civil-Familia)	15 de febrero de 2021, rad. 2010-00426, M.P. Carlos Mauricio García Barajas

8.19. Ortodoncia estética

CORPORACIÓN	SENTENCIA/S
Tribunal Superior de Manizales (Sala Civil-Familia)	22 de nov. de 2022, rad. 2021-00090 (M.P. Ángela María Puerta Cárdenas)
Tribunal Superior de Medellín (Sala Civil)	21 de junio de 2021, rad. 2018-00518 M.P. (Juan Carlos Sosa)

8.20. Rinoplastia – modificación de forma de la nariz

CORPORACIÓN	SENTENCIA/S
Tribunal Superior de Manizales (Sala Civil-Familia)	7 de sept. de 2020 (M.P. José Hoover Cardona)

8.21. Ritidoplastia

CORPORACIÓN	SENTENCIA/S
Tribunal Superior de Manizales (Sala Civil-Familia)	24 de agosto de 2017 (M.P. Sofy Soraya Mosquera)

9. Bibliografía general – nacional y extranjera

ALBI, Julio. *La Carga de la Prueba en los Procedimientos de Responsabilidad Sanitaria*. En: *Revista CESCO de Derecho del Consumo. No. 8*. 2013.

ALONSO ÁLAMO, Mercedes. *El Consentimiento Informado del Paciente en el Tratamiento Médico. Bases Jurídicas e Implicaciones Penales*. En: MENDOZA BUERGO, Blanca (coord.). *Autonomía Personal y Decisiones Médicas. Cuestiones Éticas y Jurídicas*. Editorial Aranzadi. 2010.

ALPA, Guido. *Nuevo Tratado de Responsabilidad Civil*. Trad. de Leysser D. León. El Jurista Editores. Lima. 2006.

ALPA, Guido. *La Responsabilitá Civile. Parte Generale*. Ed. UTET. 2010.

AMADEI, Federico. *Danno in Chirurgia Estetica*. En: CENDON, Paolo (coord.). *Trattato dei Nuovi Danni. Vol. I. Danni in Generale. Integritá Fisica e Psichica. Criteri di Risarcimento*. Ed. Cedam. Milán. 2011.

ANDREUTENA, Eduardo/AZPARREN LUCAS, Agustín/DONAT LAPORTA, Emilio. *Estudio Jurisprudencial en Medicina Satisfactiva*. En: *Revista Española de Medicina Legal*. 2013.

ARBESÚ, Vanesa. *La Naturaleza Jurídica de la Obligación en Odontología Curativa y Estética. En: Revista de Derecho UNED. No. 16*. 2015.

ARIZA FORTICH, Alma. *El Criterio de Imputación de la Responsabilidad Profesional. Colección Maestrías 2*. Universidad Javeriana-Ed. Ibáñez. Bogotá. 2014.

ARNONE, M.D., Gino. *Il Superamento della Distinzione tra Obbligazioni di Mezzi e di Risultato*. En: TODESCHINI, Nicola (bajo su cuidado)/CENDON, Paolo (dir.). *La Responsabilitá Medica*. Ed. Utet Giuridica. Milán. 2016. Pág. 191.

ASÚA GONZÁLEZ, Clara Isabel. *La Responsabilidad Civil Médica. Pérdida de Oportunidad y Daño Desproporcionado*. En: *Asociación Española de Abogados Especializados en Responsabilidad Civil y Seguro. Ponencias VII Congreso Nacional*. Madrid. 2007.

ASÚA GONZÁLEZ, Clara I. *Responsabilidad Civil Médica*. En: REGLERO CAMPOS, Luis Fernando/BUSTO LAGO, José Manuel (coords.). *Tratado de Responsabilidad Civil. Tomo II*. 5ª edición. Ed. Thomson-Reuters Aranzadi. Cizur Menor. 2014.

ASÚA GONZÁLEZ, Clara Isabel. *Pérdida de la Oportunidad en la Responsabilidad Sanitaria*. Ed. Thomson-Aranzadi. Cizur Menor. 2008.

ATIYAH, Patrick. *Res Ipsa Loquitur in England and Australia*. En: *The Modern Law Review*. Vol. 35. 1974. Págs. 337-346.

BACYK-ROZWADOWSKA, Kinga. *Medical Malpractice in Poland*. En: OLIPHANT, Ken/W. WRIGHT, Richard (eds.). *Medical Malpractice and Compensation in Global Perspective*. Ed. De Gruyter. Berlin-Boston. 2013.

BAENA ARAMBURO, Felisa. *La Causalidad en la Responsabilidad Civil.* Ed. Tirant Lo Blanch. Bogotá. 2021.

BAENA UPEGUI, Mario. *Curso de las Obligaciones. Derecho Civil y Comercial.* Ediciones Librería El Profesional. Bogotá D.C. 1992.

BAGINSKA, Ewa. *Medical Liability in Poland.* En: KOCH, Bernhard A. (ed.). *Medical Liability in Europe.* Ed. De Gruyter. Viena. 2011.

BALDASSARI, Augusto/BALDASSARI, Stefania. *La Responsabilitá Civile del Professionista. Tomo II.* Giuffré Editore. Milán. 2006.

BALLORIANI, Massimiliano/DE ROSA, Roberto/MEZZANOTTE, Salvatore. *Manuale Breve di Diritto Civile.* VII Edición. Ed. Giuffré. Milán. 2012.

BARRERA TAPIAS, Carlos/SANTOS BALLESTEROS, Jorge. *El Daño Justificado.* Ed. Universidad Javeriana. Bogotá. 1997.

BARRERA TAPIAS, Carlos. *Las Obligaciones en el Derecho Moderno. Libro 1.* Universidad Javeriana. Bogotá. 1995.

BARONA BETANCOURT, Ricardo. *Responsabilidad Médica y Hospitalaria.* Ed. Leyer. Bogotá. 2016.

BAUDRY-LACANTINERIE, Gabriel. *Précis de Droit Civil. Tomo II.* Librairie de la Societé du Recueil Sirey. Paris. 1913.

BELLO JANEIRO, Domingo. *Cuestiones Actuales de Responsabilidad Civil.* Ed. Reus S.A. Madrid. 2009.

BELLO JANEIRO, Domingo. *La Responsabilidad Médica en el Derecho Español.* Editorial Temis S.A. Bogotá. 2015.

BENITO BULTRÓN-OCHOA, Juan Carlos. *Respuestas Judiciales ante el Consentimiento Informado.* En: MORILLAS CUEVA, Lorenzo/LLEDÓ YAGUE, Francisco (coords.). *Responsabilidad Médica Civil y Penal por Presunta Mala Práctica Profesional. El Contenido Reparador del Consentimiento Informado.* Editorial Dykinson. Madrid. 2012.

BERMINGHAM, Vera/HODGSON, John/WATSON, Susan. *Nutshells on Torts.* 10a edición. Ed. Sweet & Maxvwell & Thomson Reuters. Londrés. 2014.

BIGLIAZZI, Lina/BUSNELLI, Francesco/BRECCIA, Umberto/NATOLI, Ugo. *Diritto Civile. Tomo III. Obligazioni e Contratti.* Ed. Utet. Turín. 1989.

BLANCO, Lourdes. *Obligaciones de Medios y Obligaciones de Resultado.* En: *Cuadernos de Derecho Transnacional.* Octubre de 2014. Vol. 6°, No. 2.

BOYER CHAMMARD, Georges/MONZEIN, Paul. *La Responsabilité Mèdicale.* Presses Universitaires de France. Paris. 1974.

BONVICINI, Eugenio. *La Responsabilitá Civile. Tomo I.* Ed. Giuffré. Milán. 1971.

BOUMIL, Marcia/HATTIS, Paul. *Medical Liability in a Nutshell.* 3era Edición. Editorial West. Saint Paul. 2011.

BUSSANI, Mauro/SEBOK, Anthony J. (eds.). *Comparative Tort Law. Global Perspectives.* 2015. Págs. 226 y ss.

BUSSANI, Mauro/WERRO, Franz (eds.). *European Private Law: a Handbook.* Stämpfli Publishers. Berna. 2009.

BUSNELLI, Francesco Donato/COMANDÉ Giovanni. *Compensation for Personal Injury in Italy*. En: KOCH, Bernhard A./KOZIOL, Helmut (eds.). *Compensation for Personal Injury in a Comparative Perspective*. Springer-Verlag. Viena. 2003.

BUSNELLI, Francesco Donato/COMANDÉ, Giovanni/GAGLIARDI, Maria. *Fault under Italian Law*. En WIDMER, Pierre (ed.). *Unification of Tort Law: Fault*. 2005.

BUSNELLI, Francesco D./COMANDÉ, Giovanni. *Causation under Italian Law*. En: SPIER, Jaap (ed.). *Unification of Tort Law: Causation*. Kluwer Law International. La Haya. 2000.

BUSNELLI, Francesco Donato/COMANDÉ, Giovanni. *Italy*. En: MAGNUS, Ulrich (ed.). *Unification of Tort Law: Damages*. Kluwer Law International. La Haya. 2001.

BUSTO LAGO, José Manuel. *Responsabilidad Civil Médica y Hospitalaria*. En: REGLERO CAMPOS, Luis Fernando/BUSTO LAGO, José Manuel (coords.). *Lecciones de Responsabilidad Civil*. 2013.

CABANILLAS SÁNCHEZ, Antonio. *Las Obligaciones de Actividad y de Resultado*. Editorial José María Bosch. Barcelona. 1993.

CABANILLAS SÁNCHEZ, Antonio/CAFFERENA LAPORTA, Jorge/MIQUEL GONZÁLEZ, José María/MONTÉS PENADÉS, Vicente L./MORALES MORENO, Antonio Manuel/PANTALEÓN PRIETO, Fernando (coords.). *Estudios Jurídicos en Homenaje al Profesor Luis Diez Picazo. Tomo II*. Madrid. 2003.

CAMPBELL BLACK, Henry. *Black's Law Dictionary*. 5a edición. West Publishing. Saint Paul. 1979.

CANTINI, Ernesto. *Responsabilidad Civil Extracontractual. Tesis para optar por el grado de Doctor en Ciencias Económicas y Jurídicas de la Pontificia Universidad Católica Javeriana*. Universidad Javeriana. Bogotá. 1951.

CARBONNIER, Jean. *Derecho Civil. Tomo II. Vol. 3*. Trad. De Manuel M. Zorrilla Ruiz. Editorial José María Boch. Barcelona. 1971.

CARDONA FERREIRA, Rui. *The Loss of Chance in Civil Law Countries: A Comparative and Critical Analysis*. En: Maastricht *Journal of European and Comparative Law. Vol. 20*. 2013. Págs. 56-74.

CARDOZO ISAZA, Jorge. *Apuntes sobre Obligaciones Civiles y Mercantiles*. Librería Jurídica Wilches. Bogotá D.C. 1986.

CARNEVALE, Aldo/SCARANO, Generoso. *Il Danno alla Persona*. Ed. Cedam. Milán. 2010.

CARRASCO PERERA, Ángel (dir.)/CORDERO LOBATO, Encarna/MARÍN LÓPEZ, Manuel Jesús. *Lecciones de Derecho Civil. Derecho de Obligaciones y Contratos en General*. Ed. Tecnos. Madrid. 2015.

CASACELI, Brian. *Losing a Chance to Survive: an Examination to the Loss Of Chance Doctrine within the Context of a Wrongful Death Action*. En: *Journal of Health and Biomedical Law. Vol. 9*. 2014. Págs. 521-552.

CASSANO, Giuseppe. *La Responsabilité Civile*. Editorial Giuffré. Milán. 2012.

CASSANO, Giuseppe. *La Responsabilitá Civile 2016*. Editorial Dike Giuridica. Roma. 2016.

CASTRO DE ARENAS, Rosa Hermninda. *Nociones Básicas de las Obligaciones*. Ediciones Doctrina y Ley. 1993.

CASTRO DE CIFUENTES, Marcela (coord.). *Derecho de las Obligaciones. Tomo I*. Ed. Temis-Universidad de los Andres. Bogotá. 2009.

CASTRO DE CIFUENTES, Marcela (coord.). *Derecho de las Obligaciones. Tomo II. Vol. I*. Ed. Temis-Universidad de los Andes. Bogotá. 2010.

CATTANEO, Giovanni. *La Responsabilitá del Professionista*. Editorial Giuffré. Milán. 1958.

CEBALLOS KLINKERT, Laura. *La Pérdida de la Oportunidad en la Responsabilidad Civil Médica ¿Un Daño Indemnizable en Colombia?*. Trabajo de grado presentado como requisito parcial para optar por el título de abogado. Universidad EAFIT. Medellín. 2016.

CENDON, Paolo (coord.). *Trattato dei Nuovi Danni. Vol. II*. Editorial Cedam. Milán. 2011.

CENDON, Paolo (coord.). *Trattato dei Nuovi Danni. Vol. I. . Danni in Generale. Integritá Fisica e Psichica. Criteri di Risarcimento*. 2011.

CHABAS, François. *La Responsabilitá del Medico per i Danni Causati nell'Esercizio della Professione, nel Diritto Francese*. En: *Responsabilità Civile e Previdenza*. Núm. 1. 1988.

CHACÓN PINZÓN, Antonio José. *Fundamento de Responsabilidad Médica. Una Perspectiva Iberoamericana del Derecho Médico*. Ed. Ibáñez. Bogotá. 2003.

CHAUSTRE HERNANDEZ, Pedro Antonio, *Daño en la Colectividad*. Bogotá. 2009. *In integrum*; GONZÁLEZ BRICEÑO, Álvaro Andrés. *El Daño o Perjuicio*. En: CASTRO DE CIFUENTES, Marcela (coord.). *Derecho de las Obligaciones. Tomo II. Vol. I*. Ed. Temis-Universidad de los Andes. Bogotá. 2010.

CORTÉS, Édgar. L*a Culpa Contractual en el Sistema Jurídico Latinoamericano*. Universidad Externado de Colombia. Bogotá D.C. 2009.

COUSY, Herman/VANDERSPIKKEN, Anja. *Causation under Belgian Law*. En: SPIER, Jaap (ed.). *Unification of Tort Law: Causation*. Kluwer Law International. La Haya. 2000.

COUSY, Herman/DROSHOUT, Dimitri. *Compensation for Personal Injury in Belgium*. En: KOCH, Bernhard A./KOZIOL, Helmut (eds.). *Compensation for Personal Injury in a Comparative Perspective*. Springer-Verlag. Viena. 2003.

CRESPO MORA, María Carmen. *Las Obligaciones de Medios y de Resultado de los Prestadores de Servicios en el DCFR*. 2013. En: *Revista Indret*. No. 2. 2013.

CRIVELLI, Alberto. *Gli Interventi Chirurgici*. En: CENDON, Paolo (coord.). *Trattato dei Nuovi Danni. Vol. II*. Editorial Cedam. Milán. 2011.

CUBIDES CAMACHO, Jorge. *Obligaciones*. Ed. Ibáñez-Universidad Javeriana. Bogotá D.C. 2012.

CUCIN, Robert. *Medical Malpractice. Handling Plastic Surgery Cases.* Ed. Macgraw Hill. Colorado Spring. 1990.

CUELLAR GUTIÉRREZ, Humberto. *Responsabilidad Civil Extracontractual.* Editorial Jurídica Wilches. Bogotá. 1983.

DEAKIN, Simon/JOHNSTON, Angus/MARKESINIS, Basil. *Markesinis and Deakin's Tort Law.* 6a edición. Editorial Clarendon Press. Oxford. 2008.

GUEST, Lauren/SCHAP, David/TRAN, Thi. *The "Loss of Chance Rule" as a Special Category of Damages in Medical Malpractice: A State by State Analysis.* En: *Journal of Legal Economics. Vol. 21.* 2014-2015. Págs. 53-108.

DE ÁNGEL YAGUEZ, Ricardo. *El "Resultado" en la obligación del médico. ¿Ideas Sensatas que pueden volverse locas?.* En: LLAMAS POMBO, Eugenio. *Estudios de Derecho de Obligaciones. Homenaje al Profesor Mariano Alonso López. Tomo I.* Editorial La Ley-Wolter Kluwers. Madrid. 2006. Págs. 419-468.

DE ÁNGEL YAGUEZ, Ricardo. *Tratado de Responsabilidad Civil.* Ed. Civitas. Madrid. 1993.

DE ÁNGEL YAGUEZ, Ricardo. *Responsabilidad Civil por Actos Médicos. Problemas de Prueba.* Ed. Civitas. 1999.

DE CUPIS, Adriano. *El Daño.* Editorial Bosch. Barcelona. 1975.

DE LA MORANDIÈRE, León Julliot. *Précis de Droit Civil. Tomo II.* Editorial Dalloz. 1966.

DEL OLMO, Pedro/SOLER PRESAS, Ana (coords.). *Practicum Daños 2015.* Editorial Thomson Reuters-Aranzadi. Cizur Menor. 2015.

DEL OLMO GARCÍA, Pedro. *Compensation for Personal Injury and Death.* En: BUSSANI, Mauro/WERRO, Franz (eds.). *European Private Law: a Handbook.* Stämpfli Publishers. Berna. 2009.

DEMÓGUE, René. *Traité des Obligations en Général. Tomo V.* Librairie Arthur Rousseau. Paris. 1923.

DIAS PEREIRA, André. *O Consentimiento Informado na Relaçao Médico-paciente.* Centro de Direito Biomedico. Coimbra. 2004.

DIAS PEREIRA, André/ALMENO DE SÁ, Filipa. *XXII. Portugal.* En: OLIPHANT, Ken/STEININGER, Barbara (eds.). *European Tort Law 2012.* De Gruyter. 2012.

DIAS PEREIRA, André Gonçalo. *Portugal.* En: KOZIOL, Helmut/STEININGER, Barbara C (eds.). *European Tort Law 2008.* De Gruyter. 2008.

DIAS PEREIRA, André/DUARTE MANSO, Luis. *Portugal.* En: KARNER, Ernst/STEININGER, Barbara (eds.). *European Tort Law 2014.* De Gruyter. 2014.

DIAS PEREIRA, André. Portugal. En: KOZIOL, Helmut/ STEININGER, Barbara C .(eds.). *European Tort Law 2010.* De Gruyter. 2010.

DIAZ, Derrick. *Minors and Cosmetic Surgery: an Argument for Stante Intervention.* En: *Depaul Journal of Health Care Law.* Primavera de 2012.

DÍAZ MORALES, Santos Díaz. *Curso Didáctico de Obligaciones Patrimoniales.* Ed. Temis. Bogotá. 1985.

DÍEZ PICAZO, Luis/GULLÓN, Antonio. *Sistema de Derecho Civil, II.* Editorial Tecnos. 2001.

DIEZ PICAZO, Luis/GULLÓN, Antonio. *Sistema de Derecho Civil. Tomo I. Vol. II.* Editorial Tecnos. 2016.

DIEZ PICAZO, Luis. *Fundamentos del Derecho Civil Patrimonial. La Responsabilidad Civil Extracontractual.* Ed. Civitas-Thomson Reuters. Cizur Menor. 2011.

DÍEZ PICAZO, Luis (coord.). *Estudios Jurídicos en Homenaje al Profesor José María Miquel. Tomo II.* Editorial Thomson Reuters Aranzadi. Pamplona. 2014.

DI MARZO, Claudia. *Medical Malpractice and Compensation in Italy.* En: OLIPHANT, Ken/W. WRIGHT, Richard. *Medical Malpractice and Compensation in Global Perspective.* Ed. De Gruyter. Berlín-Boston. 2013.

DOBBS, Dan B./HAYDEN, Paul T./BUBLICK, Ellen M. *Hornbook on Torts.* 2da Edición. Ed. West Academic Publishing. 2016.

DOMINGUEZ LLUELMO, Andrés (dir.). *Comentarios al Código Civil.* Ed. Lex Nova. Valladolid. 2010.

DOSTAL, Ondrej. *Medical Liability in The Czech Republic.* En: KOCH, Bernhard A. (ed.). *Medical Liability in Europe.* Ed. De Gruyter. Viena. 2011..

DURÁN TRUJILLO, Rafael. *Nociones de Responsabilidad Civil (Contractual y Delictuosa).* Ed. Temis. Bogotá. 1957.

EDWARDS, Linda L./EDWARDS, J. Stanley./WELLS, Patricia Kirlley. *Tort Law.* 5ta edición. Ed. Cengage Learning. Delmar. 2012.

EMILIANI ROMÁN, Raimundo. *Fundamentación de la Responsabilidad Delictual Civil.* Universidad Sergio Arboleda. Bogotá. 1993.

EUROPEAN GROUP ON TORT LAW. *Principles of European Tort Law. Text and Commentary.* Ed. Springer. Viena. 2005.

FABRE MAGNAN, Muriel. *Droit des Obligations. 2. Responsabilité Civile et Quasicontrats.* 3era edición. Presses Universitaires de France. 2013.

FACCI, Giovanni. *La Responsabilitá Civile del Professionista.* Ed. Cedam. Padua. 2006.

FACHAL NOGUER, Nuria. *Las Reglas de la Carga de la Prueba en la Responsabilidad Civil Médica: Cuestiones Polémicas.* En: PICÓ I JUNOY, Joan/ABEL LLUCH, Abel (eds.). *Objeto y Carga de la Prueba Civil.* Ed. José María Boch. Barcelona. 2007. 2007. Págs. 195-217.

FALQUE, C. *La Responsabilité du Médecin Après L'Arret de la Cour de Cassation du Mai 1936.* En: *Revue Critique de Législation et de Jurisprudence.* 1937. Págs. 609-635.

FERNÁNDEZ ENTRALGO, J. *Responsabilidad Civil de los Profesionales Sanitarios: La Lex Artis.* En: *Revista Jurídica Castilla y León.* Vol. 3°. 2004.

FERNÁNDEZ MANZANO, Luis Alfonso/NAVARRO MENDIZABAL, Iñigo/GARCÍA VILLARRUBIA BERNABÉ, Manuel/MARTÍNEZ MUÑOZ, Miguel/DE COUTO GÁLVEZ, Rosa. *La Responsabilidad en la Prestación de Servicios.* En: SOLER PRESAS, Ana María/DEL OLMO, Pedro (dirs.). *Practicum Daños 2015.* Editorial Thomson Reuters-Aranzadi. Cizur Menor. 2015.

FÉROT, Alice. *The Theory of Loss of Chance: Between Reticence and Acceptance.* En: *FIU Law Review.* 8. 2012-2013. Págs. 591 y ss.

FERNÁNDEZ, Mónica Lucía. *La Responsabilidad Civil Médica. Problemas Actuales.* Ed. Ibáñez. Bogotá. 2014.

FERNÁNDEZ MANZANO, Luis Alfonso. *Responsabilidad Médica. El Seguro de Asistencia Sanitaria.* En: DEL OLMO, Pedro/SOLER PRESAS, Ana (coords.). *Practicum Daños 2015.* Editorial Thomson Reuters-Aranzadi. 2015.

FOSTER, Charles. *Medical Law. A Very Short Introduction.* Oxford University Press. Oxford. 2013.

FRAGA, Jordano. *Aspectos Problemáticos de la Responsabilidad Contractual del Médico.* En: *Revista General de Legislación y Jurisprudencia.* 1985. Págs. 30 y ss.

FRANCO DELGADILLO, Eduardo/MORALES, María Cristina/GUZMÁN MORA, Fernando/MENDOZA VEGA, Juan/GONZÁLEZ HERRERA, Néstor/ARRÁZOLA, Patricia. *Responsabilidad Civil del Médico.* En: GUZMÁN MORA, Fernando/MORALES, María Cristina/FRANCO DELGADILLO, Eduardo/GONZÁLEZ HERRERA, Néstor/MENDOZA VEGA, Juan/HERRERA JARAMILLO, Francisco/ARRÁZOLA, Patricia/LÓPEZ CRUZ, César/CARRIAZO, Patricia/RUEDA GÓMEZ, Mario/DUQUE, María De La Paz. *De la Responsabilidad Civil Médica.* Ediciones Rosaristas. Bogotá. 1995. Págs. 67 a 87.

FRANZONI, Massimo. *La Responsabilitá nelle Obbligazioni di Mezzi e nelle Obbligazioni di Resultato.* En: *Revista Foro Italiano.* 1997. Núm. 10.

FROSSARD, Joseph. *La Distinction des Obligations de Moyens et des Obligations de Résultat.* Librairíe Génerale de Droit et de Jurisprudence. Paris. 1965.

FYNN, Markus. *Aspectos Fundamentales de la Responsabilidad Civil Alemana en el Ámbito de la Cirugía Estética.* En: *Revista Chilena de Derecho Privado.* Núm. 25. Dic. de 2015.

GALÁN CORTÉS, Julio César. *Responsabilidad Civil Médica.* 5ta edición. Ed. Civitas-Thomson Reuters. Madrid. 2016.

GALAND-CARVAL, Suzzane. *Fault under French Law.* En: WIDMER, Pierre (ed.). *Unification of Tort Law: Fault.* Ed. Kluwer Law International. La Haya. 2005.

GALAND-CARVAL, Suzanne. *France.* En: MAGNUS, Ulrich (ed.). *Unification of Tort Law: Damages.* Kluwer Law International. La Haya. 2001.

GALAND-CARVAL, Suzzane/SEFTON GREEN, Ruth. *Medical Liability in France.* En: KOCH, Bernhard A. (ed.). *Medical Liability in Europe.* Ed. De Gruyter. Viena. 2011.

GALGANO, Francesco. *I Fatti Illeciti.* Editorial Cedam. Milán. 2008.

GARCÉS VÁSQUEZ, Pablo. *Teoría de las Obligaciones.* Ediciones UNAULA. Medellín. 2018.

GARCÍA RUBIO, María Paz/TRIGO GARCÍA, Belén. *The Development of Medical Liability in Spain.* En: HONDIUS, Ewoud (ed.). *The Development of Medical Liability. Vol. 3.* Cambridge University Press. Cambridge. 2010.

GARCÍA RUBIO, María Paz. *Incumplimiento del Deber de Información, Relación de Causalidad y Daño en la Responsabilidad Médica*. En: LLAMAS POMBO, Eugenio (coord.). *Estudio de Derecho de Obligaciones. Homenaje al Profesor Mariano Alonso Pérez. Tomo I*. 2006.

GAVIRIA CARDONA, Alejandro. *Estudios de Responsabilidad Civil. Tomo II*. Universidad EAFIT. Medellín. 2021.

GIESEN, Ivo/ENGELHARD, Esther. *Medical Liability in The Netherlands*. En: KOCH, Bernhard A. (ed.). *Medical Liability in Europe*. Ed. De Gruyter. Viena. 2011.

GIL BOTERO, Enrique. *Responsabilidad Extracontractual del Estado*. Ed. Temis. Bogotá. 2013.

GIL BOTERO, Enrique. *Responsabilidad Extracontractual del Estado*. Bogotá. 2006.

GIL MEMBRADO, Cristina. *La Responsabilidad Civil por Implante Mamario. Mala Praxis, Consentimiento Informado y Prótesis Defectuosa*. Editorial Comares. Granada. 2014.

GIRALDO GÓMEZ, Luis Felipe. *La Pérdida de la Oportunidad en la Responsabilidad Civil*. Universidad Externado de Colombia. Bogotá. 2011.

GHERSI, Carlos. *Teoría General de la Reparación de Daños*. Editorial Astrea- Universidad del Rosario. Bogotá-Buenos Aires. 2013.

GÓMEZ, Juan David. *La Pérdida de Oportunidad: Su Origen, su Evolución y su Necesaria Reconceptualización*. Ed. Universidad Externado de Colombia. Bogotá. 2023.

GÓMEZ RUFÍAN, Luis. *Cirugía Estética y Responsabilidad Civil: Análisis Sistemático de una Compleja Jurisprudencia*. En: *RJUAM*. No. 32. 2015-II.

G'SELL-MACREZ, Florence. *Medical Malpractice in France. Part I: The French Rules of Medical Liability since the Patients Rights Law of March 4, 2002*. En: OLIPHANT, Ken/W. WRIGHT, Richard (eds.). *Medical Malpractice and Compensation in Global Perspective*. Ed. De Gruyter. Berlín-Boston. 2013.

GUERRERO ZAPLANA, José. *Derechos y Deberes de Información Médico-Paciente. El Consentimiento*. En: *Revista Española de Seguros. Núm. 158*. Abril de 2014.

GUTIÉRREZ, Nancy/BERMÚDEZ CARVAJAL, Claudia. *La Responsabilidad Contractual en Cirugía Estética*. Ed. Diké. Bogotá. 2009.

GUZMÁN MORA, Fernando. *Criterios para Definir la Responsabilidad Civil del Acto Médico en Colombia*. En: *Revista CONAMED*. Núm. 21. 2001.

GUZMÁN MORA, Fernando/MORALES, María Cristina/FRANCO DELGADILLO, Eduardo/GONZÁLEZ HERRERA, Néstor/MENDOZA VEGA, Juan/HERRERA JARAMILLO, Francisco/ARRÁZOLA, Patricia/LÓPEZ CRUZ, César/CARRIAZO, Patricia/RUEDA GÓMEZ, Mario/DUQUE, María De La Paz. *De la Responsabilidad Civil Médica*. Ediciones Rosaristas. Bogotá. 1995. Págs. 67 a 87.

GUZMÁN MORA, Fernando/FRANCO DELGADILLO, Eduardo. *Derecho Médico Colombiano. Elementos Básicos. Responsabilidad Civil Médica. Tomo I. Vol. I*. Ed. Diké. Medellín. 2004.

HAAZEN, Olav A. / SPIER, Jaap. *Comparative Conclusions on Causation. En*: SPIER, Jaap (ed.). *Unification of Tort Law: Causation*. Kluwer Law International. La Haya. 2000.

HALL, Mark/ BOBBINSKI, Mary Anne / ORENTLICHER, David. *Medical Liability and Treatment Relationships*. 2a edición. Aspen Publishers-Wolters Kuwler. 2008.

HAECK, Phil/ GORNEY, Mark. *Risk, Liability and Malpractice. What Every Plastic Surgeon Needs to Know.* Ed. Elsevier Saunders. 2011.

HENAO, Juan Carlos. *El Daño. Análisis Comparativo de la Responsabilidad Extracontractual del Estado en Derecho Colombiano y Francés.* Universidad Externado de Colombia. Bogotá. 1998.

HERRERA MONTAÑEZ, Diego Alejandro. *El Daño y el Nexo Causal en la Pérdida de la Oportunidad. Tesis para optar por el título de Magister en Derecho Público.* Universidad del Rosario. Bogotá. 2016.

HERRERA RAMÍREZ, Fernando Javier. *Manual de Responsabilidad Médica.* Ed. Leyer. Bogotá. 2023.

HINESTROSA FORERO, Fernando. *Derecho Civil Obligaciones.* Universidad Externado de Colombia. Bogotá. 1969.

HINESTROSA FORERO, Fernando. *Tratado de las Obligaciones.* Universidad Externado de Colombia. Bogotá. 2007.

HONDIUS, Ewoud (ed.). *The Development of Medical Liability. Vol. 3.* Cambridge University Press. Cambridge. 2010.

HONDIUS, Ewoud. *Professional Liability.* En: BUSSANI, Mauro / SEBOK, Anthony J. (eds.). *Comparative Tort Law. Global Perspectives.* Edward Elgar Publishing Inc. Cheltenham. 2015. Págs. 226 y ss.

HYMAN, David A. / SILVER, Charles M. *Medical Malpractice in the United States of America.* En: OLIPHANT, Ken / W. WRIGHT, Richard (eds.). *Medical Malpractice and Compensation in Global Perspective.* Ed. De Gruyter. Berlín-Boston. 2013.

IBÁÑEZ MOSQUERA, Elvira del Pilar. *La Teoría de la Pérdida de la Oportunidad en Colombia. Un tema de Incertidumbre en la Causa o en el Daño. Tesis.* Universidad Javeriana. Bogotá. 2009.

JACKSON, Emily. *Medical Law. Text, Cases and Materials.* 4ta edición. Ed. Oxford University Press. Oxford. 2016.

JARAMILLO, Carlos Ignacio. *La Culpa y la Carga de la Prueba en el Campo de la Responsabilidad Médica.* Ed. Ibáñez-Universidad Javeriana. Bogotá. 2010.

JARAMILLO, Carlos Ignacio. *Responsabilidad Civil Médica. La Relación Médico-Paciente. Análisis Doctrinal y Jurisprudencial.* Ed. Universidad Javeriana. Bogotá. 2010.

JARAMILLO, Carlos Ignacio. *Responsabilidad Civil Médica. La Relación Médico-Paciente. Análisis Doctrinal y Jurisprudencial.* Ed. Ibáñez-Universidad Javeriana. Bogotá. 2011.

JIMÉNEZ VAQUERO, Nuria. *Responsabilidad Civil Médica.* 2014-2015. En: https://biblioteca.unirioja.es/tfe_e/TFE000842.pdf

JOSSERAND, Louis. *Derecho Civil. Tomo II.Vol. I.Teoría General de las Obligaciones.* Traducción de Santiago Cunchillos y Manterola. 1950.

KARNER, Ernst/STEININGER, Barbara (eds.). *European Tort Law 2014.* De Gruyter. 2014.

KEETON, W. Page (Ed.)/DOBBS, Dan/KEETON, Robert E./OWEN, David G. *Prosser and Keeton on the Law of Torts.* Ed.West Publishing. Saint Louis.1984.

KERAMEUS, Konstantinos D./GOUSKOS, Angelika. *Fault under Greek Law.* En: WIDMER, Pierre (ed.). *Unification of Tort Law: Fault.* Ed. Kluwer Law International. La Haya. 2005.

KERAMEUS, Konstantinos D. *Causation under Greek Law.* En: SPIER, Jaap (ed.). *Unification of Tort Law: Causation.* Kluwer Law International. La Haya. 2000.

KERAMEUS, Konstantinos D. *Greece.* En: MAGNUS, Ulrich (ed.). *Unification of Tort Law: Damages.* Kluwer Law International. La Haya. 2001.

KOCH, Bernhard A./KOZIOL, Helmut (eds.). *Compensation for Personal Injury in a Comparative Perspective.* Springer-Verlag. Viena. 2003.

KOZIOL, Helmut/STEININGER, Barbara C. (eds.). *European Tort Law 2008.* De Gruyter. 2008.

KOCH, Bernhard A. *Medical Liability in Austria.* En: KOCH, Bernhard A. (ed.). *Medical Liability in Europe.* Ed. De Gruyter. Viena. 2011.

KOCH, Bernhard A. *Medical Liability in Europe: Comparative Analysis.* En: KOCH, Bernhard A. (ed.). *Medical Liability in Europe.* Ed. De Gruyter. Viena. 2011.

KOCH, Bernhard A. (ed.). *Medical Liability in Europe.* Ed. De Gruyter. Viena. 2011.

KOZIOL, Helmut. *Austria.* En: MAGNUS, Ulrich (ed.). *Unification of Tort Law: Damages.* Kluwer Law International. La Haya. 2001.

KOZIOL, Helmut. Basic *Questions of Tort Law from a Germanic Perspective.* Ed. Jan Sramek Verlag. Viena. 2012.

KOZIOL, Helmut. *Causation under Austrian Law.* En: SPIER, Jaap (ed.). *Unification of Tort Law: Causation.* Kluwer Law International. La Haya. 2000.

KOZIOL, Helmut/STEININGER, Barbara (eds.). *European Tort Law 2004.* De Gruyter. 2004.

KOZIOL, Helmut/STEININGER, Barbara C. (eds.). *European Tort Law 2008.* De Gruyter. 2008.

KOZIOL, Helmut/STEININGER, Barbara C (eds.). *European Tort Law 2010.* De Gruyter. 2010.

KOZIOL, Helmut. *Fault under Austrian Law.* En: WIDMER, Pierre (ed.). *Unification of Tort Law: Fault.* Ed. Kluwer Law International. La Haya. 2005.

KOCH, Bernhard A. *Medical Liability in Austria.* En: KOCH, Bernhard A. (ed.). *Medical Liability in Europe.* Ed. De Gruyter. Viena. 2011.

KOCH, Bernhard. *Medical Malpractice and Compensation in Austria.* En: OLIPHANT, Ken. *Medical Malpractice and Compensation in Global Perspective.* Ed. De Gruyter. Berlín-Boston. 2013.

KOCH, Bernhard A. *Medical Liability in Europe: a Comparative Analysis.* En: KOCH, Bernhard A. (ed.). *Medical Liability in Europe.* Ed. De Gruyter. Viena. 2011.

KOCH, Bernhard A. (ed.). *Medical Liability in Europe.* Ed. De Gruyter. Viena. 2011.

KOCH, Bernhard A./KOZIOL, Helmut (eds.). *Compensation for Personal Injury in a Comparative Perspective.* Springer-Verlag. Viena. 2003.

KOZIOL, Helmut. *Causation under Austrian Law.* En: SPIER, Jaap (ed.). *Unification of Tort Law: Causation.* Kluwer Law International. La Haya. 2000.

KOZIOL, Helmut/STEININGER, Barbara C. (eds.). *European Tort Law 2008.* De Gruyter. 2008.

KOZIOL, Helmut/STEININGER, Barbara. *European Tort Law 2010.* De Gruyter. 2010.

LACRUZ BERDEJO, José Luis/SANCHO REBULLIDA, Francisco de Asís/LUNA SERRANO, Agustín/DELGADO ECHEVERRÍA, Jesús/RIVERO HERNÁNDEZ, Francisco/RAMS ALBESA, Joaquín. *Elementos de Derecho Civil. Tomo II. Vol. I. Parte General. Teoría General del Contrato.* 2000.

LASARTE, Carlos. *Curso de Derecho Civil Patrimonial.* 3era edición. Editorial Tecnos. Madrid. 1991.

LARROUMET, Christian. *Droit Civil. Tomo III. Les Obligations. Le Contrat.* 5ta edición. Ed. Economica. Paris. 2003.

LE TOURNEAU, Philippe. *La Responsabilité Civile.* 3era edición. Ed. Dalloz. París. 1982.

LE TOURNEAU, Philippe. *La Responsabilidad Civil Profesional.* Trad. de Javier Tamayo Jaramillo. 2ª edición en castellano. Editorial Legis. Bogotá. 2014.

LIPARI, Nicola (coord.). *Diritto Civile, Vol. IV, III.* 2009.

LLAMAS POMBO, Eugenio (coord.). *Estudios de Derecho de Obligaciones. Homenaje al Profesor Mariano Alonso López. Tomo I.* 2006.

LLAMAS POMBO, Eugenio. *Responsabilidad Médica, Culpa y Carga de la Prueba.* En: MORENO MARTÍNEZ, Juan Antonio (coord.). *Perfiles de la Responsabilidad Civil en el Nuevo Milenio.* Págs. 297-319.

LONG, Rowland H. *The Rule of Res Ipsa Loquitur in Medical Malpractice.* En: *Medico Legal Journal.* 1962.

LONGO, M./COLUCCI, M./DI GUIDA, R. *Il Consenso dell'Avente Diritto in Chirurgia Estetica.* En: *Italian Journal of Legal Medicine. Vol. 3. Núm. 1.* Dic. 2014.

LÓPEZ CARMONA, Virginia. *Responsabilidad Civil por Falta de Consentimiento Informado en la Medicina Satisfactiva.* En: Extraordinario XXII Congreso 2013. Vol. 23. 2013.

LOSER, Peter. *Switzerland.* En: KOZIOL, Helmut/ STEININGER, Barbara C. (eds.). *European Tort Law 2008.* De Gruyter. 2008.

LUNDMARK, Thomas. *Surgery by an Unauthorized Surgeron as a Battery.* En: *Journal of Law and Health. Vol. 10.* 1995-1996. Págs. 287 y ss.

JIMÉNEZ VAQUERO, Nuria. *Responsabilidad Civil Médica.* 2014-2015.

MAGNUS, Ulrich. *Comparative Report on the Law of Damages.* En: MAGNUS, Ulrich (ed.). *Unification of Tort Law: Damages.* Kluwer Law International. La Haya. 2001.

MAGNUS, Ulrich/SEHER, Gerhard. *Fault under German Law.* En: WIDMER, Pierre (ed.). *Unification of Tort Law: Fault.* Ed. Kluwer Law International. La Haya. 2005.

MAGNUS, Ulrich. *Causation under German Tort Law.* En: SPIER, Jaap (ed.). *Unification of Tort Law: Causation.* Kluwer Law International. La Haya. 2000.

MAGNUS, Ulrich. *Germany.* En: MAGNUS, Ulrich (ed.). *Unification of Tort Law: Damages.* Kluwer Law International. La Haya. 2001.

MAGNUS, Ulrich (ed.). *Unification of Tort Law: Damages.* Kluwer Law International. La Haya. 2001.

MALAVENDA, Alessio Francesco. *L'Equipe Medica.* En: TODESCHINI, Nicola (bajo su cuidado)/CENDON, Paolo (dir.) *La Responsabilitá Medica.* Ed. Utet. Milán. 2016.

MARKESINIS, Basil/UNBERATH, Hannes. *The German Law of Torts. A Comparative Treatise.* 2002.

MARÍNVELARDE, Asunción. *Obligación de Actividad versus Obligación de Resultado en la Actividad Médica Curativa y/o Asistencial.* En: MORILLAS CUEVA, Lorenzo/ LLEDÓ YAGUE, Francisco (coords.). *Responsabilidad Médica Civil y Penal por Presunta Mala Práctica Profesional. El Contenido Reparador del Consentimiento Informado.* Editorial Dykinson. Madrid. 2012.

MARTÍNEZ-CALCERRADA, Luis. *Responsabilidad Civil Médico-Sanitaria.* Editorial Tecnos. Madrid. 1992.

MARTIN-CASALS, Miquel /SOLE, Josep. *Medical Liability in Spain.* En: KOCH, Bernhard (ed.). *Medical Liability in Europe.* Ed. De Gruyter. Viena. 2011.

MARTIN-CASALS, Miquel/RIBOT IGUALADA, Jordi/SOLÉ FELIÚ, Josep. *Medical Malpractice Liability in Spain: Cases, Trends and Developments.* En: *European Journal of Health Law 1. 2003.* Págs. 153-181.

MARTÍN-CASALS, Miquel/RIBOT, Jordi/SOLÉ FELIU, Josep. *Compensation for Personal Injury in Spain.* En: KOCH, Bernhard A./KOZIOL, Helmut (eds.). *Compensation for Personal Injury in a Comparative Perspective.* Springer-Verlag. Viena. 2003.

MARTÍN-CASALS, Miquel. *La Relación de Causalidad.* En: *"Modernización" del Derecho de la Responsabilidad Extracontractual, presentada como ponencia a la Asociación Española de Profesores de Derecho Civil.* 2011.

MARTÍN-CASALS, Miquel. *La "modernización" del Derecho de la Responsabilidad Extracontractual.* En: *Cuestiones Actuales en Materia de Responsabilidad Civil. XX Jornadas de la Asociación de Profesores de Derecho Civil.*

MARTÍN-CASALS, Miquel/SOLÉ I FELIU, Josep. *Comentarios al Artículo 1902 del Código Civil.* En: DOMINGUEZ LUELMO, Andrés (dir.). *Comentarios al Código Civil.* Ed. Lex Nova. Valladolid. 2010.

MARTÍN-CASALS, Miquel /SOLÉ I FELIU, Josep. *Medical Liability in Spain.* En: KOCH, Bernhard A. (ed.). *Medical Liability in Europe.* Ed. De Gruyter. Viena. 2011.

MARTÍN-CASALS, Miquel/SOLÉ FELIU, Josep. *Fault under Spanish Law.* En: WIDMER, Pierre (ed.). *Unification of Tort Law: Fault.* Ed. Kluwer Law International. La Haya. 2005.

MARTÍNEZ RAVE, Gilberto. *La Responsabilidad Civil Extracontractual en Colombia.* Ed. Dike. Medellín. 1988.

MAZEAUD, Henri/MAZEAUD, León/TUNC, André. *Tratado Teórico y Práctico de la Responsabilidad Civil Delictual y Cuasidelictual. Tomo I. Vol. II.* Traducción al castellano de Luis Alcalá Zamora y Castillo. Ediciones Jurídicas Europa-América. Buenos Aires.

MAZEAUD, Henri/MAZEAUD, León/TUNC, André. *Tratado Teórico y Práctico de la Responsabilidad Civil Delictual y Cuasidelictual. Tomo II. Vol. III.* Traducción de Luis Alcalá Zamora y Castillo. Ediciones Jurídicas Europa-América. Buenos Aires.

MAZEAUD, Henri/MAZEAUD, Jean/MAZEAUD, León/CHABAS, Francois. *Lecons de Droit Civil. Tomo II. Vol. I. Obligations. Theórie* Générale. 9a edición. Ed. Montchreistien. Paris. 1998.

MAZEAUD, Henri/MAZEAUD, León/TUNC, André. *Tratado Teórico y Práctico de la Responsabilidad Civil Delictual y Cuasidelictual. Tomo I. Vol. I.* Traducción de Luis Alcalá Zamora y Castillo. Ediciones Jurídicas Europa-América. Buenos Aires. 1961.

MEDINA ALCOZ, Luis. *Teoría de la Pérdida de Oportunidad.* Editorial Aranzadi. Cizur Menor. 2007.

MEDINA CRESPO, Mariano. *El Resarcimiento del Perjuicio Estético. Consideraciones Doctrinales y Legales, a la Luz del Sistema de la Ley 30/1995.* Visible en: http://civil.udg.edu/cordoba/pon/medina.html.

MEDINA CRESPO, Mariano. *La Valoración Civil del Daño Corporal. Bases para un Tratado. Tomo VI. Lesiones Permanentes. Bibliografía.* Editorial Dykinson. Madrid. 2000.

MEDINA RÍOS, Juan Sebastián. *Estudio 10: La Responsabilidad Civil de los Profesionales: Análisis Conceptual y su Tratamiento en Colombia.* En: GAVIRIA CARDONA, Alejandro. *Estudios de Responsabilidad Civil. Tomo II.* Universidad EAFIT. Medellín. 2021. Págs. 105-179.

MÉLIN, Francois. *Droit des Obligations.* Librairíe Génerale de Droit et de Jurisprudence. Paris. 2006.

MENDOZA BUERGO, Blanca (coord.). *Autonomía Personal y Decisiones Médicas. Cuestiones Éticas y Jurídicas.* Editorial Civitas. Madrid. 2010.

MENYHARD, Attila. *Medical Liability in Hungary.* En: KOCH, Bernhard A. (ed.). *Medical Liability in Europe.* Ed. De Gruyter. Viena. 2011.

MIELNICKI, Philip/SCHULTZ, Marten. *Medical Liability in Sweden.* En: KOCH, Bernhard A. (ed.) *Medical Liability in Europe.* Ed. De Gruyter. Viena. 2011.

MONTALVO, Pablo. *Análisis de la Postura de Nuestros Tribunales ante los Pleitos Relacionados con Cirugía Plástica y Estética. En: Revista CESCO de Derecho de Consumo. No. 8*. 2013.

MONTERROSO CASADO, Esther. *Diligencia Médica y Responsabilidad Civil.* Visible en: http://www.asociacionabogadosrcs.org/doctrina/Diligencia%20Medica%20y%20R.%20Civil.PDF

MONTÉS PENADÉS, Vicente L. *Causalidad, Imputación Objetiva y Culpa en la Concurrencia de Culpas.* En: CABANILLAS SÁNCHEZ, Antonio/CAFFERENA LAPORTA, Jorge/MIQUEL GONZÁLEZ, José María/MONTÉS PENADÉS, Vicente L./MORALES MORENO, Antonio Manuel/PANTALEÓN PRIETO, Fernando (coords.). *Estudios Jurídicos en Homenaje al Profesor Luis Diez Picazo. Tomo II.* 2003.

MORENO MARTÍNEZ, Juan Antonio (coord.). *Perfiles de la Responsabilidad Civil en el Nuevo Milenio*. Ed. Dykinson. 2000. Págs. 297-319.

MORÉTEAU, Olivier. *Revisiting the Grey Zone Between Contract and Tort.* En: KOZIOL, Helmut/STEININGER, Barbara (eds.). *European Tort Law 2004.* De Gruyter. 2004.

MORILLAS CUEVA, Lorenzo/LLEDÓYAGUE, Francisco (coords.). *Responsabilidad Médica Civil y Penal por Presunta Mala Práctica Profesional. El Contenido Reparador del Consentimiento Informado.* Editorial Dykinson. Madrid. 2012.

MORILLAS FERNÁNDEZ, Marta. *Responsabilidad Civil Médica y Consentimiento Informado.* En: MORILLAS CUEVA, Lorenzo/LLEDÓYAGUE, Francisco (coords.). *Responsabilidad Médica Civil y Penal por Presunta Mala Práctica Profesional. El Contenido Reparador del Consentimiento Informado.* Editorial Dykinson. Madrid. 2012.

MUNAR BERNAT, Pedro A. *El Daño y su Indemnización en Supuestos de Infracción del Deber de Informar.* En: MORILLAS CUEVA, Lorenzo/LLEDÓ YAGUE, Francisco (coords.). *Responsabilidad Médica Civil y Penal por Presunta Mala Práctica Profesional. El Contenido Reparador del Consentimiento Informado.* Editorial Dykinson. Madrid. 2012.

NADDEO, Francesca. *La Responsabilitá Del Chirurgo Estetico.* En: STANZIONE, Pasquale/SICA, Salvatore (dirs.). *Professioni e Responsabilitá Civile.* Editorial Zanichelli. Turín. 2006.

NAFALI GRIBAUDI, María. *Il Danno da Perdita di Chance.* En: TODESCHINI, Nicola (bajo su cuidado)/CENDON, Paolo (dir.) *La Responsabilitá Medica.* Editorial Utet. Milán. 2016.

NAVARRO, Iñigo A. *Derecho de Obligaciones y Contratos.* Editorial Aranzadi-Thomson Reuters-Civitas. Cizur Menor. 2011.

NUGENT, Kristen. *Cosmetic Surgery on Patients with Body Dysmorphic Disorder: Cutting the Tie That Binds.* En: *Developments in Mental Health Law. Vol. 28. Núm. 2.* Julio de 2009. Págs. 77-104.

NYS, Herman. *Medical Liability in Belgium.* En: KOCH, Bernhard A. (ed.). *Medical Liability in Europe.* Ed. De Gruyter. Viena. 2011.

O'CALLAGHAN MUÑOZ, Xavier (coord.)/SEIJAS QUINTANA, José Antonio/SIERRA GIL DE LA CUESTA, Ignacio/SALAS CARCELLER, Antonio. *Supuestos de Responsabilidad Civil (Médico Sanitaria, Transporte de Viajeros y Mercancías y Leyes Especiales)*. Editorial La Ley Wolter-Kluwers. Madrid. 2010.

OLIPHANT, Ken/STEININGER, Barbara (eds.). *European Tort Law 2012*. De Gruyter. 2012.

OLIPHANT, Ken/W. WRIGHT, Richard (eds.). *Medical Malpractice and Compensation in Global Perspective*. Ed. De Gruyter. Ed. De Gruyter. Berlín-Boston. 2013.

OLIPHANT, Ken. *Medical Malpractice and Compensation. Comparative Observations*. En: OLIPHANT, Ken/W. WRIGHT, Richard (eds.). *Medical Malpractice and Compensation in Global Perspective*. Ed. De Gruyter. 2013.

ORDRE DES AVOCATS DE PARIS. *Dossier Droit de la Santé. La Responsabilité du Chirurgien Esthétique*. 2012.

ORTIZ MONSALVE, Álvaro. *Breve Manual de Obligaciones*. Ed. Temis. Bogotá. 1995.

OSPINA FERNÁNDEZ, Guillermo. *Derecho Civil (Obligaciones). Folleto 1*. Pontificia Universidad Javeriana. Bogotá. 1970.

OSPINA FERNÁNDEZ, Guillermo. *Régimen General de las Obligaciones*. Ed. Temis. Bogotá. 2008.

OSSORIO, Juan Miguel. *Lecciones de Derecho de Daños*. Editorial La Ley Wolter-Kluwers. Madrid. 2011.

PANTALEÓN PRIETO, Fernando. *Causalidad e Imputación Objetiva: Criterios de Imputación*. En: *Centenario del Código Civil (1889-1989), Tomo II*. Ed. Centro de Estudios Ramón Areces. Madrid. 1990.

PANTOJA BRAVO, Jorge. *Derecho de Daños. Tomo I*. Ed. Leyer. Bogotá. 2015.

PENNEAU, Jean. *La Responsabilitè du Mèdecin*. Editorial Dalloz. París. 1992.

PÉREZ VIVES, Álvaro. *Teoría General de las Obligaciones. Segunda Parte*. Universidad Nacional de Colombia. Bogotá. 1951.

PÉREZ VIVES, Álvaro. *Teoría General de las Obligaciones. Vol. II. Parte Primera. De las Fuentes de las Obligaciones*. Bogotá. Ed. Leyer. 2011.

MONTOYA, Mario. *La Responsabilidad Extracontractual*. Ed. Temis. Bogotá. 1977.

PANTOJA BRAVO, Jorge. *Derecho de Daños. Tomo III*. Ed. Leyer. Bogotá. 2015.

PETRY, Franz Michael. *Medical Liability in Germany*. En: KOCH, Bernhard A. (ed.) *Medical Liability in Europe*. Ed. De Gruyter. Viena. 2011.

PICÓ I JUNOY, Joan/ABEL LLUCH, Abel (eds.). *Objeto y Carga de la Prueba Civil*. Ed. José María Boch. Barcelona. 2007.

PLANIOL, Marcel/RIPERT, Georges. *Traité Pratique de Droit Civil Francais. Tomo VI. Primera Parte. Obligaciones*. Librairie Generale de Droit et de Jurisprudence. Paris. 1930.

PLATA PRINCE, Luis Carlos. *La Pérdida de Oportunidad en el Derecho de Daños*. Ed. Ibáñez. Bogotá. 2019.

POUS DE LA FLOR, María Paz. *Personas Mayores Incapaces de la Responsabilidad Civil del Profesional Sanitario*. En: DÍEZ PICAZO, Luis (coord.). *Estudios Jurídicos en*

Homenaje al Profesor José María Miquel. Tomo II. Ed. Thomson Reuters-Aranzadi. Pamplona. 2014.

PRINCIGALLI, Annamaria. *La Responsabilità del Medico*. Ed. Jovene. Bari. 1983.

PUIG I FERRIOL, Lluís/GETE-ALONSO Y CALERA, María del Carmén/GIL RODRÍGUEZ, Jacinto/HUALDE SÁNCHEZ, José Javier. *Manual de Derecho Civil. Tomo II. Derecho de Obligaciones. Responsabilidad Civil. Teoría General del Contrato.* 2da edición. Editorial Marcial Pons. Madrid-Barcelona. 1998.

PYLMAN, Daniel J. *Res Ipsa Loquitur in the Restatement (Third) on Torts: Liability Based upon Naked Statistics Rather Than Real Evidence.* En: Chicago-Kent Law Review. Vol. 84. 2009-2010. Págs. 907-942.

QUINTEN, Raedt. *Case Commentary. Loss of a Chance in Medical Malpractice: A Double Application.* En: *Journal of European Tort Law. Vol. 4.* 2013. Págs. 314 y ss.

QUIÑONES DAZA, Álvaro. *La Responsabilidad Civil en el Derecho Colombiano. Tesis Laureada por la Universidad Nacional.* Imprenta del Departamento. Tunja. Sin fecha.

RADÉ, Christophe/BLOCH, Laurent. *La Réparation du Dommage Corporel en France.* En: KOCH, Bernhard A./KOZIOL, Helmut (eds.). *Compensation for Personal Injury in a Comparative Perspective.* Springer-Verlag. Viena. 2003.

RAMÍREZ, José A. *La Cirugía Estética y el Derecho.* En: *Revista Jurídica de Cataluña.* Número de mayo-junio de 1960.

REGLERO CAMPOS, Luis Fernando. *Conceptos Generales y Elementos de Delimitación.* En: REGLERO CAMPOS, Luis Fernando/BUSTO LAGO, José Manuel (coords.). *Tratado de Responsabilidad Civil. Tomo I.* 5ª edición. Ed. Thomson-Reuters Aranzadi. Cizur Menor. 2014.

REGLERO CAMPOS, L. Fernando/MEDINA ALCOZ, Luis. *El Nexo Causal. La Pérdida de Oportunidad. Las Causas de Exoneración de Responsabilidad. Culpa de la Víctima y Fuerza Mayor.* En: REGLERO CAMPOS, Luis F./BUSTO LAGO, José Manuel (coords.). *Tratado de Responsabilidad Civil. Tomo I.* 5ª edición. Ed. Thomson-Reuters Aranzadi. Cizur Menor. 2014.

REGLERO CAMPOS, Luis Fernando/BUSTO LAGO, José Manuel (coords.). *Tratado de Responsabilidad Civil. Tomos I y II.* 5ª edición. Ed. Thomson-Reuters Aranzadi. Cizur Menor.

REGLERO CAMPOS, Luis Fernando/BUSTO LAGO, José Manuel (coords.). *Lecciones de Responsabilidad Civil.* 2a edición. Ed. Thomson-Reuters-Aranzadi. Cizur Menor. 2013.

RIVAS IRIGOYEN, Álvaro. *Evolución Histórica de la Responsabilidad.* Ed. Águila. Bogotá. 1945.

ROGERS, Horton W.V. *Causation under English Law.* En: SPIER, Jaap (ed.). *Unification of Tort Law: Causation.* Kluwer Law International. La Haya. 2000.

ROGERS, Horton W.V. *England.* En: MAGNUS, Ulrich (ed.). *Unification of Tort Law: Damages.* Kluwer Law International. La Haya. 2001.

ROGERS, Horton W.V. *Fault under English Law.* En: WIDMER, Pierre (ed.). *Unification of Tort Law: Fault.* Ed. Kluwer Law International. La Haya. 2005.

ROZO SORDINI, Paolo Emanuele. *Las Obligaciones de Medios y de Resultado y la Responsabilidad de los Médicos y de los Abogados en el Derecho Italiano.* En: *Revista de Derecho Privado.* No. 4. Julio 1998/diciembre 1999.

ROBERTSON, Jeffrey D./KEAVY, William. *Plastic Surgery Malpractice and Damages.* Ed. Wiley Law. Nueva York-Chichester-Brisbane-Toronto-Singapur. 1990.

ROJAS QUIÑONES, Sergio. *Responsabilidad Civil. La Nueva Tendencia y su Impacto en las Instituciones Tradicionales.* Ed. Ibáñez. Bogotá. 2014.

RUEDA FONSECA, María Socorro. *Alguna Clasificaciones de las Obligaciones y Régimen Particular.* En: CASTRO DE CIFUENTES, Marcela (coord.). *Derecho de las Obligaciones. Tomo I.* 2009. Págs. 35-68.

RUEDA PRADA, Diana. *La Indemnización de los Perjuicios Extrapatrimoniales en la Jurisdicción de lo Contencioso Administrativo en Colombia. Tesis para optar por el título de Magister por la Universidad del Rosario.* Bogotá. 2014.

RUÍZ LÓPEZ, Diego. *Responsabilidad Contractual Médica por no Obtener el Resultado Pretendido en un Tratamiento de Blanqueamiento Dental.* En: *Centro de Estudios de Consumo.* 2015.

SAGNA, Alberto. *Il Patto Speciale di Garanzia del Chirurgo Estetico: Suddivizione delle Obligazioni tra quelle di Mezzi e quelle di Risultato quale Metodo Anacronistico di Vallutazione della Professione Medica?.* Visible en: www.diritto.it./archivio/1/20943.pdf.

SÁNCHEZ GARCÍA, Marta María. *El Daño Desproporcionado.* En: *Revista Cesco de Derecho de Consumo. Vol. 8.* 2013. Págs. 240-258.

SANTOS BALLESTEROS, Jorge. *Instituciones de Responsabilidad Civil. Tomo II.* Ed. Universidad Javeriana. Bogotá. 2007.

SANTOS BRIZ, Jaime. *Derecho de Daños.* Editorial Revista de Derecho Privado. Madrid. 1963.

SANTOS BRIZ, Jaime. *Responsabilidad Civil. Tomos I y II.* Editorial Montecorvo S.A. Madrid. 1993.

SANTOS BRIZ, Jaime. *La Responsabilidad Civil de los Médicos en el Derecho Español.* En: *Revista de Derecho Privado.* 1984.

SANTOS BRIZ, Jaime. *La Responsabilidad Civil. Temas Actuales.* Editorial Montecorvo S.A. Madrid. 2001.

SARGOS, Pierre. *Obligation de Moyens et Obligation de Résultat du Médecin. Bilan de la Jurisprudence Récente de la Cour de Cassation.* En: *Revieu Med & Droit.* 1997. Núm. 24.

SARMIENTO GARCÍA, Manuel Guillermo. *Estudios de Responsabilidad Civil.* Universidad Externado de Colombia. Bogotá. 2009.

SCARSO, Alessandro P. / FOGLIA, Massimo. *Medical Liability in Italy.* En: KOCH, Bernhard A. (ed.). *Medical Liability in Europe.* Ed. De Gruyter. Viena. 2011.

SCHWARTZ, Gary T. *Causation under U.S. Law:* En: SPIER, Jaap (ed.). *Unification of Tort Law: Causation.* Kluwer Law International. La Haya. 2000.

SCHWARTZ, Gary/GREEN, Michael D. *Fault under U.S. Law.* En: WIDMER, Pierre (ed.). *Unification of Tort Law: Fault.* Ed. Kluwer Law International. La Haya. 2005.

SCHWARTZ, Gary. United States. En: MAGNUS, Ulrich (ed.). *Unification of Tort Law: Damages.* Kluwer Law International. La Haya. 2001.

SELLA, Mauro. *La Quantificazione dei Danni da Malpractice Medica.* Ed. Giuffré. Milán. 2005.

SERPETTI DI QUERCIARA, Antonio. *Il Chirurgo Estetico.* En: TODESCHINI, Nicola (bajo su cuidado)/CENDON, Paolo (dir.) *La Responsabilitá Medica.* Editorial Utet. Milán. 2016.

SERRANO ESCOBAR, Luis Guillermo. *Imputación y Causalidad en Materia de Responsabilidad por Daños. Tesis presentada para optar por el título de doctor en la Universidad Externado de Colombia.* Ediciones Doctrina y Ley. Bogotá. 2011.

SERRANO ESCOBAR, Luis Guillermo. *La Responsabilidad por Omisión y la Teoría de la Pérdida de la Oportunidad (Especial Referencia a la Responsabilidad Médica).* Ediciones Doctrina y Ley. Bogotá. 2022.

SERRANO ESCOBAR, Luis Guillermo. *Nuevos Conceptos de Responsabilidad Médica.* Ediciones Doctrina y Ley. Bogotá. 2000.

SERRANO ESCOBAR, Luis Guillermo. *Tratado de Responsabilidad Médica.* Ediciones Doctrina y Ley. Bogotá. 2020.

SHAPO, Marshall S. *Principles of Tort Law.* 2da edición. Editorial Thomson West. Saint Louis. 2003.

SINDE MONTEIRO, Jorge/VELOSO, Maria Manuel. *Fault under Portuguese Law.* En: WIDMER, Pierre (ed.). *Unification of Tort Law: Fault.* Ed. Kluwer Law International. La Haya. 2005.

SOLER PRESAS, Ana/DEL OLMO GARCÍA, Pedro/JUÁREZ TORREJÓN, Ángel/NAVARRO MENDIZABAL, Iñigo/BASOZABAL ARRUE, Xabier/GREGORACI FERNÁNDEZ, Beatriz. *Elementos Sustantivos de la Pretensión.* En: DEL OLMO GARCÍA, Pedro/SOLER PRESAS, Ana (coords.). *Practicum Daños 2015.* Editorial Aranzadi-Thomson Reuters. Cizur Menor. 2015.

SPIER, Jaap (ed.). *Unification of Tort Law: Causation.* Ed. Kluwer Law International. La Haya. Kluwer Law International. La Haya. 2000.

STANZIONE, Pasquale/SICA, Salvatore (dirs.). *Professioni e Responsabilitá Civile.* Editorial Zanichelli. Turín. 2006.

STAUCH, Marc. *Medical Malpractice in Germany.* En: OLIPHANT, Ken/W. WRIGHT, Richard (eds.). *Medical Malpractice and Compensation in Global Perspective.* Ed. De Gruyter. Berlín-Boston. 2013.

STAUCH, Marc. *The Law of Medical Negligence in England and Germany.* Hart Publishing. Oxford-Portland. 2008.

STEWART, Alan W. *Are We Allowing the Thing to Speak for Itself? Linnear v. Centerpoint Energy and Res Ipsa Loquitur in Louisiana.* En: Louisiana Law Review. Vol. 71. 2010-2011. Págs. 1091-1110.

SUESCÚN MELO, Jorge. *Derecho Privado. Estudios de Derecho Civil y Comercial Contemporáneo. Tomo I.* Ed. Legis-Universidad de los Andes. Bogotá. 2003.

TAMAYO JARAMILLO, Javier. *Culpa Contractual.* Ed. Temis. Bogotá. 1990.

TAMAYO JARAMILLO, Javier/MARTÍNEZ RAVE, Gilberto/CASTAÑO, María Patricia/GHERSI, Carlos Alberto/VÁSQUEZ FERREYRA, Roberto/JARAMILLO RESTREPO, Carlos/MOLINA ARRUBLA, Carlos Mario/FERNÁNDEZ SESSAREGO, Carlos/VÉLEZ CORREA, Luis Alfonso/SUÁREZ HERNÁNDEZ, Daniel. *Responsabilidad Civil Médica en los Servicios de Salud.* Universidad de Medellín-Instituto Antioqueño de Responsabilidad Civil. Academia de Medicina de Medellín. Sociedad Odontológica Antioqueña. Medellín. 1993.

TAMAYO JARAMILLO, Javier. *Tratado de Responsabilidad Civil. Tomo I.* Ed. Legis. Bogotá. 2010.

TAMAYO JARAMILLO, Javier. *Tratado de Responsabilidad Civil. Tomo II.* Ed. Legis. Bogotá. 2007.

TAMAYO JARAMILLO, Javier/BOTERO, Luis Felipe/ROJAS QUIÑONES, Sergio/POLANÍA TELLO, Nicolás. *Nuevas Reflexiones sobre el Daño.* Ed. Legis – IARCE. Bogotá. 2017.

TAMAYO JARAMILLO, Javier. *Prueba de la Culpa y del Nexo Causal en la Responsabilidad Médica. Teoría General de las Cargas Probatorias Dinámicas.* 2022.

TAYLOR, Simon. *The Development of Medical Liability and Compensation in France.* En: HONDIUS, Ewound (ed.). The Development of Medical Liability. 2010.

THOMAS, Claude. *La Distinction des Obligations de Moyens et des Obligations de Résultat.* En: *Rev. Critique Legis. & Juris.* n.s. 637. 1937.

TODESCHINI, Nicola (bajo su cuidado)/CENDON, Paolo (dir.) *La Responsabilitá Medica.* Editorial Utet. Milán. 2016.

TORRES BELTRÁN, Pedro Pablo. *Obligaciones. Tomo III. Vol. I.* Ed. Ases Agency Publicidad. Bogotá. 1999.

TUNC, André. *Jalóns. Dit et Écrits d'André Tunc.* Societé de Législation Comparée. París. 1991.

URIBE HOLGUÍN, Ricardo. *De las Obligaciones y del Contrato en General.* Ediciones Rosaristas. Bogotá. 1980. Págs. 15-18.

URIBE HOLGUÍN, Ricardo. *Teoría General de las Obligaciones.* Ediciones Rosaristas. Bogotá. 1973.

URIBE HOLGUÍN, Ricardo. *Cincuenta Ensayos Breves sobre Obligaciones y Contratos.* Ed. Temis. Bogotá. 1970.

URRUTIA, Amílcar R. *Responsabilidad Civil por Mala Praxis Quirúrgica.* Editorial Hummurabi. Buens Aires. 2010.

VALLEJO G., Felipe. *La Responsabilidad Civil Médica (Ensayo Crítico de la Jurisprudencia).* En: *Rev. Academ. Jurisp.* Nos. 300-301. Bogotá. 1993.

VAN DAM, Cees. *European Tort Law.* 2da edición. Oxford University Press. Oxford. 2013.

VAN BOOM, Willem H. *Compensation for Personal Injury in The Netherlands*. En: KOCH, Bernhard A. / KOZIOL, Helmut (eds.). *Compensation for Personal Injury in a Comparative Perspective*. Ed. Springer. Viena. 2003.

VAN GERVEN, Walter / LEVER, Jeremy / LAROUCHE, Peirre / VON BAR, Christian / VINEY, Genaviéve. *Common Law of Europe Casebooks. Torts. Scope of Protection*. Hart Publishing. 1998.

VARGAS JÁCOME, Camilo. *Derecho de Daños Actual. Ires y Venires*. Ed. Ibáñez. Bogotá. 2021.

VELÁSQUEZ GÓMEZ, Hernán Darío. *Estudio sobre Obligaciones*. Ed. Temis. Bogotá D.C. 2010.

VELÁSQUEZ POSADA, Obdulio. *Responsabilidad Civil Extracontractual*. Ed. Temis S.A. – Universidad de la Sabana. Bogotá. 2009.

VICENTE DOMINGO, Elena. *El Daño*. En: REGLERO CAMPOS, Luis Fernando / BUSTO LAGO, José Manuel. *Tratado de Responsabilidad Civil. Tomo I*. 5ª edición. Ed. Thomson-Reuters Aranzadi. Cizur Menor. 2014.

VINEY, Genavièye. *Les Obligations. La Responsabilité Civile: Conditions*. Librairie Generale de Droit et de Jurisprudence. Paris. 1982.

VISINTINI, Giovanna / PINORI, Alessandra. *La Nozione di Danno e le Tecniche Risarcitorie*. En: VISINTINI, Giovanna (coord.). *Risarcimiento del Danno Contrattuale ed Extracontrattuale*. Ed. Giuffré. Milán. 1999.

VISINTINI, Giovanna (coord.). *Risarcimiento del Danno Contrattuale ed Extracontrattuale*. Ed. Giuffré. Milán. 1999.

VISINTINI, Giovanna. ¿Qué es la Responsabilidad Civil?. Trad. de Mariateresa Cellurale. Universidad Externado de Colombia. Bogotá. 2015.

WALTSON-DUNHAM, Beth. *Medical Malpractice. Law & Litigation*. 2006.

WIDMER, Pierre. *Fault under Swiss Law*. En: WIDMER, Pierre (ed.). *Unification of Tort Law: Fault*. Ed. Kluwer Law International. La Haya. 2005.

WIDMER LUCHINGER, Corinne. *Medical Liability in Switzerland*. En: KOCH, Bernhard A (ed.). *Medical Liability in Europe*. Ed. De Gruyter. Viena. 2011.

WIDMER, Pierre. *Comparative Report on Fault as a Basis of Liability and Criterion of Imputation*. En: WIDMER, Pierre (ed.). *Unification of Tort Law: Fault*. Ed. Kluwer Law International. La Haya. 2005.

WINIGER, Benedict / KOZIOL, Helmut / ZIMMERMANN, Reinhard (eds.). *Digest of European Tort Law. Vol. I: Essential Cases on Natural Causation*. Ed. Springer. Viena. 2007.

WINIGER, Benedict / KOZIOL, Helmut / ZIMMERMANN, Reinhard (eds.). *Digest of European Tort Law. Vol. II: Essential Cases on Damages*. Ed. De Gruyter. Viena. 2011.

WISSINK, Mark H. / VAN BOOM, Willem H. *The Netherlands*. En: MAGNUS, Ulrich (ed.). *Unification of Tort Law: Damages*. Kluwer Law International. La Haya. 2001.

YBANCOS SAN JUAN, Elena. *Responsabilidad Civil del Médico por Mala Praxis.* 2014. Visible en: https://repositorio.comillas.edu/xmlui/bitstream/handle/11531/601/TFG000378.pdf?sequence=1&isAllowed=y

YEPES RESTREPO, Sergio. *Responsabilidad Civil Médica.* Ed. Dike-Universidad Santiago de Cali. Medellín. 2020.

YZQUIERDO TOLSADA, Mariano. *Responsabilidad Civil Extracontractual.* 2da edición. Ed. Dykinson. Madrid. 2016.

ZENO-ZENCOVICH, Vincenzo. *Una Commedia degli Errori? La Responsabilitá Medica fra Illecito e Inadempimento.* En: *Rivista di Diritto Civile. Núm. 3.* Mayo-junio de 2008.